굿캐스팅

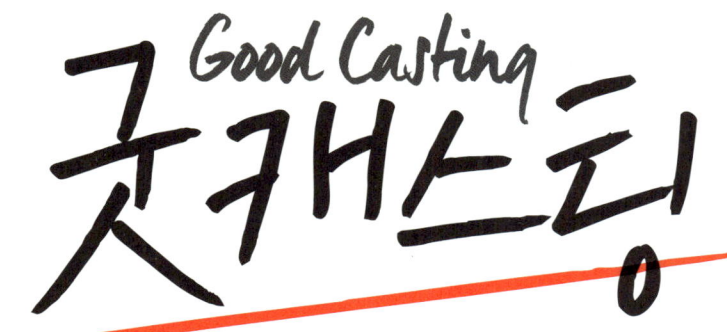

Good Casting
굿캐스팅

안지은 지음 | 양의진 그림

한권의책

세상에서 가장 읽기 쉬운 연기 책을 꿈꾸며

드디어 책의 원고를 완성하고 머리말을 씁니다. 홀가분한 기분이 먼저 드는 건 이 책을 쓰면서 보냈던 지난 1년이 그야말로 치열했기 때문입니다. 출판사에서 끊임없는 격려를 보내주지 않았다면 저는 도중에 포기하고 말았을 겁니다. 다행히 이렇게 원고를 완성하고 처음부터 끝까지 읽어보니 치열했던 1년을 보내길 참 잘했다는 생각이 듭니다. 반짝이는 눈으로 이 책을 펼쳐볼 배우 지망생 혹은 배우 여러분들이 떠오르기 때문입니다.

언젠가 배우와 한창 연기연습을 끝내고 잠시 쉬는 시간, 배우의 노트를 훔쳐본 적이 있습니다. 빼곡한 노트에는 자신감을 얻기 위한 주문과 연기공식들이 가득했습니다. 우리가 함께 땀 흘려 수업한 흔적을 바라보며 생각했습니다. 배우들과 함께 고민하고 연구한 흔적들을 이렇게 한 권의 노트에 정리해보고 싶다고, 순간이 지나면 허공에 사라지고 마는 말들을 붙잡아놓고 싶다고. 이제 그때의 막연한 희망이 현실이 되는 순간에 저는 서 있습니다.

배우들에게 설명했던 내용을 글로 간결하게 정리하는 작업은 생각만큼 쉽지 않았습니다. 그럼에도 이 책을 쓰기를 포기하지 않았던 건 '동기'가 확실했기 때문입니다. 세상에는 연기 책이 참 많습니다. 저는 물론이고 저와 함께했던 배우들도 그 많은 연기 책들을 참 열심히 읽었습니다. 이미 세상 사람들에게 읽혀지고 있는 연기 책들은 이번에 제가 펴내는 책과는 비교할 수 없을 만큼 훌륭한 책들입니다. 하지만 제 주변의 배우들을 보면, 처음에는 의욕적으로 연기 이론서들을 펼쳤다가도 이내 볼멘소리로 불평하기 일쑤였습니다. 우선, 내용이 간결하지 못해 요점을 파악하기 힘들다고 했습니다. 또한 추상적이고 관념적인 내용이 많아 구체적으로 머릿속에 그려지지 않는다고 했습니다. 마지막으로 현장에서 연기할 때 적용하기에는 그 거리감이 컸다고 했습니다. 그리하여 그들이 무엇을 아쉬워하는지를 기준 삼아 겁도 없이 색다른 연기 책을 만들어보겠다고 결심했습니다.

지난 12년 동안 저는 수많은 배우와 함께 시간을 보냈습니다. 배우들과 보낸 시간은 곧 제 인생이라 해도 과장이 아닐 만큼 소중하고 각별합니다. 배우들과 만나 연기에 대해 함께 생각하고 함께 고민하고 함께 한숨짓고, 함께 웃고 울면서 수많은 고민을 해결해왔습니다. 그런 시간의 나이테가 늘어날수록 배우들의 고민에 패턴이 있다는 것을 알게 됐습니다. 배우 지망생이 하는 고민과 신인배우가 하는 고민, 그리고 기성 배우가 하는 고민이 공식처럼 정리가 될 정도였으니, 지난 12년이 결코 짧다고는 볼 수 없을 겁니다. 이 책에 실려 있는 내용은 제가 그동안 만났던 배우들이 가장 많이 했던 고민들만 추리고 추려서 적어본 것입니다. 임상경험이 풍부한 의사에게 믿음이 가듯 저도 그런 신뢰를 얻었으면 좋겠다는 생각을 감히 해봅니다.

　이 책에 바라는 점은 단 하나입니다. 부디 연기에 도전하는 분들에게 쉬운 길잡이가 되었으면 합니다. 연기에 관심 있어 책을 구입했다가 내용이 너무 어렵다는 이유로 책을 내던지고 연기에 대한 꿈도 같이 던져버리는 일만은 없었으면 좋겠습니다. 세상에서 가장 쉬운 연기 책을 쓰는 것, 이게 제 목표이자 꿈입니다.

　마지막으로 작은 연습실에 마주앉아 같이 울고 웃었던 내 소중한 배우들, 아끼는 배우들을 믿고 맡겨준 매니지먼트 대표님들, 아침 일찍 대학 강의실에 모여서 내 강의에 귀를 기울여준 연극영화과 학생들이 내게 큰 힘이 되어주었습니다. 특히 든든한 격려를 보내주신 존경하는 전국환 선생님께 감사드리며, 연기를 시작하는 후배들을 위해 자신의 진솔한 이야기를 써 보내준 여덟 명의 배우들에게도 고맙다는 말을 전하고 싶습니다.

안지은

빛나는 주인공들 뒤에 그가 있다

해마다 국립극단에는 대학을 갓 졸업하고 온 이들이 있다. 젊음이 있는 만큼 연극무대를 향한 그들의 열정은 하나같이 뜨겁다. 안지은도 그중 한 명이었다. 후배 안지은에 대한 기억은 두 가지 측면에서 인상적이었다. 우선, 아주 어린 나이에 들어왔다는 것이다. 그리고 늘 '여걸' 같았다는 점이다. 그 이미지는 17년이 지난 지금도 변함이 없다.

언젠가 드라마에서 함께 연기하는 후배 연기자로부터 '안지은'이라는 이름을 들은 적이 있었다. 대번에 '국립극단의 안지은'을 말하는 것이냐고 물었다. 후배 연기자는 '연기 선생님 안지은'을 말하는 것이라고 답했다. 내가 알던 후배 안지은의 생소한 수식어를 듣자 반신반의하면서 궁금한 마음이 앞섰다.

국립극단을 떠난 뒤 연기 선생님으로 지내는 안지은은 후배 연기자들에게 큰 믿음을 주고 있었다. 연기에 확신이 없을 때 같이 대본 연습을 하고 작품과 캐릭터에 대해 이야기를 나눈다는데, 그의 연기 지도가

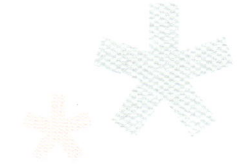

많은 도움이 된다고 했다. 그렇게 같이 일하는 연기자들로부터 막연한 근황만 전해 듣던 안지은을 실제로 만난 것은 그로부터 얼마 지나지 않아서였다.

사적인 자리에서 뜻하지 않게 안지은과 마주쳤다. 반갑고 궁금한 마음에 연기 선생이 된 이유를 물어보았다. 여걸 같았던 후배가 처음으로 부끄러워하는 표정을 지었다. 하지만 수줍은 기색은 오래 머물지 않았다. 연기 선생으로서의 생활과 근황을 진지한 얼굴로 조리 있게 답하는 후배는 국립극단 시절 익히 보아온 씩씩함과는 또 다르게 자신감 넘치고 당당한 모습이었다.

그리고 몇 년 후, 방송국에서 그를 다시 만났다. 반가운 얼굴로 날 반기던 후배는 커피 한 잔을 건넸다. 안부 인사를 나누고 언젠가부터 묻고 싶었던 질문을 던졌다.

"넌 이제 연기 안 할 거냐?"

안지은은 빙긋 웃으며 손사래를 쳤다.

"연기자는 아무나 하나요? 전 못해요!"

안지은은 이미 배우의 꿈을 포기하고 새로운 자기 길을 가고 있었다. 비록 밝게 웃는 후배였지만 그를 보는 내 마음은 안쓰러웠다. 수년 전, 열정을 갖고 배우의 꿈을 키우던 모습이 아직도 눈앞에 선하기 때문이었다.

이제 안지은은 방송과 영화에서 종횡무진 활동하는 배우들의 연기 멘토로 우뚝 섰다. 그녀는 더 이상 자신을 드러내는 배우가 아니다. 한

발 물러나 자신의 배우들을 더욱 주목받게끔 이끌어주는 연기 선생이다. 보이지 않는 곳에서 묵묵하게 영화와 드라마의 질을 높이는 데 큰 역할을 하고 있는 후배가 국립극단 선배로서 자랑스럽고 대견하다. 후배 안지은의 활약을 늘 응원하며 심심한 박수를 보낸다.

金國煥
진 국환

_ 차례

시작하는 글 세상에서 가장 읽기 쉬운 연기 책을 꿈꾸며 _004
추천하는 글 빛나는 주인공들의 뒤에 그가 있다 _전국환(배우) _007

Part 1 # How To Act

연기 1단계 대본과 만나기

오늘 어디 가지? _017
수납정리 _020
수식어와 피수식어 _026
돋보기 효과 _029
How? 아니 Why! _038
연기 집합체 _045
암호를 풀어라 _053

연기를 시작하는 후배들에게 #1 _채정안 _065

연기 2단계 대본리딩(발성)

과녁을 보고 화살을 쏴라 _068
밀어치기, 끊어치기, 되돌려치기 _076
잽이냐 어퍼컷이냐 _083
엘리베이터 말고 에스컬레이터 _090
입은 눈이 시키는 대로 한다 _098

연기를 시작하는 후배들에게 #2 _유연석 _104

연기 3단계 감정표현

내 마음속 감정의 방 _108
단어에 생명을 _112
Pause의 미학 _118
뼈와 뼈 사이엔 연골이 있다 _124
섹시함과 과도함의 경계 _129
커피를 버리지도 물을 타지도 마라 _134

연기를 시작하는 후배들에게 #3 _이보영 _138

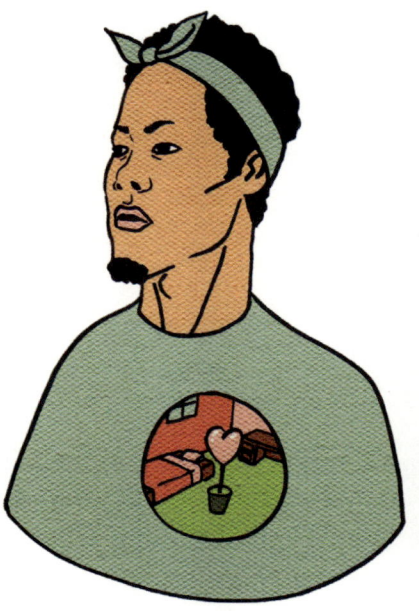

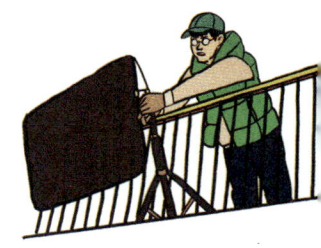

연기 4단계 외적연기

듣지 않는 자, 말할 자격 없다 _141
끊어 읽기, 끊어 말하기 _146
억울하면 표현하라 _150
너의 목소리가 들려 _154
패션리더 VS 연기리더 _158
왜 이래, 아마추어같이 _162
지문사용설명서 _167

연기를 시작하는 후배들에게 #4 _임시완 _170

연기 5단계 내면연기

연기의 삼위일체 _174
눈물 밀어내기 _179
배우라면 언행일치 _182
극중 인물과 내가 만나는 곳 _185
카리스마의 오해와 진실 _189

연기를 시작하는 후배들에게 #5 _이시영 _194

연기 6단계 오디션

아바타와 함께라면 _197
미팅이냐 오디션이냐 그것이 문제로다 _202
연기의 SRC 이론 _206
유혹의 기술 _210
포토그래픽 메모리 _213
큰 그림자가 작은 그림자를 덮는다 _217
항상 그분을 모시고 다녀라 _223

연기를 시작하는 후배들에게 #6 _이광수 _226

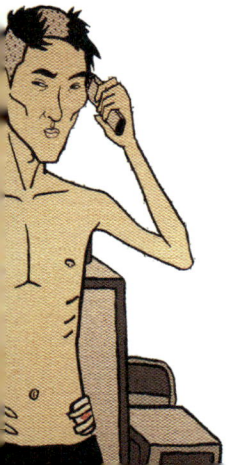

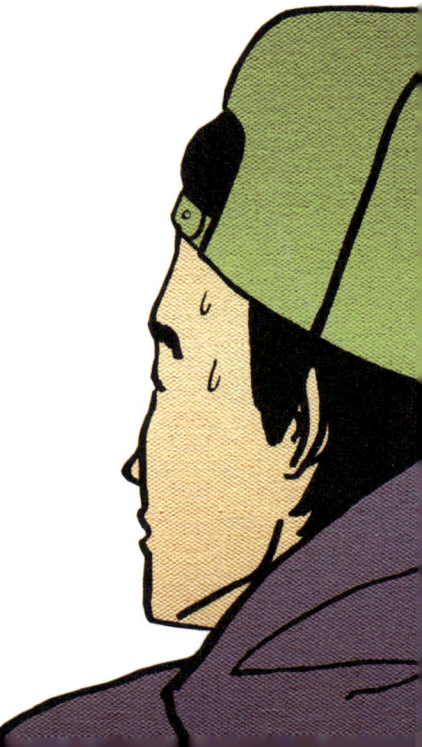

연기 7단계 촬영

상상이 현실이 되는 그날까지 _230
비즈니스를 연구하라 _233
무궁화꽃이 피었습니다 _238
카메라 마사지 _242
흑백 속의 컬러 _246
내 연기 미워도 다시 한번 _249

연기를 시작하는 후배들에게 #7 _박신혜 252

Part 2 Point Check-up

오디션 체크포인트 _256
나쁜 연기습관 체크하는 10가지 방법 _268
촬영스케줄표 이해하기 _279
촬영장 들여다보기 _285

Part 3 Essays

연기코치의 역할 _296
국립극단 첫 공연 _301
누군가는 나를 보고 있다 _305
세상이 나를 배신할지라도 _310
그해 오디션의 추억 _318
촬영장 유람기 _324
내 인생의 터닝포인트 1분 _331

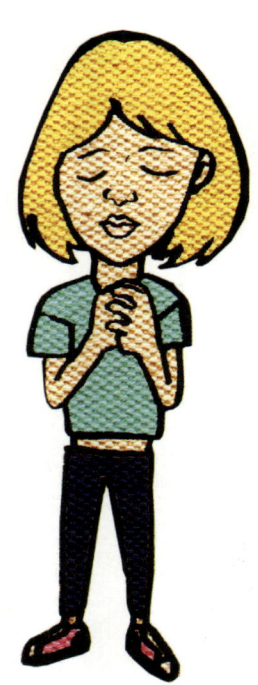

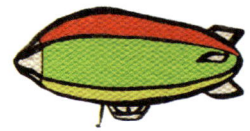

그녀는 대본도 예뻤다 _336
그리운 친구에 대한 짧은 이야기 _342
미쳐야 미친다 _348
영역은 달라도 언어는 같다 _357

연기를 시작하는 후배들에게 #8 _황정음 _363

지난 12년간 내가 만난 캐릭터들 _365

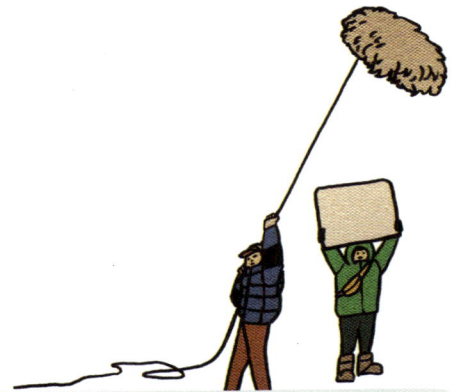

_ 일러두기

1. 내용의 이해를 돕기 위해 실제 연기 레슨 때의 대화 내용을 각 주제에 맞게 상당수 옮겨 적었다. 대화 부분에서 '안'은 저자(안지은)를 뜻하고 배우들의 이름은 이니셜로 표기했다.
2. 이니셜로 등장하는 연기자들의 사례는 실제 에피소드를 가감 없이 옮긴 것이다.
3. 영화나 드라마의 순간 장면을 뜻하는 'scene'은 우리말 표기법상 '신'이라고 쓰는 것이 원칙이나 본문에서 용어의 혼동이 올 수 있어 관계자들에게 익숙한 '씬'이라는 표기로 통일하여 쓴다.

How To Act

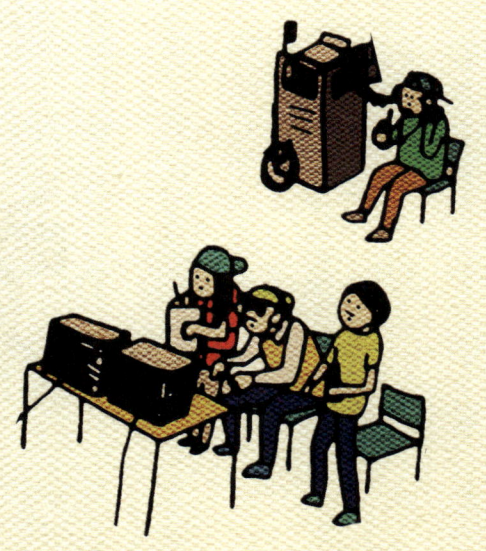

대본과 만나기

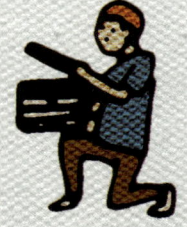

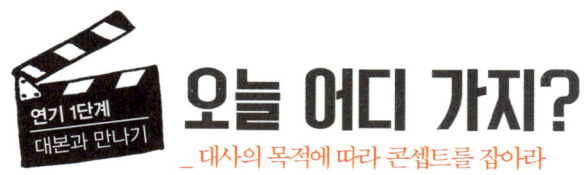

오늘 어디 가지?

_ 대사의 목적에 따라 콘셉트를 잡아라

　우린 일상에서 늘 글자를 읽는다. 길을 걷다가 간판을 읽고, 책과 신문을 읽고, 휴대폰 문자메시지를 읽고, 회사에서 또는 학교에서 나누어주는 자료들을 읽는다. 이런 때의 읽기는 '나만' 알면 된다. 그러나 연기를 할 때 주어지는 대본은 '남도' 알아야 한다. 즉 내가 알고 있는 내용을 '알아듣기 쉽고 간단하게' 정리해서 전달하는 것이 살아 있는 말을 만드는 자세의 기본이다. 나아가 그 말을 들은 상대방이 내용을 알아듣는 것에서 그치지 않고 이미지를 상상하고 그림을 그릴 수 있도록 생생하게 전달해야 한다.

　그렇다면 알아듣기 쉽게, 간단하게 말하는 비결은 무엇일까? 답은 생각보다 간단하다. 바로 '왜' 그 말을 해야 하는지를 우선적으로 파악하면 된다. 왜 이 말을 하는 거지? 어떤 의도에서? 대본을 받았을 때 이 대사를 왜 하는지 이해하지 못한다면 한 글자도 소리 내어 읽지 말아야 한다. 보나마나 의미 없이 단어들을 내뱉는 행위에 불과할 테니까.

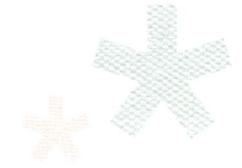

사랑. 배우는 나이와 경력이 깊어지면서 '사랑'이라는 감정 또한 함께 깊어져야 한다. 20대 중반으로 접어든 J. 그녀도 사랑을 연습해야 할 시기가 왔다.

J   밤도 늦었는데 왜 불러내고 그러는 거야? 할 말 있으면 해.

안   뭐 마실래?

J   할 말 있음 하라고. 사람 겁나게 왜 무게 잡고 그래….

안   우리… 헤어지자.

J   뭐라고? 한밤중에 굳이 불러내서 한다는 소리가 뭐…? 너 참 잔인하다.

리딩이 끝났다.

안   J는 실연당한 경험이 없는 모양이야. 아주 맑고 청아한 목소리네?

J   없는 건 아닌데 저는 시간이 지나면 바로 잊어버리는 성격이어서 그렇게 힘들어본 적은 없어요.

안   힘들게 연기하지 않은 걸 가지고 지적하는 게 아니야. 대사마다 감정이 달라야 하는데 그걸 놓치고 있는 게 문제야.

우리는 아침에 일어나 눈을 뜨면 '오늘 어디 가지?', '오늘 할 일이 뭐지?'라는 생각을 가장 먼저 하게 된다. 눈을 뜬 어떤 날은 중요한 일이 떠올라

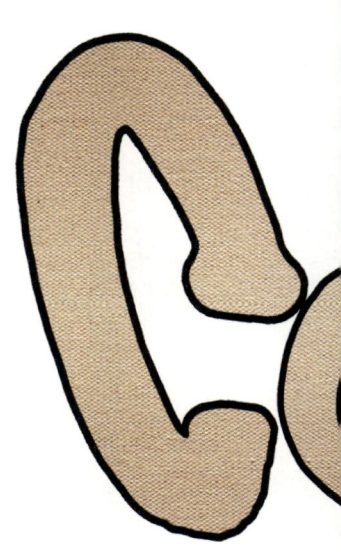

침대에서 한번에 벌떡 일어나는 날도 있을 것이고, 어떤 날은 오늘이 안 오길 바랐는데 하며 힘들게 몸을 일으키는 날도 있을 거고, 어떤 날은 놀라 후닥닥 일어났다가 '아, 일요일이구나' 하고 행복한 미소를 지으며 다시 꿀잠을 청하기도 할 것이다. 컨디션과 감정, 그날그날의 목적에 따라 침대에서 일어나는 속도도 모양새도 제각각 달라지게 마련이다. 마찬가지로 우리 입에서 나가는 단어와 문장들도 어떨 땐 천천히, 때로는 미소를 머금으며, 때로는 빛의 속도로 또 때로는 망설이면서 느릿느릿… 무수히 다양한 모양새로 전달될 것이다. 그렇게 죽어 있는 글자들에 생명을 불어넣어 살아 숨 쉬게 하는 작업이 바로 연기다.

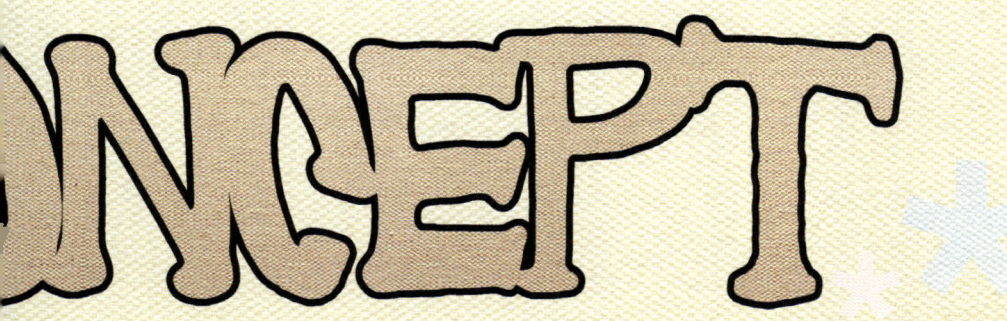

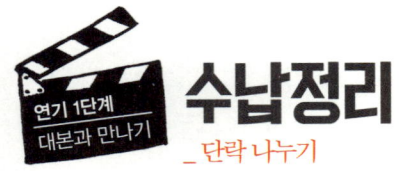

　오늘 학교에서 과제발표가 있다. 오늘 회의에서 프레젠테이션이 있다. 오늘 연인과 담판을 지어야 한다. 오늘 읽어야 할 대본에 긴 독백 대사가 있다…. 이 모든 계획의 공통점은 '할 말이 많다, 또는 길다'는 점이다. 머릿속엔 해야 할 말들이 가득 차 있는 상태에서 궁리를 하게 된다. 어떤 얘기를 먼저 꺼낼까? 이 얘기를 하다가 갑자기 저 얘기로 넘어가도 자연스러울까? 마지막에는 어떤 인상적인 이야기로 발표를 마무리할까?

　'내가 지금 무슨 말을 하는지 나도 모르겠다'가 되지 않으려면 무조건 정리해야 한다. 내용별로든 감정별로든 하다못해 가나다순으로라도 정리가 필요하다. 차곡차곡 정리해서 말하지 않으면 정작 가장 중요한 말을 빠뜨리거나 제대로 강조하지 못해서 집에 돌아와 뒤늦은 후회를 하게 된다. '아! 이 얘기를 왜 못했지?', '그런 식으로 말하기보다는 이렇게 말하는 게 더 좋았을 텐데….'

　옷장 정리를 못해 멋진 옷을 몇 년 동안 못 입고 묵혀두고 있거나, 아니면 파티 때 입어야 할 옷이 어디 있는지 찾지 못한다면 마음먹고 수납정리를 해야 하지 않겠는가? 나의 멋진 생각과 빛나는 아이디어가 영원히 내 머릿속에서 묻히길 바라지 않는다면 과감하게 정리를 해야 한다. 내가 생각한 말들을 언제든 필요한 때 꺼내 써먹을 수 있도록.

평소 알고 지내던 인테리어 디자이너가 몇 년 전 이런 고민을 털어놓은 일이 있다.

"내 머릿속엔 엄청난 아이디어들이 가득하다. 하지만 그 근사한 아이디어들을 말로 표현을 할 수가 없다. 그러다 보니 누군가 내 아이디어들을 발표하고 그가 내 대신 박수를 받는 일이 종종 있다. 씁쓸하고 안타깝다."

나로썬 이해할 수도 상상하고 싶지도 않은 비극이었다. 자신이 직접 생각한 아이디어라면 누구보다 생생하게 표현할 수 있어야 하지 않겠는가? 그가 자기의 독창적인 아이디어를 세상에 내놓지 못하는 건 무대공포증 같은 증상이 있어서 여러 사람 앞에 서면 떨리기 때문인 것도 아니었다. 단지 머릿속의 생각을 남이 알아듣기 쉽게 정리하지 못해서였다. 그의 머릿속에 중구난방으로 흩어져 있는 수많은 이미지와 글자들을 일목요연하게 정리해줄 기준이 서 있지 않았던 것이다.

그렇다면 연기자가 대사를 정리하는 기준은 무엇일까? 여기 긴 대사가 있다. 일단 대사가 세 줄 이상 넘어간다 싶으면 배우들은 심리적 압박감부터 느낀다. 괜히 호흡이 모자랄까 싶어 숨도 크게 들이마시게 되고, 숨을 과하게 들이마시니까 자연히 목소리 톤이 올라가고, 톤이 올라가니 불필요하게 흥분하거나 긴장한 것같이 보이게 된다.

H   대사가 길면 그만큼 다양한 감정을 표현해야 할 것 같은 부담감이 들
      어요.

안   그래, 그렇게 생각하고 무의식중에 호흡을 크게 들이마시는 것, 이것이
      긴 대사를 연기할 때 저지르기 쉬운 첫 번째 실수야. 대사가 길다는 건
      상대방에게 감정보다는 전해야 할 정보가 많다는 거야. 말로써 상대
      방을 설득해야 하거나 아주 중요하게 전달해야 하는 내용이 있는 거
      지. 오히려 대사가 짧거나 대사 대신 지문만 있을 때 표현해야 할 감정
      들이 많아지지.

대본을 받았는데 대사가 길다고 하자. 그럼 가장 먼저 무엇을 할까?
내용을 파악하기 위해 읽어봐야 한다. 일단 읽어보고 나면 대충 어떤
내용인지, 분위기는 어떤지 쉽게 파악할 수 있다. 그런데 문제는 그 내
용을 나만 안다는 것이다. 나는 이해했지만 남에게 이 대본의 내용을
어떻게 효과적으로 전달할 것인지 고민해야 한다. 우선적으로 내용이
전달되어야 그다음에 표현하고 싶은 감정들을 전달할 수 있고 나아가
감동도 줄 수 있다.

효과적인 전달을 위해서는 단락을 나누어야 한다. 그렇다면 그 기준
은 어떻게 삼아야 할까?

안   연기를 할 때 대사의 단락 나누기는 참 중요해.

H (끄덕끄덕)

안 단락을 나누지 않으면 지루하고 내용 전달이 어렵기 때문에 내가 무슨 말을 하는지 모를 수도 있어. 밥은 먹고 왔니?

단락 나누기에 대해 설명을 하다가 어조의 변화 없이 "밥은 먹었니?"라고 느닷없이 물어보면 상대방은 당황하게 된다. 말하는 내용을 전환하려면 "아 참, 근데 여기 오기 전에 밥은 먹었니?"와 같이 문득 생각난 듯 목소리 톤을 바꾸거나 잠시 쉬었다가 말하는 게 자연스럽다.

레스토랑에서 친구들과 모여 있는 자리에서 한 친구가 재밌는 영화에 대해 한참 이야기를 하고 있는데 종업원이 다가와 주문을 하겠느냐고 물어본다. 그러면 영화 이야기에서 바로 메뉴에 대한 이야기를 이어가는 게 아니라 영화 얘기는 잠시 중단하고 "우리 뭘 먹을지부터 정하자" 하고 얘기의 흐름을 바꾸게 된다. 여기서 알 수 있듯이 단락을 나누는 기준의 첫 번째는 말의 내용이 바뀔 때다.

그다음으로 단락을 나누는 두 번째 기준은 말하는 내용이 객관적 사실이냐, 주관적 감정이냐에 따라 나누면 된다.

안 어제 한정식 집에 가서 밥을 먹었는데, 반찬이 정말 다양하게 나오더라고. 고기도 종류별로 나오고 잡채, 샐러드, 나물도 다섯 종류에…. 근데 보기보다 맛은 별로 없더라.

H 아, 혹시 입구에 대나무로 인테리어를 하고 방 안에는 한복 입은 인형들을 많이 진열해놓은 식당 아니에요? 저도 거기 가봤어요. 거기 엄청

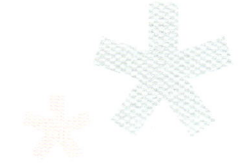

비싸던데….

내가 반찬의 종류에 대해 나열하는 부분은 객관적 사실이므로 감정 없이 나열할 수 있다. "근데 맛은 없더라"라는 부분은 나의 주관적 감정이기 때문에 감정연기(표정, 호흡, 행동 등)가 필요하다. 마찬가지로 H의 대사에서 식당의 인테리어를 설명하는 부분은 객관적 사실이므로 일정한 톤으로 말할 수 있지만, '엄청 비싸다'는 주관적 감정이므로 불만스러운 표정이나 제스처가 있어야 한다. 이렇게 내용은 동일하지만 객관적인 부분과 주관적인 부분으로 단락을 나눌 수 있다. 객관적인 대사들을 말할 때는 되도록 감정이 없이 연기해야 주관적인 감정 부분의 효과가 더 극대화될 수 있으며, 단락과 단락 사이에는 잠시 쉬어주면서 대사의 톤이나 속도를 바꾸어준다. 특히 감정이 들어가는 부분은 분위기에 따라 호흡이나 표정 제스처를 함께 표현한다.

객관적 사실과 주관적 감정을 나누지 않으면 사실을 보도하는 아나운서랑 다를 바가 없다. 그만큼 대사에 감정을 넣을 수 있다는 건 배우가 가지고 있는 가장 큰 특권이다.

이렇게 생각해보면 어떨까? 긴 대사가 있는 대본을 옷장이라고 가정해보자. 옷장 속의 옷들이 종류에 상관없이 엉켜 있으면 복잡할 뿐 아니라 부피도 커져 수납공간이 모자라게 된다. 셔츠는 셔츠끼리, 바지는 바지끼리, 속옷은 속옷끼리 종류별로 정리하듯 대사도 단락을 나누어 분류하지 않으면 듣는 사람들은 지루하고 알아듣기 힘들어진다.

또 다른 예를 들어보자. 시장에 가면 옷들이 종류에 상관없이 시장

바닥에 엉겨 있다.

"골라, 골라~ 한 벌에 단돈 5천 원!"

여기에서 마음에 드는 옷을 고르려면 사람들을 뚫고 들어가 꽤 오랜 시간 뒤적거려야 한다. 반면 백화점에서는 같은 옷이라도 종류별로 정리하여 할로겐 조명 아래 디스플레이 해놓는다. 이때 가격표를 보면 아마 0 하나는 더 붙었을 것이다. 왜일까? '상품가치'라는 것이 생겼기 때문이다. 공들여 노력하지 않아도 품질과 디자인이 만족스러운 상품을 쉽게 찾을 수 있기 때문이다.

연기를 할 때 보는 사람들이 나의 대사와 감정을 이해하기 위해 애써 노력해야 할 이유는 없다. 자연스럽게 보게끔 해야 한다. 아니 볼 수밖에 없게 해야 한다. 내 연기의 상품가치를 올리고 싶으면 보기 좋게 정리한 디스플레이처럼 연기하라! 이것이 배우의 가치를 높이는 첫걸음이다.

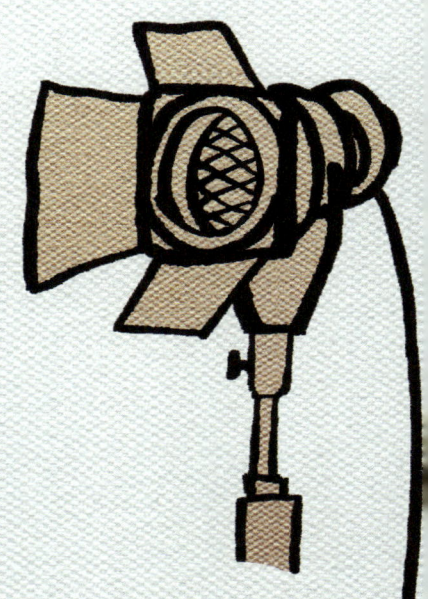

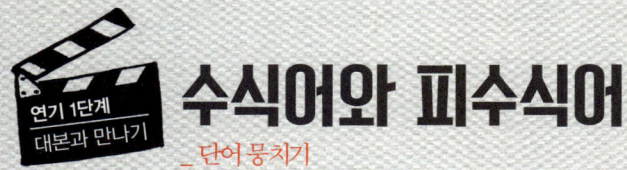
수식어와 피수식어

_ 단어 뭉치기

　일일드라마에 출연하는 배우들은 종종 이런 하소연을 한다. 대사가 너무 길고 격앙된 느낌의 연기가 많아 부담스럽다고 말이다. 보통 120부작을 6개월에 걸쳐 방영하는 일일드라마는 실제로 대사량이 엄청나다. 시청자가 어쩌다 한두 번 본방을 놓치더라도 스토리가 어떻게 전개되고 있는지 따라올 수 있도록 등장인물 간의 관계나 심리 등을 설명해주기 위해서다.

　또 유난히 어조가 격앙된 대사가 많은 이유는 일일드라마의 편성 시간을 고려한 장치다. 아침 일일드라마는 주시청자인 주부들이 설거지나 청소를 하는 시간에, 저녁 일일드라마는 저녁식사를 하거나 퇴근 후 하루를 마무리하는 시간대에 방영되기 때문에, TV에만 집중하기 어려운 시청자들을 위해 내용을 '듣게' 하려다 보니 격한 감정을 드러내는 대사가 많아지게 된다.

　이때 배우들 입장에서는 지극히 소소한 일상을 다루는 대사는 물론이고 사건에 대한 충격, 분노, 슬픔 등 그야말로 다채로운 감정을 표현해야 한다. 대사를 잘 소화하려면 **문장에 놓인 단어들을 '뭉치는' 작업이 필요하다.** 뭉치는 작업은 단락 안에 있는 문장, 문장 안에 있는 단어들을 정리하는 개념이다.

대본을 분석할 때는 전체 대본을 내용별 혹은 감정별로 세분화해야 한다. 그런 다음 문장으로 범위를 좁혀서 차근차근 분석해보자. 이때 중요한 것은 **'읽기'가 아니라 '말하기'**로 접근해야 한다는 점이다. '간단하게 말하기', '알기 쉽게 말하기'가 핵심이어야 한다. 언젠가 아이돌 출신 배우 B는 대본을 들고 와서 이렇게 '읽은' 적이 있었다.

나는오늘 / 영화보기전 / 시간이남아 / 친구랑강남역에있는 / 대형서점에 간다.

이처럼 어색한 띄어 읽기는 '말하기'라고 할 수 없다. 많은 연기 지망생들이 또박또박 정확하게 발음해야 한다는 강박관념 때문에 지나치게 띄어 읽는 경향이 있는데, 그러면 오히려 의미가 제대로 전달되지 않는다. 감정을 살리지 못한 탓이다. 그럼 한 번에 쭉 읽으면 해결될까? 아니다. 호흡의 규칙은 '정확한 내용 전달'보다는 어디까지나 '자연스럽게 말하기'에 초점을 맞추어야 한다.

안 앞의 문장에서 꼭 필요한 단어 하나를 고른다면 뭘까?

B '나는'이요.

안 '나는'이라는 단어 하나 가지고 문장이 성립할까?

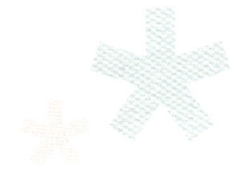

B 아, 그럼 '간다'요.

안 맞아. "간다~"라고 해도 충분히 말이 되잖아. 그럼 '간다'를 먼저 놓고, 꾸며주는 단어를 하나씩 붙여보자. 먼저, 어딜 가지?

B 서점에 간다.

안 어떤 서점?

B 대형 서점에 간다.

안 대형 서점도 여기저기 한두 군데가 아니지. 어디에 있는 대형 서점이니?

B 강남역에 있는 대형 서점에 간다.

안 혼자서? 아니면 누구랑 같이?

B 친구랑 강남역에 있는 대형 서점에 간다.

안 서점에 가는 이유는?

B 영화보기 전 시간이 남아 친구랑 강남역에 있는 대형 서점에 간다.

안 자, 이제 문장을 완성해보자.

B 나는/ 오늘 영화보기 전 시간이 남아/ 친구랑 강남역에 있는 대형 서점에 간다.

　먼저 결론을 이해하고 수식어들을 하나씩 붙여 나가자. 꾸며주는 대사와 꾸밈 받는 대사를 묶어서 말하면 연기하기도 쉬워지고, 상대방도 자연스럽게 귀를 기울이게 된다. 이런 과정은 **남에게 전달하기에 앞서 연기하는 자기 자신을 설득하는 과정**이기도 하다.

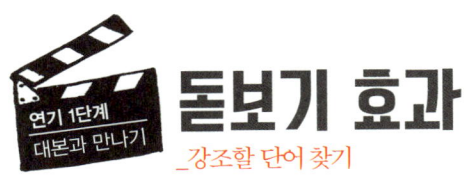

돋보기 효과

_강조할 단어 찾기

"연기자가 되려면 어떻게 해야 하나요?"

학교에 강의를 나가서 만나는 학생들도, 연극영화과를 졸업하고 데뷔를 앞둔 연기 지망생들도 가장 많이 하는 질문이다. 처음에 드는 생각은 물론 "연기를 열심히 잘해야지!"라는 대답이다. 하지만 그들이 원하는 답은 아닐 것이다. 누구라도 알고 있는 답이니까. 좀 더 구체적인 대답을 해주려면 뭐라고 해야 할까?

거꾸로 거슬러 생각해본다. 영화나 드라마에 나오는 배우들은 저 자리에 어떻게 갔을까? 촬영장에서 연기하기 전에는 대본 리딩을 했을 거고 리딩에 참여하려면 배역을 따내기 위해 오디션을 거쳤을 것이다. 아, 바로 그거다. 오디션! "연기자가 되려면 일단 오디션을 잘 봐야 한다." 이것이 가장 구체적이면서 현실적인 대답이다.

오디션은 연기자의 첫 관문이다. 한 작품 안에는 수많은 인물들이

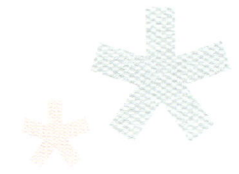

등장한다. 각 인물에 맞는 연기자를 뽑기 위해 역할 오디션이 진행되는데, 여기에 합격해야만 연기를 할 수 있는 자리가 마련된다.

오디션의 과제는 다른 연기자들과의 경쟁에서 살아남는 것이다. 일정 수준 이상의 점수를 받으면 합격하는 여느 입학시험과 달리, 오디션은 <u>다른 경쟁자들과 압도적으로 차별화 할 수 있는 '어떤 무언가'를</u> 만들어내야 한다. 그 무언가를 어떻게 만들어낼 수 있을까?

"선생님, 전 오디션을 보면 꼭 최종 두세 명 안에는 들어요. 근데 결정적으로 마지막에 캐스팅이 안 돼요!"

얼굴도 예쁘고 이미지도 좋고 연기 오디션 경험도 제법 있는 J의 하소연이다. 수백 명의 경쟁은 뚫었는데 왜 마지막 몇 명과의 경쟁에선 선택받지 못하는지, 그 이유를 이해하지 못해 굉장히 화가 나 있다. 왜일까? 나도 참 궁금하다. 그녀가 보았던 오디션 대본으로 리딩을 해본다.

J의 리딩은 에너지가 넘쳤다. 처음 들었을 땐 목소리도 시원시원해서 잘 들리고 톤도 좋았다. 그런데 계속 듣자니 모든 대사가 다 그렇다. 모든 단어들을 또박또박 힘주어 발음하기 때문에 초반에는 시선을 사로잡지만 같은 화법이 반복되다 보니 섬세한 감정이 부족하달까? 뭔가 싱겁다는 느낌이 들었다. 저 대사는 좀 낮춰서 말해도 되는데, 저 말은 더 강하게 내질렀으면 좋겠는데… 하는 아쉬운 점이 많았다.

안   특정한 어구나 대사를 강조해야 할 때 어떻게 하니?

J   일단 발음이 꼬이면 안 되니까 어려운 받침이나 'ㅅ' 발음은 또박또박 발음하려고 노력하고요, 특별히 강조해야겠다 싶은 단어는 악센트를 찍어서 '크게' 말하죠.

안   바로 그게 문제야! 네가 얘기한 그 또박또박한 발음과 악센트를 찍어서 말하는 것 말이야. 물론 부족한 발음을 '또박또박' 연습하는 것은 배우로서 필요해. 하지만 연기를 시작한 그 순간부터는, 글을 '읽는 것'이 아니라 '말하는 것'이라는 걸 잊어선 안 돼. 한 자 한 자 너무 정확하게 발음하려는 강박관념은 오히려 자연스러운 연기를 방해하거든.

J   그렇지만 신경 써서 발음하지 않으면 발음이 새서 지적을 받을까 봐 겁이 나요.

안   그렇다고 단어에 힘을 주어 말하면 오히려 발음이 취약하다는 걸 광고하는 꼴이 돼. 말할 때 입에 힘을 주면 상대방이 네 입만 쳐다보게 되거든. '제 입을 보세요, 저 발음 안 좋아요" 하고 자기 단점을 더욱 드러내는 우를 범하게 되는 거야.

J   그럼 단어에 악센트를 찍어서 강조하는 건요? 그것도 안 좋은 습관인가요?

안   당연하지. 악센트를 넣어서 크게 말하는 것도 좋은 방법은 아냐. '강조해서 말한다'는 것과 '세게 말한다'는 게 동일한 의미는 아니거든.

J   중요한 말이면 강조를 해줘야 하고, 강조하려면 당연히 세게 아니면 크게 말해야 하는 것 아니에요?

안   일단 '강조'라는 개념에 대한 생각을 바꿔보자. 연기는 강조가 아니라 표현이라는 단어가 더 어울려. '강조'를 해야 한다고 생각하면 악센트,

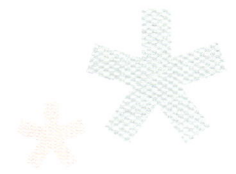

즉 '세계'라는 단어가 떠오르지만 '표현'해야 한다는 단어를 생각하면 '풍성'이라는 이미지가 연상되지. 이제부터는 강조할 때 '세계'라는 단어만 떠올리지 말고 '풍성하게 표현'하겠다는 생각을 해봐.

J 어떻게 하면 강조할 부분을 풍성하게 표현할 수 있죠?

안 일단 '어떻게 풍성하게 표현할 것인가'라는 고민에 앞서, 강조할 부분을 잘 살리지 못했을 때의 부작용이 무엇인지부터 살펴보자.

지금부터 예로 드는 문장들은 드라마나 영화에 실제로 자주 등장하는 대사들이야. "너 나한테 왜 이래?"라는 문장이 있어. 여기서 어떤 단어가 가장 강조되어야 할까?

J …….

안 씬(scene)의 상황에 따라 '너'가 강조될 수도 있고, '나한테' 또는 '왜 이래?'를 강조할 수도 있겠지? 그런데 문제는 강조할 단어를 하나 정해서 표현하지 않으면 어처구니없게도 마지막 글자 '래'가 강조될 확률이 높아져. "너 나한테 왜 이**래?**" 또는 '래'라는 글자가 길게 늘어져서 "너 나한테 왜 이**래애애애~**"가 될 수 있지. 이렇게 아무런 의미도 없는 '래'가 세지거나 늘어지는 이유는 문장 안에서 강조할 단어를 찾아 '풍성하게 표현'해내지 못했기 때문이야. 그 결과 남은 호흡이 맨 끝 글자인 '래'에 한꺼번에 몰리게 된 거지.

이 문장의 핵심을 생각해보자. 상대방이 나한테 '왜' 이러는지가 궁금한 거 아닐까? 그럼 '왜'를 강조해서 표현해야지. "너 나한테 **왜** 이래?"처럼 왜'를 강조하면 어미가 세지지도 늘어지지도 않아.

비슷한 문장을 하나 더 볼까? "네가 어떻게 나한테 이럴 수가 있어?"

이 문장 또한 마찬가지로 강조할 단어를 미리 정해서 표현하지 않으면 "니가 어떻게 나한테 이럴수가 있**어?**" 또는 "니가 어떻게 나한테 이럴 수가 있**어어어어~**'처럼 맨 끝의 글자만 늘어지게 되겠지. 이 문장은 "네가 **어떻게** 나한테 이럴 수가 있어?"라고 하면 자연스러운 표현이겠다. 또는 "네가 어떻게 나한테 **이럴 수**가 있어?"라고 해도 좋겠고.

정리하자면, 우선 한 문장에서 네가 강조하고 싶은 단어를 찾아서 그 위에 돋보기를 올렸다고 상상해봐. 단어가 볼록하고 크게 보이겠지. 바로 그 단어를 풍성하게 표현하는 거야.

J 선생님 말씀은 이해가 가는데요. 문장 안에서 어떤 단어를 강조해야 할지 결정하는 특별한 기준이 있어요?

안 기준은 크게 두 가지를 들 수 있어. 첫째는 허무하겠지만, 한마디로 '연기하는 배우 마음'이지. 앞에서도 얘기한 것처럼, 문맥의 흐름에 따라, 연기하는 나의 감정에 따라 그때그때 달라진다는 거야. 나는 이 문장에서 이 단어가 '가장 아프게' 와닿는다, 또는 이 단어를 저 사람에게 가장 '강하게 던져주고 싶다'라든지…. 감정표현은 그 대사를 하는 '배우의 몫'이어야 해. 물론 배우 자신의 감정에 확신이 있어야겠지. 예를 들어보자. "난 너를 사랑해"라는 대사가 있다면 너는 어떤 단어에 돋보기 효과를 줄래?

J 난 너를 **사랑해**요. 사랑해!

안 그래, 사랑한다는 결론이 중요하니까 그렇게 표현하는 것도 자연스럽겠다. 또 다른 표현도 있겠지. 다른 사람이 아닌 바로 '내가' 널 사랑한다는 표현으로 "**난** 너를 사랑해", 또 어느 누구도 아닌 바로 '너를' 사랑한다는 의미로 "난 **너를** 사랑해"라고 할 수도 있고.

이렇게 한 문장에서 어떤 단어를 풍성하게 표현해야 하는지는, 순전히 연기하는 배우의 '감정을 감별하는 감각'에 의해 달라져. 이러한 능력은 배우에게 자신감을 가지고 강조할 단어를 선택할 수 있게 하고, 확신을 갖고 '풍성하게' 대사를 표현하게 만드는 거지.

J 그러니까 강조할 단어를 선택할 땐 내 감정에 따라 내 확신에 따라 표현하면 되는 건가요? 정말 내 마음대로요?

안 그래. 절대 자신의 선택이 '틀리면 어쩌지' 하는 두려움은 갖지 말고 마음 가는 대로 하면 되는 거야! 너의 감정에 확신이 있다면 진실한 감정이 대사에 묻어나게 될 테니까.

J 그럼 강조할 단어를 찾는 두 번째 기준은요?

안 두 번째 기준은 문장 안에서 '꼭 강조해야 할 네 가지'를 염두에 두는 거야. 수많은 배우들과 다양한 대본을 리딩해본 결과, 보통 이런 단어들을 강조하니까 감정이 풍성하게 효과적으로 표현되더라 하는 '비법의 단어'들이 있어.

첫째, '의문사'를 강조한다.

"너 나한테 왜 이래?"에서 '**왜**', "니가 어떻게 나한테 이럴 수가 있어?"에서 '**어떻게**', "도대체 무슨 일이야? 무슨 일인데?"에서 '**무슨**' 등 문장 안에 있는 의문사를 강조하면 어미를 자연스럽게 처리할 수 있다. 의문사가 있는 문장은 문장 끝에 꼭 물음표가 들어가는데, 이 물음표를 조심해야 한다. 자칫 물음표에 신경을 곤두세우다 보면 어미만 강조되어 어린아이 같은 말투가 될 수 있다. '돋보기 효과'를 이용해 '의문사'를 강조하면 대사를 자연스럽고 풍성하게 처리할 수 있다.

둘째, '부정어'를 강조한다.

"그렇게 하기 싫어"에서 **'싫어'**, "난 그런 거 못해"에서 **'못해'**, "어쩔 수가 없었어"에서 **'없었어'**와 같이 부정의 의미를 가지고 있는 단어를 강조하면 효과적이다.

그 밖에도 '절대', '결코', '다시는'과 같은 부정의 의미를 가진 단어들은 대부분 중요하다. 단, 부정어가 있는 문장에서 조심해야 할 게 있다. 감정이 강하기 때문에 잘못 표현하면 문장 자체가 격앙된 톤으로 흐르기 쉽다. 앞에서 설명한 것처럼 문장 맨 끝 단어를 "난 그런 거 못**해**", "어쩔 수가 없었**어**"와 같은 식으로 처리하게 된다는 말이다. 이런 의미 없는 단어가 크게 들리면 앞의 중요한 내용이 상대적으로 묻히면서 대사 전체가 시끄러운 소음으로 전락하게 된다.

셋째, '수사'를 강조한다.

수사란 숫자의 의미를 나타내는 단어들이다. 대본에 숫자들이 나오면 얼마나 나올까 싶겠지만 일상용어에는 생각보다 수사적인 표현들이 많다. 수사가 있는 문장들은 대개 극단적인 감정을 표현하는 수단으로 많이 쓰인다.

"니가 이러는 게 한두 번이야?"에서 **'한두 번'**, "매일매일 너만 생각했어"에서 **'매일매일'**, "수많은 사람들이 나를 비웃어도 좋아"에서 **'수많**

은' 등이다.

특히 수사는 사랑하는 연인을 다시 만나거나 사랑싸움을 할 때 단골처럼 등장한다. 따라서 수사적인 표현들을 잘 강조하면 풍성한 감정이 있는 대사 처리가 가능하다.

마지막으로 단어 자체에 이미지를 가지고 있는 단어들을 강조한다.

'강조'보다 '표현'이라는 말이 더 어울리는 이런 단어들은 보통 형용사나 동사에서 많이 발견된다.

"우린 너무 멀리 떨어져 있어"에서 '**멀리**', "작년 여름은 너무 뜨거웠어"에서 '**뜨거웠어**', "가슴이 너무 답답해서 숨이 막혀"에서 '**답답**', '**막혀**' 등이 있다.

그 외에도 '하얗게 바래다', '촉촉하다', '숨죽이며', '춥다', '덥다' 등 이미지를 갖는 단어는 수없이 많다. 오감에 관련된 단어들, 의성어와 의태어가 대표적인데 문장 곳곳에 숨어 있는 이런 단어들을 잘 포착해야 한다. 물론 이들 단어들을 문법적으로 분류하고 샅샅이 찾아내 연기하라는 것은 아니다. 마음으로 느끼고 표현해야 할 단어들을 무심코 지나치지 않도록

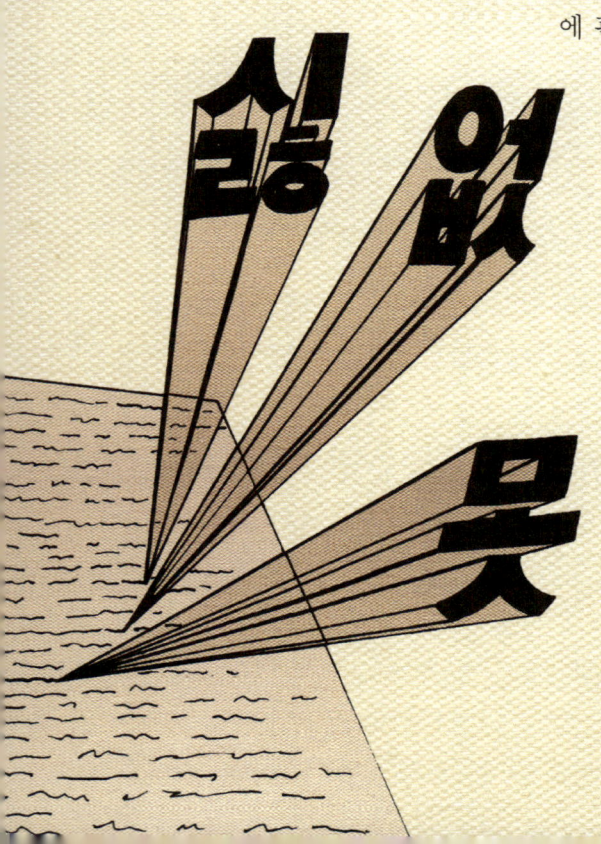

곰곰이 생각해보는 자세가 필요하다.

J 그동안 저는 강조할 단어의 이미지를 섬세하게 찾아내지 못해서 설득력 있는 대사를 못했나 봐요….

안 꼭 그 이유라고 단정 지을 수는 없어. 하지만 나한테 들려줬던 방금 전 리딩은 대본의 내용만 충실하게 전달한 느낌이었어. 창조가 없었던 리딩이랄까? 내가 다른 경쟁자들과 차별되는 특별한 배우가 되고 싶다면, 다른 사람보다 하나라도 더 표현해야 해. 기억에 남는 배우가 되기 위해선 청자의 귀와 눈과 감성을 풍성하게 자극시켜야겠지. 이러한 목표로 앞으로의 오디션에 임한다면 머지않아 최후의 1인이 될 수 있을 거야.

연기는 점수로 수치화할 기준이 없다. 오디션 1번 배우가 들어와 연기를 하면 그는 오디션에서 1등이 되고, 그다음 2번 배우가 들어와 조금 전 1번 배우가 놓쳤던 감성을 잘 살려낸다면 1번 배우는 그 순간 잊히는 것이다.

단어를 잘 표현해야 문장이 들리고 문장을 잘 표현해야 전체적인 감정이 잘 전달된다. 배우라면 "같은 말도 어쩜 저렇게 재미있고 생동감 있게 표현할까?"라는 말을 들어야 한다. 배우는 진정한 이야기꾼이어야 하기 때문이다.

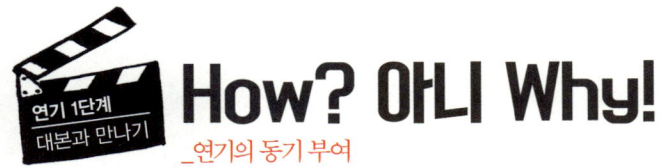

How? 아니 Why!
_연기의 동기 부여

　단골 카페가 있다. 사무실에 가기 직전에 항상 들르기 때문에 손님에게 전화를 걸어 무엇을 마실 거냐고 물어보고 음료를 두 잔 주문하곤 한다. 유난히도 춥던 겨울날, 움직임이 둔할 정도로 두텁게 옷을 입고 장갑을 끼었다. 심지어 한손에는 대본 꾸러미도 들었다.

　"주문한 음료 나왔습니다!"

　카페 종업원이 음료를 내게 내민다. 난 순간 주춤한다. 음료 두 잔을 들 만한 손이 없기 때문이다. 손이 모자란 것도 문제였지만 양손에 음료 두 잔을 든 채 눈 쌓인 빙판길을 걷는다면 너무 위험할 것이다.

　"죄송하지만 캐리어에 좀 담아주실래요?"

　"아, 캐리어에 담아드릴까요?" 종업원은 상냥한 말투로 내 말을 반복해서 확인한다.

　"네!"

　그제야 나는 음료 두 잔을 캐리어에 담아 가지고 카페를 나선다.

　그 다음 날도 그 다다음 날도 그 종업원은 계속해서 같은 요구를 해야만 캐리어에 음료를 담아준다. 늘 비슷한 오전 시간에 그 카페 종업원과 매일같이 만났다. 한번쯤은 그냥 알아서 담아줘도 될 것을…. 난 이제 포기한다. 카페에서 '캐리어 아끼기 운동' 중인가 생각하면서 마음을 비운다. 출근길은 즐거워야 하니까….

그렇게 며칠이 흐르고, 뉴스에서도 기록적인 한파라며 호들갑을 떨던 어느 날이었다. 따뜻한 음료 하나와 사무실 손님을 위한 아이스 음료를 하나씩 주문했다. 음료 두 잔이 나온다. 하나는 얼음 동동 아이스 음료다. 밖은 영하 18도가 넘어서고 있다. 황당함에 말을 잃은 나는 나도 모르게 종업원을 향해 레이저를 쏜다. 어색한 정적이 흐른 뒤 뒤늦게 종업원은 묻는다.

"캐리어에 담아드릴까요?"

난 '당연하지. 그걸 꼭 일일이 물어봐야 해?'라는 뉘앙스로 "네~" 하고 길게 답한다. 캐리어를 꺼내주기에 성질 급한 내가 음료 하나를 캐리어에 넣는데 아이스 음료 컵 표면에 맺힌 차가운 물방울 때문에 손이 흥건하게 젖었다. 이쯤 되면 약이 올라 말도 안 나온다.

"저, 저 저기요. 뭐죠, 그… 컵에 끼우는 거… 그거 좀….."

나는 말을 더듬고 난리다.

종업원은 아주 상냥한 톤으로 또 되묻는다.

"컵홀더를 끼워드릴까요?"

"네~!"

즐거운 출근길을 위해 마음을 비웠는데, 또 다시 순식간에 불길이 휩쓸고 지나간다. 아, 답답하다. 왜 이렇게 손님의 마음을 미리미리 헤아리지 못할까? 난 씩씩거리며 카페를 나오면서 '저렇게 센스 없이 행동하다가는 앞으로 사회생활 하면서 얼마나 많은 상처를 받을까' 하고 중얼거린다.

몇 발자국 걷다가 문득 연기자의 자세도 이와 다르지 않다는 생각이 머릿속을 스친다. 사회 초년생인 그 종업원의 행동과 이제 막 연기를 시작하는 연기 지망생들의 자세를 생각해본다. 얼마 전 읽은 『고승덕의 ABCD 성공법』이라는 책이 생각난다. 이 책에는 '사는 등급을 알면 운명이 보인다'는 주제의 단원이 있다. 사람의 행동을 보고 A, B, C, D등급으로 분류해놓은 것이 참 흥미로웠다.

> D급 : 시켜야만 '마지못해' '할 수 없이' 하는 사람.
> C급 : 시키는 것만 '꼬박꼬박' 하는 사람. 시키는 일만 하고, 시키지 않는 일은 하지 않음.
> B급 : 시키는 사람의 뜻을 '헤아려' 하는 사람. 시키는 사람이 무엇을 원하는지 파악하고 그 뜻을 이루려고 노력함.
> A급 : 시키지 않아도 '알아서' 하는 사람. 할 일을 스스로 찾으며, 시키기를 기다리지 않음. 상사, 가족, 고객이 무엇을 해달라고 말하기 전에 상대방이 원하는 것이 무엇일까 미리 생각하고 행동함.

연기도 마찬가지다. 꼭 시켜야만 무언가를 하는 수동적인 연기자가 있다. 다른 건 몰라도 그런 D급의 생각으로는 절대 연기를 잘할 수 없다. 카페를 나와 불과 100미터도 안 되는 사무실까지 걸어가는 길에, 연기자로서의 D급 연기가 아닌 A급 연기, 즉 적극적으로 알아서 잘할 수 있는 연기자가 되려면 어떻게 해야 하는지를 곰곰이 생각해보았다.

사무실에는 Y가 와 있다. 연기를 반대하는 부모님의 권유로 외국 유학을 마치고 돌아왔지만 결국 본인의 뜻대로 연기에 재도전하고 있는 친구다. 간단한 인사를 나눈 다음 해맑은 표정으로 날 바라보는 그 친구에게 물어본다.

안 네가 연기자로서 연기를 소화할 수 있는 실력이 어느 정도에 와 있는지 한번 확인해보고 넘어갈까?

Y 어떻게요?

안 자, 내가 드라마를 연출하는 감독이라고 가정하고 너에게 상황을 제시해볼게. (감독 흉내를 내며) 레디 액션! 하면 지금 앉아 있는 의자에서 일어나 밖으로 나가는 겁니다. 자, 레디…액션!

Y 지금 바로 해요?

안 응, 해봐. 하고 싶은 대로. 시작한다. 자, 액션!

Y는 주춤하는가 싶더니 훌쩍 일어나서 나간다. 잠시 후 어색하게 웃으며 내게 묻는다.

Y 됐어요?

안 다시 이리 와서 앉아봐. 어떤 감정으로 연기한 거야?

Y 이상해요?

안 아니, 이상해서가 아니라 무슨 감정을 설정하고 연기한 건가 싶어서….

Y 전 그냥 일어나서 나가라고 하시니까 그냥 시키시는 대로 했는데요. 어떻게 일어나서 나가야 되죠?

안 너 그렇게 시키는 것만 하면 D급… 아니지, 시키는 것만 하니까 C급 연기자 된다?!

Y 네? C급이요? 그게 뭐예요?

안 그런 게 있어. 그럼 질문을 바꾸어볼게. '어떻게' 나갈까? 이전에 네가 '왜' 일어나서 나가는지 설정해보자. '왜' 나갈까? 맘껏 상상해봐!

Y 음, 그러면… 화장실을 가고 싶어서 나가는 걸로 할게요. 배를 움켜쥐고 급하다는 듯이… 이렇게요!

안 좋아. 화장실에 가고 싶어서 나간다는 '동기'가 생겼으니 배를 부여잡는 동작도 설정하고 좋네. 자, 그럼 또 다른 표현을 찾아보자. '왜' 일어나서 나갈까?

Y 약속 시간에 늦어서요! 아니면 아, 학교 짱이 뒷문을 열고 들어오더니 나보고 나오래요. 와, 생각만 해도 무서워요.

안 그래, 지금 네 표정을 보니까 학교 짱이 얼마나 무서운지 아주 잘 알겠다. 경험담 같기도 하고…. 아무튼 화장실이나 약속 시간 때문에 일어날 때보다 짱이 부르는 경우에는 일어나는 속도부터가 달라지겠다. 무서우니까 아주 천천히 마지못해 일어나겠네.

Y 에이~ 아니죠. 학교 짱이 부르는데 빛의 속도로 일어나서 달려가야죠. 이렇게요!

용수철 튕겨나오듯 벌떡 일어나는 Y를 보니 '나 죽었다' 하는 표정, 공포에 질린 눈빛을 담은 시선 처리까지 완벽한 하나의 장면이 만들어졌다. 심지어 소심해 보이게끔 손가락도 입에 넣었다. 시키지도 않았는데 알아서 별걸 다 설정해서 연기한다.

> **안** 시키는 것만 하는 C급 연기자에서 알아서 연기하는 A급 연기자로 확변했네. 내 말이 무엇인지 조금은 이해하는 것 같아 좋은데?

대본에는 행동과 감정을 지시해주는 지문이 있는가 하면, 지문 없이 대사만 있는 경우도 있다. 지문이 있음에도 불구하고 행동이나 감정을 생략하고 대사만 하고 넘어가는 배우도 있고, 딱 대본에 나와 있는 지문과 대사만 표현하는 배우도 있다. 또 대본에 나와 있는 지문과 대사 외에도 매끄러운 감정표현을 위해 무언가를 더 설정해서 연기하는 배우도 있다. 마치 그 설정들이 작가가 애초에 의도한 것처럼 자연스러우면서도 생생하게 표현하는 것이다.

연기를 하고 싶다면 가장 마지막에 언급된 배우가 되어야 한다. 연출자가 시켜야만 움직이거나, 시키는 것만 연기하는 것이 아니라 내가 연기를 하는 데 있어서 '왜' 이렇게 해야 하는지 고민하는 연기자 말이다. 이것이야말로 배우로서의 '존재 이유'를 말해주는 중요한 대목이다.

'내가 왜 지금 이 장소에서 저 인물과 만나고 있지?'

자신이 연기하는 상황에 대한 '동기'와 '목적'이 분명하게 설정되지 않는다면 배우는 시키는 대로 수동적인 연기만 하는 인형이 되고 만다.

수많은 신인배우들이 대본을 들고 고민한다. 자신이 보고 있는 대본을 또는 특정한 상황을 '어떻게' 연기해야 할지 걱정하는 것이다. 누군가 "선생님, 이 대사를 '어떻게' 해야 할지 모르겠어요"라며 조언을 구하면 나는 대본을 잠시 들여다본 뒤 되묻는다.

"그 대사를 '왜' 하는 것 같은데?"

배우들은 그제야 동기와 목적을 생각한다. 그러고는 어느 정도 궁리 끝에 답을 찾고 나서 "그거야 당연히 이런 이유에서죠"라고 말한다.

나의 질문을 듣고 나서야 '생각'하기 시작하는 배우는, 배우로서의 기본적인 자세가 갖춰져 있지 않았다고 볼 수 있다. 그나마 뒤늦게라도 "당연히 이런 거죠"라고 답을 찾아내는 배우는 기본적으로 생각은 있으나 스스로에 대해 확신이 없는 것이다. 여기서 '당연히…'라며 생각해낸 바로 그 답이 그 상황을 연기하는 동기가 되어야 한다. 배우는 자기 스스로 생각해낸 동기에서부터 연기를 시작해야 한다.

배우라는 직업은 끊임없이 고민하고 연구하는 직업이다. 연기는 대량생산 공장에서 제품을 찍어내듯 천편일률적으로 반복되는 단순노동이 아니다. 어쩌면 연기란 세상에 단 하나밖에 없는 장인의 수공업 즉, 명품과 같은 것이다. 배우의 연기는 누구도 대체할 수 없는 눈빛이고 대사이고 표정이다. 따라서 손짓 하나, 시선 하나, 말 한마디, 어느 것 하나 고민하지 않으면 안 된다. '어떻게' 울고 '어떻게' 웃는지를 고민하기 전에 '왜' 우는지 '왜' 웃는지를 고민하고 그 정확한 동기를 찾아 연기해야 한다. 찰나에 불과한 내 숨소리 하나, 내 눈빛 하나가 많은 사람들을 울고 웃게 할 것이다.

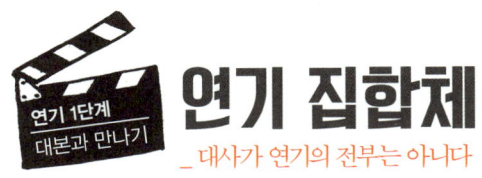

연기 집합체

연기 1단계
대본과 만나기

_대사가 연기의 전부는 아니다

2월의 어느 날, 귀여운 외모의 여배우 L과의 수업 시간이었다. L이 내 얼굴을 보고는 한마디한다.

L   선생님, 눈이 충혈됐어요. 어젯밤에 우셨어요?

2월에 접어들면 성수기인 여름을 겨냥하는 공포영화 준비가 한창 시작된다. 덕분에 공포영화 시나리오들을 2월에 많이 읽게 된다. 보통 하루 일과를 끝내고 난 밤에 혼자 방에서 읽게 된다. 집중해서 읽다 보면 내 머릿속에선 이미 영사기가 돌아가고 있다. 상상력은 극을 향해 내달리고, 창피하게도 너무너무 무섭다!

그래서 어떨 땐 24시간 문을 여는 카페에 가서 읽거나, TV의 개그 프로그램을 크게 틀어놓고 읽는다. 어제가 바로 그런 날이었다. 공포영화 시나리오를 읽고 두려움에 떨어야 했던 지난밤, 악몽에 자는 둥 마는 둥 아침을 맞았다.

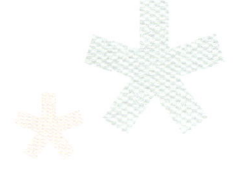

안 아니, 잠을 좀 설쳤거든. 어제 공포영화 시나리오를 읽느라….

L 아, 저도 선생님이 주신 공포영화 오디션 대본을 읽느라 잠을 못 잤어요. 전체 시나리오를 못 보고 장면별로 따로 보다 보니 앞뒤가 연결이 안 되서 이리저리 추리해보느라고요.

안 그래, 힘들지? 이리저리 추리해보는 것이 대본 분석의 기본이자 시작이지. 네가 궁금하다고 해도 줄거리는 얘기 안 해줄 거야. 왜냐고? 이렇게 전체 시나리오를 모르는 상태에서 특정 장면을 뽑아서 오디션을 보는 게 보통이거든. 그래서 이렇게 미리 훈련을 하는 것이고. 자, 그럼 얼마나 고민하고 분석했는지 한번 보자.

L 공포영화 연기는 집중력이 진짜 중요한 것 같아요. 막 울고 화내고 미치고…. 감정변화가 참 많아요.

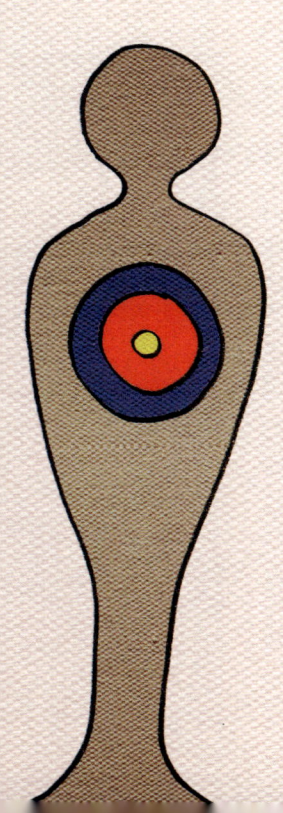

안 집중을 해야 하는 건 어느 연기라도 마찬가지야. 다만 공포영화는 비현실적인 내용이 주를 이루기 때문에 어려운 점은 있지. 특히 요즘 유행하는 범죄 스릴러 영화들을 생각해봐. 그 내용들은 우리 일상에서 쉽게 벌어지는 일이 아니야. 비일상적 소재들을 다루다 보니 사람들의 호기심과 공포심을 자극하기 좋지만, 그만큼 집중을 해야 관객들을 몰입시킬 수 있지. 감정 잡히는 시간이 얼마가 걸려도 좋으니 집중해봐. 네가 시작하고 싶을 때까지 기다려줄게.

부담스러운지 L의 눈동자가 이리저리 자리를 못 잡는다. 잠시 기다리자 집중이 됐는지 한곳을 응시하며 연기를 시작했다.

공포영화 대본에는 대체로 지문이 많다. 장면에 대한 묘사, 배우의 행동, 감정 지시문들로 가득하다. 예컨대 (패닉 상태로), (공포스러운 눈빛으로), (화색이 돌며), (눈에 살기가 가득하다), (숨넘어갈 듯 문을 두드리며) 등이 잇달아 등장하곤 한다. L은 감정을 잘 쫓아간다. 그러다가 씬의 중반부를 넘기면서 감정선이 무너지기 시작한다. 건너뛰고 생략하고, 비약하는 감정들이 많아지더니 이윽고 연기가 끝난다.

> **안** 방금 한 연기가 만족스럽지 않은 표정이네? 하다가 중간에 살짝 포기한 것처럼 느껴지기도 하고… 이렇게 감정선이 복잡하고 한 씬이 긴 장면들을 연기한다는 게 녹록지 않지? 그럴수록 이런 장면을 자꾸 연기해보면서 친숙해져야 돼. 그래야 연기를 끝까지 잡고 밀고 나가는 힘, 즉 내공이 길러지는 거야.
>
> **L** 씬이 길어서 끝까지 감정을 끌고 나가는 게 참 어려운 것 같아요.
>
> **안** 그렇다고 '감정 점프'를 하면 오디션에서 좋은 점수를 받을 수가 없어.
>
> **L** 감정… 점프요? 그게 뭐예요?
>
> **안** 노래방에서 노래 부를 때 '간주 점프'라는 기능이 있는 거 알지?
>
> **L** 그럼요. 간주 부분을 건너뛰고 바로 2절로 넘어가는 거잖아요.

그렇다. 노래방 기기에 있는 '간주 점프'는 말 그대로 가사가 있는 부분만을 부르기 위해 간주 부분을 생략하는 기능이다. 나는 이 기능을 처음 접한 날의 충격을 잊을 수가 없다.

사람들과 술자리를 하고 자연스럽게 노래방으로 향했다. 지금은 잘 기억나지 않는 누군가가 아주 분위기 있는 노래를 불렀고, 나도 마침 좋아했던 노래여서 같이 흥얼거렸던 기억이 난다. 1절이 끝났다. 이어 나올 간주 부분에서 첼로 연주가 애절함을 더하는 그런 노래였다. 그런데 곧바로 2절이 시작되었다. 순간 '내가 술에 취해서 잠시 졸았나?' 생각했다. 간주를 들은 기억이 없어 당황해하고 있을 때 옆 사람이 얘기해주었다. '간주 점프'라는 기능이 있어서 제한된 시간에 더 많은 노래를 부를 수 있다고. 이건 나한테는 술이 확 깨는 문화적 충격이었다.

노래방에 가는 목적은 당연히 '노래를 부르러'다. 하지만 동행의 '노래를 감상하는' 사람들도 있다. 어떻게 감상의 포인트인 간주를 점프하고 바로 2절을 부를 수 있단 말인가? 그 노래를 작곡한 작곡자가 이 사실을 알면 어떨까? 간주 부분을 작곡하기 위해 수많은 음표를 그렸다 지웠다 했을 인고의 시간들…. 작곡자는 가사가 없다는 이유로 간주 부분을 분량 채우기용으로 대충 작곡하지 않는다.

'간주 점프' 기능을 사용한 노래는, 노래를 '하는' 사람에겐 효율적이고 편리할지는 몰라도 노래를 '듣는' 사람에겐 간주가 들려주는 감정의 맥을 끊어버려 온전한 노래를 감상할 권리를 강탈당한 아쉬움을 준다.

L은 오디션 대본을 연기하면서 노래방에서의 '간주 점프' 기능처럼 감정을 점프했다. 예를 들면 '화색이 돌며'라는 지문을 연기하다가 '눈에는 살기가 가득하다'라는 지문으로 갑작스레 점프하듯 넘어갔다는 말이다. 화색이 돌았던 표정에서 갑자기 눈에 살기가 돌려면 '이유(동

기)'가 있어야 한다. 예컨대 앞사람의 어떤 대사 때문이라든지, 어떤 행동 때문이라든지, 정확한 동기에 따라 반응해야 한다. 따라서 그 순간을 정확히 듣거나 보고 느껴야 한다. 그 부분이 바로 연기의 감정변화 부분, 즉 감정을 전환해도 되는 지점이다. 다음 연기에 대한 감정을 준비하는 지점이자, 자연스레 감정이 변화하는 지점이다.

한 곡의 노래에는 기승전결이 있다. 1절, 간주, 절정인 2절. 간주란 감정이 절정으로 올라가는 2절 노래를 준비하는 중요한 시간이다. 그러한 시간이 연기자에게도 필요하다. 간주 시간에 노래에선 음악이 흘러나오지만, 연기에선 침묵이 흘러나온다. **흘러나오는 침묵은 곧 연기자의 호흡이다.** 공기를 가르는 파동은 없지만 연기자에게 있어선 어떤 음성보다도 웅장하고 섬세하게 표현되어야 할 호흡이다.

연기자는 호흡을 위해 집중해야 한다. 그래야 연기를 보는 사람도 집중하여 침묵의 시간 즉, 호흡을 들을 수 있다. 노래의 아름다운 간주처럼 호흡도 음악이 되어 들리는 것이다.

L 대사와 대사 사이의 감정에 집중한다면 그 시간이 길게 느껴지지 않는 건가요? 그런데 전 그 시간이 너무 불안해요. 어색하고….

안 불안하고 어색한 건 네가 그 시간에 아무것도 안 하기 때문이야. 간주를 생략하듯 감정을 생략해서 그런 거지. 가수들의 무대를 생각해봐. 간주 부분에 가수들은 무엇을 하니?

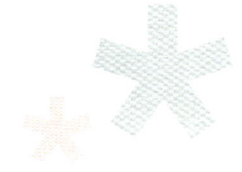

섬세한 연기의 안 좋은 예

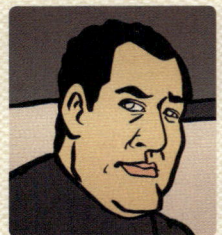
기쁨

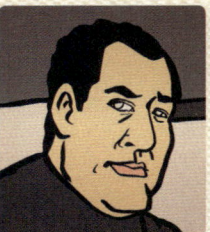
슬픔

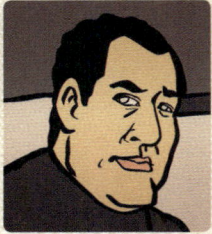
즐거움

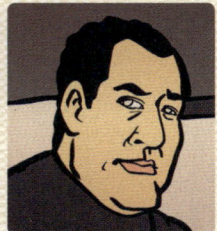
분노

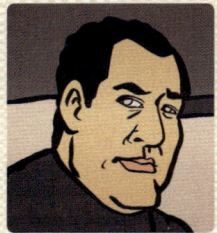
공포

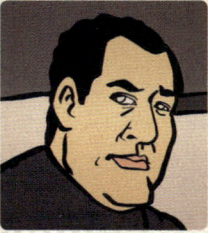
외로움

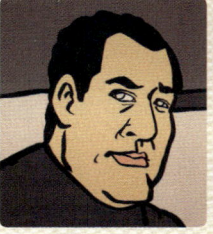
의심

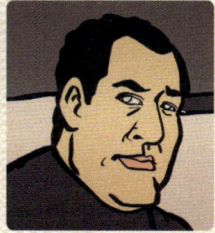
반가움

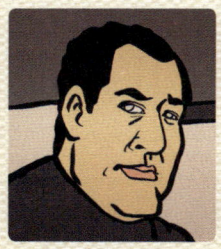
허탈

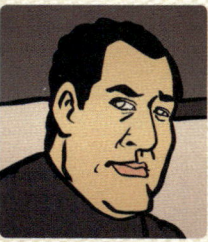
무아지경

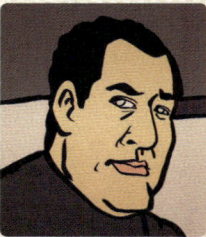
억울함

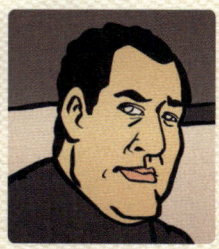
환희

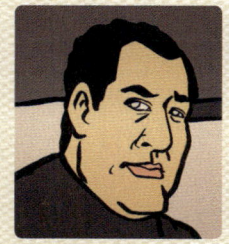
후회

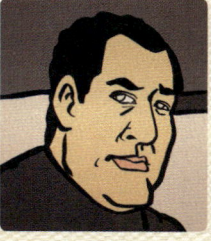
유혹

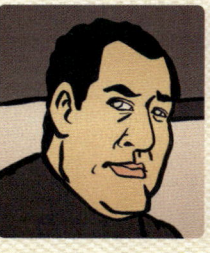
적개심

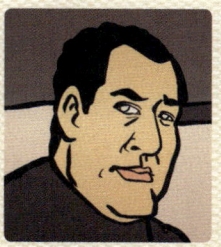
의아함

L 요즘은 아이돌 그룹이 많으니까… 주로 화려한 안무를 하죠. 발라드 가수들은 감정을 잡고 서 있고요.

안 그래, 바로 그거야! 가수들이 그 시간을 멋진 안무나 감정으로 채우기 위해 얼마나 열심히 연습하겠니? 아이돌 그룹을 봐도, 각 멤버들은 짧은 순간 자신을 강하게 어필하기 위해 표정이나 손동작 등등을 무수히 연구하잖아. 배우도 마찬가지야. 그 침묵의 순간에 시선 하나, 손동작 하나, 서 있는 자세 하나까지도 섬세하게 연구해야 해. 지금 감정에서 다음 감정으로 넘어가기 위한 과정에 맞는 '안무'를 말이야.

노래엔 가사만 있는 것이 아니다. 대사가 연기의 전부가 될 수 없는 것과 같은 이치다. 그러니 감정, 호흡, 표정, 행동이 설득력 있게 다가오려면 그에 합당한 상황이 필요하다.

노래의 클라이맥스에서 악기 소리를 다 빼고 가수의 목소리만 들려줌으로써 감정을 더욱 절절하게 몰입시키는 순간이 있다. 다양한 악기의 역할이 사라지는 대신 그 자리를 가수의 목소리가 더욱 풍성한 감정으로 채워넣으면서 가슴에 박히는 것이다. 연기도 마찬가지다. 대사를 하지 않아도 침묵 속에서 숨소리 하나만으로 열 마디의 대사를 압도하는 감동을 줄 수 있다. 작곡가가 가사 없는 간주 부분을 고심하여 작곡하는 것처럼, 대본을 쓴 작가는 직접적인 대사를 써놓지 않았어도 대사와 대사 사이의 감정을 치열하게 상상하고 고민했을 것이다.

연기는 무수히 많은 요소들이 모여 예민하게 연동하는 지극히 섬세한 유기적 집합체다. 이 집합체의 구성요소들은 서로가 논리적으로 기대고 있기 때문에 어느 것 하나가 누락되는 순간 연쇄적으로 영향을 받게 된다. 이것이 감정 점프가 위험한 이유다.

두 가지를 기억하자. 침묵도 연기의 집합체 안에 있다. 그 침묵의 시간을 '감정 점프' 하듯 그냥 넘겨선 안 된다. 또 하나, 연기를 '하는' 것도 중요하지만 내 연기를 '감상하는' 사람들이 있다는 것을 잊지 말길.

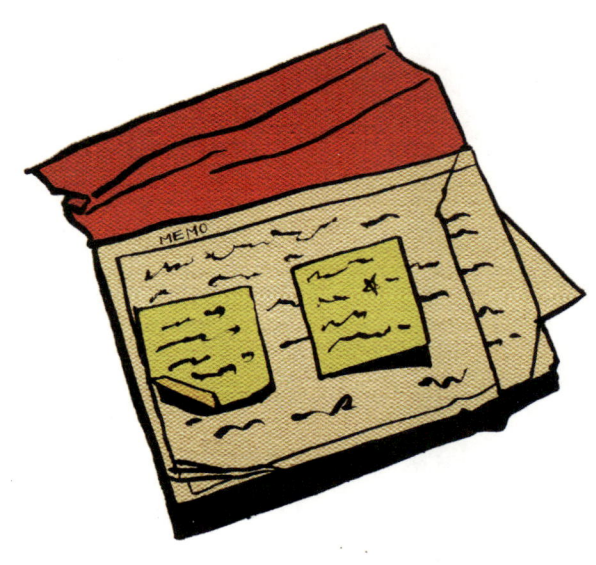

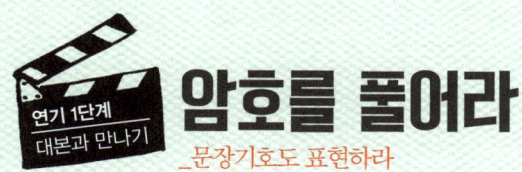

연기 1단계
대본과 만나기

암호를 풀어라
_문장기호도 표현하라

"노래 잘하는 사람은 연기도 잘한다" 또는 "연기 잘하는 사람은 노래도 잘한다"는 말을 한번쯤 들어봤을 것이다. 정말 그럴까? 단순한 우연의 일치라며 무시하기에는 그 증거들이 만만치 않다. 가수로 데뷔하고 훌륭한 연기자로 거듭난 사람들, 배우이면서 자신이 출연하는 작품에서 O.S.T.를 노래하고 음반활동을 병행하는 배우들을 심심치 않게 볼 수 있다. 과연 '연기'와 '노래'의 관련성을 무조건 의심할 수 있을까?

돌이켜보면 연기를 지도하면서 나는 가끔 배우들에게 이런 질문들을 던지곤 했다.

"너 음치지?" 아니면 "혹시 박치 아니니?"

불안정한 톤의 대사를 들을 때면 마치 음정이 어색한 노래를 듣는 것 같다. 그러니 자연스레 '음치냐'는 질문을 떠올렸을 것이다. 또 대사 타이밍이 미묘하게 빠르거나 느릴 때에도, 정확한 박자에 노래하지 못하는 박치의 노래를 듣는 느낌을 받았다. 신기한 건 그런 질문을 할 때마다 대부분 반응이 비슷했다는 점이다.

"어?! 어떻게 아셨어요?", "네, 저 박치…예요", "맞아요, 저 음치라는 얘기 많이 들어요"….

연기에서 '톤'은 노래에서의 '음정'이고 연기에서의 '대사 타이밍'은 노래의 '박자'와도 같다. 노래를 부르는 가수, 또는 연기를 하는 배우가 공교롭게도 그날의 컨디션이 나빠 순간의 실수로 음정, 박자가 어긋날 수도 있다. 하지만 그건 우연이라는 변수에 의해 작용된 결과일 뿐, 단단한 내공을 바탕으로 실력이라는 상수의 영향 아래 있었다면 존재할 수 없는 사건이다. 그렇다면 이건 오로지 처음부터 악보를, 대본을 분석하는 내공이 달려서가 아닐까? 분석을 잘해야 표현에 생기를 불어넣을 수 있으니 말이다.

노래를 부르기 위해 악보가 존재하듯이 연기를 위해서는 대본이 주어진다. 악보에는 음, 박자, 쉬는 박자, 점점 세게, 점점 느리게 같은 음악 기호들이 표시되어 있다. 악보를 볼 줄 모르는 사람들에겐 그것은 기호의 역할을 상실한 암호다.

요즘 오디션 프로그램이 한창 유행이다. 오디션에 참가하는 가수 지망생들을 보자. 타고난 음악적 재능으로 심사위원들로부터 열렬한 관심과 애정을 받지만 전문적인 교육을 받지 않은 탓에 아쉬운 소리도 듣는다. 그것은 소통의 언어를 교육시키는 데 시간과 노력이 들기 때문에 나오는 지적이다. 아마추어를 진정한 프로 세계로 입문시키기 위해서는 암호 같은 기호의 독해력이 선행되어야 한다는 점을 간접적으로 알려주는 대목이다. 다른 노래를 익히는 데 드는 노력과 시간 등을 줄이기 위해 그리고 정확하게 표현해야 하는 예민함을 가르쳐주기 위해 이 암호는 배제할 수 없는 중요한 요소다.

연기해야 할 대본에는 악보처럼 친절하게 정확한 박자와 음이 그려져 있지 않다. 이번 대사가 끝나고 나면 다음 대사는 얼마나 쉬었다가 해야 하는지, 어떤 목소리 톤으로 어느 정도의 빠르기로 말해야 하는지가 전부 생략되어 있다. 전적으로 배우의 재량이다.

그나마 다행히 대본에도 암호는 존재한다. 중요한 건 '암호'라는 점이다. 사실 그 암호들은 대본을 처음 보는 사람들에게도 익숙한 문장기호들이다. 쉼표, 마침표, 물음표, 느낌표, 말줄임표 등. 그러나 대본에 등장하는 문장기호들은 악보에 그려진 기호처럼 배우가 해독해서 표현해야 하는 중요한 기호다. 배우 입장에서는 책을 읽는 독자들처럼 문장기호들을 단순하게 바라봐서는 곤란하다. 아주 일상적인 것부터 폭풍 같은 감정까지 이 간단한 문장기호가 모든 상황과 분위기를 진두지휘하기 때문이다.

신인배우 O는 심리학을 전공한다. 요즘 사랑앓이를 하고 있는 귀여운 O에게 짓궂은 질문을 해봤다.

안 O, 심리학과에서 뭘 배우니? 심리학을 공부하니 여자의 심리에 대해 더 잘 알게 되었니?

O 하하하, 선생님. 심리학과에서 여자의 심리를 알아내는 기술을 가르쳐

준다면 우리 과 애들은 다 연애 고수들이게요? 현실은 전혀 그렇지 않답니다.

안 그래? 심리학을 전공하면 뭔가 다를 줄 알았지. 심리학은 참 매력 있는 학문인 것 같아. 배우들이 새로운 역할을 맡아 연기할 때도 그 역할의 심리를 연구해야 하잖아.

O 아, 그렇겠네요. 감정은 그 사람의 심리에서 출발하는 거니까요.

안 그렇게 말하니 진짜 심리학 전공 학생 같다. 감정은 그 사람의 심리에서 출발한다고? 멋있는 말인걸!

O 그렇다면 선생님, 등장인물의 심리를 잘 파악하면 연기가 저절로 잘될까요?

안 역할의 심리를 파악하는 것도 중요하지만 그것만 가지고는 부족해. 좀 더 구체적인 접근 방법이 필요하지. 모든 일에는 그에 걸맞은 순서가 있어. 대본에 드러나지 않은 심리를 파악하기 전에 대본에 표시된 대사나 지문, 문장기호들을 파악하는 게 우선이야. 한마디로 흰 종이 위에 검은색으로 쓰인 것들이 우선이란 말이지.

O 저는 문장기호 중에 '쩜쩜쩜(…)'이 가장 표현하기가 막막해요. '쩜쩜쩜'만 나오면 당황스러워 망설여지고 뭘 어떻게 해야 할지를 모르겠어요.

O가 어려워하는 말줄임표는 드라마 대본이든 영화 시나리오든 어떤 페이지를 무심코 펼쳐 봐도 빠지지 않는다. 특히 연극 대본보다 매체 대본에 더 많이 등장하는 경향이 있다.

매체 연기는 무대 연기보다 비주얼을 중심으로 구성된다. 몇 마디 대사연기보다 클로즈업된 한 번의 표정 연기가 시청자들을 화면에 몰입하게 만드는 데 효과적이기 때문이다. 요즘 연기자들의 표정연기를 캡처하거나 소위 '움짤'하는 일들이 빈번해지는 것도, 어찌 보면 그 배우가 보여준 찰나의 표정이 시청자의 잔상에 오래 남았기에 그 여운을 간직하고 싶은 순수한 욕망이 발동해서가 아닐까 추측해본다. 정리하자면 '……'은 대사보다는 표정이나 행동 같은 비주얼 연기에 무게를 두라는 지시문으로 이해하면 된다.

O   선생님, 그러면 '쩜쩜쩜'이 나오면 구체적으로 어떻게 연기해야 하나요?

안   '어떻게' 해야 하는지 생각하기 전에 '왜' 해야 하는지부터 연구해보라고 했지? 왜 '쩜쩜쩜'을 찍었는지 먼저 생각해보자. '쩜쩜쩜'이 다른 말로 뭐라고 했지?

O   말줄임표요.

안   그래, 말줄임표. 그 안에 답이 있어. 왜 말을 줄였을까? 아직 감이 안 오니? 그럼 예를 들어보자. "나… 사실은… 너를… 좋아해!" 이런 대사가 있다고 가정하자. '나 사실은 너를 좋아해!' 그냥 단숨에 얘기해도 되는데 왜 말 사이에 '쩜쩜쩜'을 찍었을까? 왜 말을 줄였을까?

O   음…. 쑥스러워서요. 어휴, 어떻게 저런 말을 얼굴 보고 얘기해요. 생각만 해도 오글거려요.

안   무드 없기는…. 그래, 좋아. 쑥스러워서 말을 줄였다고 하자. 그러면 한번 표현해볼까? 말줄임표 부분에 창피한 마음을 드러내는 행동이나 표정들을 넣어보는 거야.

O　나…(시선을 피한다) 사실은…(머리를 긁적인다) 너를…(한숨을 쉰다) 좋아해!

안　그래, 연기가 다소 산만해 보이기는 해도 얼추 사실적으로 표현했어. 네 말대로 '창피하면' 한숨을 쉴 수도 있고, 머리를 긁적일 수도 있고, 또 시선을 피할 수도 있겠지. 그럼 이번에는 '너무 떨려서' 말을 줄였다고 설정해본다면 어떨까? 잔을 든 손을 떨 수도 있을 거야. 아니면 침을 꿀꺽 삼키거나, 카페였다면 물을 벌컥벌컥 마시는 연기도 괜찮겠지.

O　우와, 굉장히 다양한 경우의 수가 존재하네요. 그렇다면 도저히 말 못할 거 같아서 자리를 박차고 나갔다가 다시 들어와 앉아도 돼요? 설마 이것도 된다곤….

안　안 될 거 없지. 배우의 재량은 곧 배우의 역량이니까. 너의 심리가 그렇다면 그 안에서는 모든 것이 자유로운 거야. 심리학과 학생답게 네 심리를 있는 그대로 표현하도록 해. 용기 있게!

O　네!

　말장난하듯 심리학을 '말줄임표 연기'에 끼워 맞추어놓고 우리 둘은 실컷 웃었다.

마침표(.) : 문장을 마쳤다는 표시로 맨 마지막에 위치하는 기호. 보통의 성문을 읽을 때 마침표는 문장 끝의 억양을 내리며 읽지만, 대본의 구문에 마침표가 있다고 해서 연기를 할 때 억양을 내리면 안 된다. 배우의 읽기는 마치 <u>상대방에게 던져주듯이 상상</u>

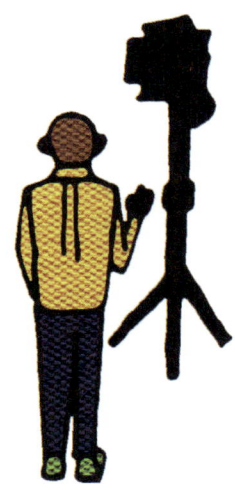

하며 읽는 것을 기본으로 한다. 단호하게 '난 그렇게 하고 말 거야'와 같은 자기 의지를 표현할 때를 제외하고는 어미를 내리지 않는 것이 기본이다. '마침표가 있는 문장은 말을 마치는 것이다'라는 단순한 생각에 사로잡히면 배우의 '말하기'는 '국어책 읽기'가 된다.

물음표(?) : 물음표라는 이 기호의 명칭은 배우를 치명적인 함정으로 밀어넣는다. 많은 배우들이 이 기호를 피상적으로 생각한다. '물어본다'는 의미 이상을 생각하기 어려운 것이다. 하지만 물음표야말로 배우의 재량을 역량으로 만들어주는 왕도다. 단순히 물어보는 것 그 이상의 예외적인 상황을 짚고 넘어가자.

"너 어제 뭐했어?"

이 문장은 표면 그대로 해석하면 어제 뭐했는지를 물어보는 문장이다. 궁금한 표정으로 어미를 올리면 단순한 물음이 된다. 하지만 문맥의 흐름상 어제 뭐했는지 이미 다 알고 야단치려는 의미로 연기한다면 '바른대로 말해', '내가 벌써 다 알고 있어'와 같은 의미를 내포하게 된다. 물음표가 있음에도 불구하고 마침표가 있는 문장처럼 어미를 내리며 연기해야 자연스럽다.

물음표는 비꼬는 문장에도 종종 사용된다. '잘한다'라는 문장에 마침표가 찍혀 있으면 칭찬이지만 '잘한다?'라고 쓰여 있다면 이때의 물음표는 비꼬는 뉘앙스로 연기하라는 표시다. 문맥의 도움을 받아 작가의 의도를 잘 풀어내야 한다. 정말 물어보는 건지 비꼬는 건지 혹은 다른 어떤 의도가 숨어 있는 건지. 그 의도에 따라 대사의 뉘앙스가 달라도 너무 달라지기 때문이다.

느낌표(!) : 느낌표는 감탄이나 놀람, 부름, 명령 등 강한 느낌을 나타낼 때 사용하는 기호다. 여기에도 역시 배우를 함정에 빠뜨리는 요인이 있다. 바로 '강한 느낌'이다. 느낌표가 문장 끝에 있으면 많은 배우들이 무조건 강하게 연기하려 한다. 느낌표는 말 그대로 '느낌'을 표현하는 말이다.

"와~ 예쁘다!"

여기서 '예쁘다'는 감탄이다. '강한 느낌'이라고 해석하기에는 뭔가 어색하다.

"우리 헤어져!"

여기서 '헤어져'는 단호한 느낌이다. '단호함'과 '강함'에는 미묘한 차이가 있다. 이것을 포착하지 못하는 배우라면 섬세한 감정을 표현해야 하는 연기자의 길을 심각하게 재고해야 한다.

아름다움에 대한 감탄, 단호한 의지, 화난 감정, 냉정한 느낌, 놀라움 등 느낌표는 우리가 알고 있는 모든 감정을 담을 수 있다. 느낌표에 담긴 '다양한 느낌'을 세밀하게 표정과 동작으로 전달하는 능력에 따라 배우는 자신이 얼마나 많은 감정의 섬세함을 가지고 있는지를 증명할 수 있다.

말줄임표(…) : 말줄임표 연기를 잘해내기 위해서는 말을 '왜 줄였는지'를 생각하고 분석하는 것이 첫걸음이다. 특히나 카메라 앞에서 연기하는 배우에게 말줄임표는 중요하다. 어떻게 표현했느냐에 따라 그 역할을 훌륭히 소화했는지의 여부를 확인할 수 있음은 물론, 그 배우의 내공을 가늠하는 훌륭한 잣대가 되기 때문이다.

내공이 달리는 배우는 보통 말줄임표가 나오면 십중팔구 다음 두 가지 중 하나를 택한다.

첫째, 말을 멈추어 흐름을 끊어버린다.

둘째, 말을 얼버무려 흐리멍덩하게 표현한다.

두 가지 모두 말줄임표 부분을 제대로 분석하지 못하여, 그 부분을 어떤 연기로 채워야 할지 모르기 때문에 일어나는 현상들이다. 대본 분석이 제대로 이루어졌다면 말줄임표를 음성에 의존하지 않고 표정이나 행동으로 표현하게 된다. 말을 줄였으니 그에 맞는 행동과 표정으로 연기를 매끄럽게 이어 나가야 자연스럽다.

말줄임표 연기는 사람들에게 이미지를 더욱 부각시켜 기억에 오래 남게 하는 연기 테크닉이다. 이렇게 좋은 기회를 얼렁뚱땅 때우려는 행위는 작가에게, 시청자에게, 더 나아가 그 역할을 훌륭히 소화했을 다른 배우에게 돈으로 살 수 없는 소중한 가치를 멋대로 폐기처분하는 셈이다.

그 밖에도 '…?', '…!'와 같이 말줄임표가 다른 문장기호들과 결합한 형태의 기호들이 있다. 이 경우 앞에 말줄임표가 있으니 무슨 말인지 잘 모른다는 표정으로 먼저 반응하고, 뒤늦게 궁금해 하거나 감정을 느끼는 것처럼 연기한다. 다음과 같은 상황을 가정해보자.

동일한 문장기호에 대한 다른 해석

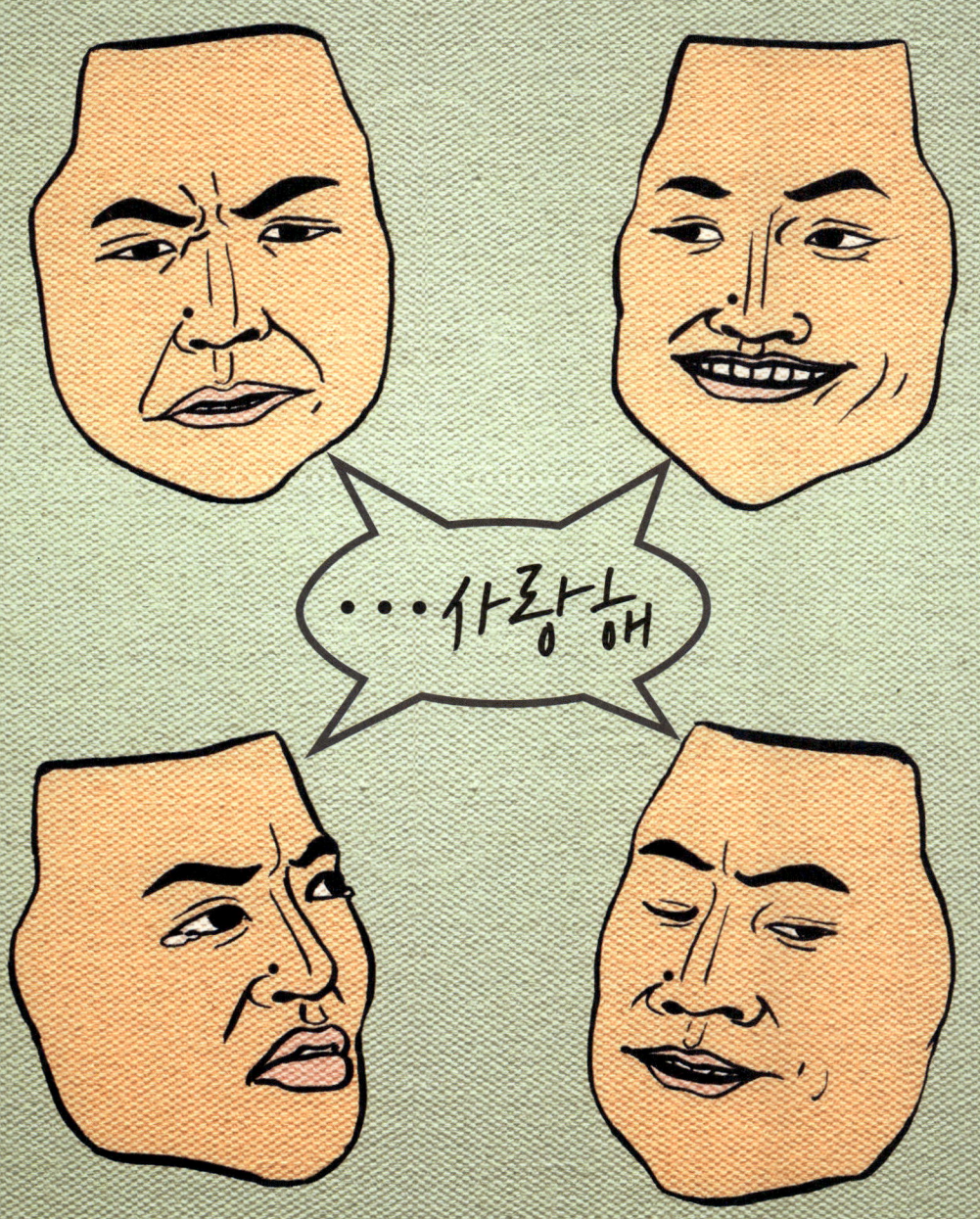

"우리 헤어져!"

"…뭐라고?"

헤어지자는 갑작스러운 연인의 선언에 믿기지 않은 표정으로 조금 끌면서 느끼다가 곧이어 반문하는 대사로 감정을 잡아 의아한 감정을 연기한다. 다음과 같은 상황은 어떨까?

"범인은 바로 나야."

"…거짓말! …믿을 수 없어!"

충격적인 말을 듣고 그럴 리 없다는 표정으로 말을 잇지 못한다. 그 느낌을 이어 단호하게 거부하는 감정으로 전환하여 연기한다.

문장기호들을 '쓰기'의 문법으로 오해하지 않도록 주의해야 한다. 자칫하면 글을 단순히 낭독하는 수준에 머무를 수 있다. 다시 한 번 말하되 연기는 '읽기'가 아닌 '말하기'다. 내가 하는 대사가 더 생동감 있게 살아나도록, 문장기호의 존재를 디딤돌로 삼아야 한다. 그러기 위해서는 암호를 해독할 수 있는 내공이 절실히 필요하다.

문장기호는 작가가 배우에게 보내는 강한 메시지다.

메시지를 해석하여 풍성하게 표현해내지 못하는 배우는 작가와 시청자 사이에서 오히려 장애물이 된다. 모든 예술은 감동을 줄 때 불멸의 생명력을 얻는다. 감명 깊게 본 영화 속 대사 한마디가 인생의 좌우명이 될 수 있다. 배우의 표정 하나가 실연당한 누군가에게는 위로가 된다. 대사 하나, 표정 하나와 같은 사소한 모든 것이 감동이라는 위대함을 향해 걸어가고 있는 것이다.

한 명의 배우가 무언가를 표현하여 감동을 주려면 그 감정을 집요하게 파고들어 배우 자신의 몸과 마음에 새겨넣어야 한다. 표현은 그다음이다. 시청자의 바람처럼 대신 울어주고, 대신 소리를 질러주고, 대신 행복한 눈물도 흘리는, 그게 바로 배우의 연기다. 그리고 그들에게 바치는 감동. 그건 사람들의 팍팍한 삶에 선사하는 위로이자 선물이다.

진통을 겪어야 진짜가 된다

_ 채정안

어느덧 데뷔 15년이라는 시간이 지나고 있다. 나의 지난날을 되돌아보니 후회도 미련도 참 많다.

난 신인 시절이 누구보다도 쉽고 순탄했다. 가족 중 한 명이 예쁜 얼굴 선발대회에 내 사진을 보낸 것을 계기로 나의 연예인 생활은(시작이 연기자는 아니었으므로) 그렇게 우연이지만 행운처럼 시작됐다.

그 후로 광고도 찍고 가수로서 음반도 냈으며, 드라마와 영화에서 연기할 수 있는 기회도 주어졌다. 쉬지 않고 일할 수 있었다. 지금 생각해보면 스스로 노력해서 얻은 자리들은 아니었다. 순전히 운이었던 것 같다. 하지만 준비되어 있지 않은 이에게 행운은 그리 오래가지 않았다. 어느 순간부터 새 작품에 들어갈 때마다 두려움과 불안을 넘어 불편함을 느끼기 시작했다. 당시엔 그 이유를 몰랐다. 단순히 시작할 때의 설렘 같은 것이라고 생각했다. 또 배우로서 잘하고 싶은 욕심과 의욕일 거라 생각하며 나 자신을 위로하곤 했다. 하지만 지금은 알 것 같다. 아마도 누구나 겪는 신인 시절의 진통을 겪지 않았기 때문일 것이다. 신인 때 겪는 실망과 낙심, 고민, 오기, 열정, 간절함, 그리고 감사…. 이런 절실하고 피 끓는 경험과 감정들이 훗날 연기를 할 때 좋은 양분이 될 수 있다는 걸 그때는 몰랐다.

신인 시절 겪어야 할 진통들을 나는 배우 생활 중간쯤 건너온 뒤에야 혼자 열병처럼 끙끙 앓아야만 했다. 누구에게도 얘기할 수 없었다. 왠지 사치스러운 투정쯤으로 여길까 봐 두려웠던 것 같다. 남몰래 신인의 마음으로 돌아갔다. 신인처럼 대본을 예쁘게 꾸미기도 하고 역할에 도움이 될 만한 영화들도 열심히 찾아보고, 연기하는 동안 그 역할의 인물처럼 살아보려고 노력했다. 결과와 관계없이 그렇게 난 새롭게 데뷔했다.

　　이젠 작품을 만나면 다행히도 설렘을 느끼고 기분 좋은 긴장감도 느끼고, 책임감도 느낀다. 열심히 공부하고 우수한 성적표를 기다리는 학생처럼 작품을 시작하고 결과를 겸허히 받아들일 마음의 준비도 한다.

　　'신인'이라는 타이틀을 갖고 있는 그 시간이 무겁고 두렵기도 하겠지만 그 시간을 사랑하고 소중하게 잘 관리하면 분명 누구보다 깊이 있는 배우가 될 수 있을 것이다. 내가 만약 신인으로 돌아간다면 어떨까? 배우생활을 시작하는 그 시점으로 돌아간다면? 그 시간을 이 악물고 멋지게 버텨내고 싶다. 그리고 지금보다 더 멋지고 단단한 '배우 채정안'이라는 이름을 다시 새기고 싶다. 배우로서 평생 한 번뿐인 신인 시절을 후회 없이 보내는 현명한 배우들이 많아지길 간절히 바란다.

연기 2단계

대본리딩(발성)

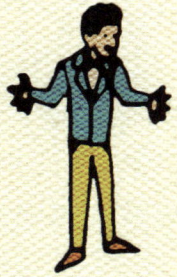

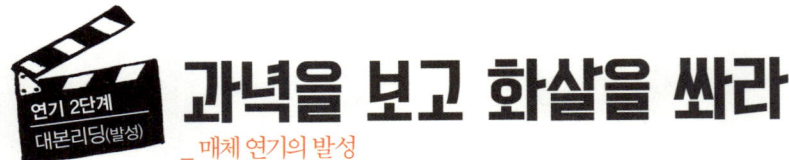

과녁을 보고 화살을 쏴라

_ 매체 연기의 발성

한창 주가를 올리고 있는 남자 모델 G와 미팅을 하게 되었다. 큰 키와 늘씬한 몸매로 누구나 부러워할 만한 우월한 유전자를 과시하는 그는 특유의 날카로운 눈매로 인해 서양적인 몸매와 동양적인 얼굴이 어우러져 묘한 매력을 풍긴다. 그런 그가 배우로의 삶을 꿈꾸고 있다. 배우로 성공한 선배 모델들처럼 되고 싶다면서 진지하게 열변을 토하는 그에게서 연기에 대한 관심과 애정 그리고 절박함과 열정이 느껴졌다.

연기를 하고자 하는 의지는 이 정도면 충분하니, 이쯤에서 그의 연기 실력이 궁금해진다. 간단한 대본 읽기를 시켜보았다.

G   리딩이요? 지금요?

안   네. 잘하나 못하나 테스트하는 건 아니니까 부담 없이 해봐요. 상대역은 내가 해줄게요. 리딩을 해봐야 좀 더 대화를 구체적으로 나눌 수 있거든요.

연기를 해본 경험이 없으니 아주 일상적인 대화가 있는 씬의 대본을 건네주었다. 잠시 대본을 눈으로 읽더니 드디어 내용을 파악한 듯 고개를 들어 나를 쳐다본다. 난 시작하라는 의미로 가볍게 고개를 끄덕인다.

대본을 소리 내어 읽기 시작한다. 대사가 틀리지는 않을까 온 신경을 집중하는 기색이 역력하다. 대본이 뚫어져라 바라보며 리딩을 이어간다. 리딩이 다 끝나자 G는 그제야 나를 본다. 대사 운을 뗀 후 처음으로 나를 쳐다본 것이다. 상대 역할의 대사를 내가 읽어주고 있는데도 말이다.

안   자, 앞으로 관계자와 미팅을 하게 되면 예고 없이 대본을 주고 리딩을 시키는 경우가 생길 거예요. 즉석에서 리딩을 시키는 건 왜일까요?

G   음…. 대본을 어떻게 리딩하는지 보려고요.

안   그렇겠죠. 하지만 대본 리딩을 어떻게 하는지만 궁금하다면, 굳이 바쁜 시간을 쪼개서 얼굴을 볼 필요가 있을까요?

오디션 같은 미팅 자리를 만드는 이유는 단순히 배우의 리딩을 듣고 싶어서만은 아니다. 배우가 리딩하는 모습을 관계자가 '보고 싶어서' 마련하는 자리다. 대사를 어떻게 하는지 궁금하다면 전화통화로 얼마든지 가능하다. 녹음을 해서 들려주는 방법도 있겠다. 굳이 여러 사람을 만나기 위해 오가느라 귀한 시간과 노력을 소비한다는 건 그 이상의 가치 있는 것을 보기 위해서가 아니겠는가?

오디션은 연기자를 직접 불러 대화 및 시연을 하는 것이 기본이다. 이

때 배우는 실제로 상대인물과 대화를 나누고 있다는 착각에 빠질 정도로 시연을 잘해내야 한다. 그러기 위해서 **가장 중요한 것은 상대방을 정확하게 바라봐야 한다는 것이다.** 만약 관계자가 대본을 읽어준다면 상대 배역의 대사를 읽어주는 관계자를 보는 것이 중요하다. 간혹 상대역 없이 혼자 모든 것을 해야 한다 하더라도 본인이 포인트를 지정한 어딘가에 상대 배역이 있다고 가정하고 그쪽으로 분명한 시선을 보내야 한다.

관계자는 배우의 연기하는 표정, 눈빛을 보고 싶어 한다. 그런데 눈치가 없는 배우들에겐 잘생긴 정수리만을 자랑하는 비운이 발생한다. 배우의 정수리가 아무리 잘생겼다 한들 일그러진 표정이나 찡그린 눈빛에 비하면 한없이 가치 없는 것이다.

대본에서 눈을 떼지 못한 채 대본을 읽는 폐단은 비단 비주얼의 문제만으로 끝나지 않는다. 시선을 대본에 고정하면 십중팔구 책 읽는 어조가 되기 쉽다. 요행히 책 읽기 같은 톤을 모면한다 하더라도 잘 읽은 독백, 건조한 대화에 지나지 않는다.

> **안** 난 그쪽과 리딩하는 동안 너무 외로웠어요. 날 봐주지 않아서.
>
> **G** 네…. 무슨 말씀인지 알겠습니다. 처음 보는 대사라 틀릴까 봐서요. 앞을, 아니 상대방을 볼 여유가 없었어요.
>
> **안** 짧은 시간에 대사를 못 외우는 건 당연해요. 대사의 마지막 부분에라도 상대방을 봐주세요. 훨씬 더 대화하는 말투로 들릴 거예요. '내가 지금 하는 말은 너 들으라고 하는 말이야'라는 식으로 대사의 방향을

시선으로 지정해주는 거죠.

내 얘기에 진지하게 귀를 기울이며 고개를 끄덕이던 그가 갑자기 준비해온 씬을 연기해보고 싶다고 한다. 아까는 즉석에서 받은 대본이라 잘하지 못한 게 억울했던 모양이다. 그런데 나의 육감이 속삭인다.

'뭔가 불안하다. 뭔가… 작정하고 엄청난 에너지로 혼신의 연기를 토해낼 것 같은 불길한 예감…'

아니나 다를까, G는 기다렸다는 듯 갑자기 어느 한곳을 뚫어지게 응시한다. 그가 발휘하는 무서운 집중력에 지켜보는 나는 숨조차 쉴 수가 없다. 그가 첫 대사를 시작하기까지 '과연 언제 시작할까?' 하는 조마조마한 마음으로 나는 기다리고 또 기다린다. 이 시간이 참 힘들다. 드디어 대사가 시작된다. 역시나 깜짝 놀랄 만큼 쩌렁쩌렁 울리는 첫 대사. 놀랄 새도 없이 그의 얼굴을 봤다. 뭐랄까…? '그분'이 오셨다. 앞을 보긴 하는데 정확히 어디를 보는지 알 수 없다. 무아지경에서 헤매고 있다. 난 차마 그의 얼굴을 볼 수가 없다. 그의 에너지를 감당할 수가 없어 불편하다.

잠시 후 연기가 끝나고 정적이 흘렀다. 어색하고 정지된 침묵의 시간. 내가 먼저 멈춘 시계를 돌린다.

안　누구랑 얘기한 거예요?

G　네…?

안　지금 어딜 보고 대화를 나눈 거냐고요.

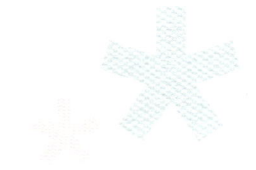

G 앞을 보고 연기하라고 해서서….

안 앞이요? 상대 배역? 근데 상대방이 왜 공중에 떠 있죠? 아니면 여러 명?

그나마 허공이었지만 이번에는 앞을 보았다는 점에서 일보나마 전진이다. 그럼에도 누군가를 정확히 바라보지 못했으니 이번에도 제자리인 셈이다. 그의 눈은 대본을 벗어나 앞을 응시했지만 주인 없는 경주마처럼 불특정 다수에게 달려들고 있었다. 대상이 너무 많다. 산만하다. 여기저기 뛰어다니는 야생마를 진정시킬 차분하고 노련한 기수가 필요하다.

방금 보여준 자유연기를 가벼운 감정으로 바꾸어서 다시 해보라고 한 뒤 작은 곰인형을 앞에 놓아주었다.

안 얘한테 대사해요. 얘랑 대화를 나누는 거죠.

G 인형을 보면서 하라고요?

안 앤 인형이 아니고 당신의 얘기를 들어줄 상대역이에요. 이제부터 이 친구의 눈을 똑바로 쳐다보고 얘기해요. 전달하려는 대사가 이 친구를 넘어서도, 이 친구의 몸을 통과해서도 안 됩니다.

처음엔 인형을 보고는 "풋!" 하는 웃음소리가 새어나온다. 하지만 내가 말없이 기다리자 '이거 장난이 아니구나' 싶었는지 진지하게 감정을 잡고 대사를 시작한다.

목소리가 인형을 넘어설 때마다 대사의 볼륨을 인형에게만 들릴 정도로 예민하게 조절하도록 주의를 주었다. 그에게는 표현하려는 감정을 충분히 연기로 표현하지 못해 찝찝하고 아쉬웠을 것이다. 그 대신 점점 대화의 형태가 갖춰지기 시작한다. 이제 그는 혼자만의 감정에 빠져 있는 무아지경에서 벗어나 온전한 이성과 사실적인 감정표현이 있는 곳으로 옮겨온 것이다.

G 이렇게 작게 얘기해도 괜찮을까요?

안 지금은 대사의 성량이 크고 작은 건 일단 무시하세요. 정확한 상대를 설정하는 게 최우선입니다. 생각해봐요. 상대가 가까이 있다면 크게 말할 필요가 없겠죠? 조금 멀리 있어요. 작게 말하면 안 들리겠죠? 상대방을 정확히 바라보세요. 대사는 딱 그 거리만큼의 성량을 실어 정확한 곳에 전달하면 돼요. 시선이 가는 딱 그만큼 대사와 성량을 조절하는 거죠. 방금 인형을 보면서 리딩을 했더니 처음 리딩한 것보다 훨씬 살아 있는 대화 같았죠. 마치 두 사람의 대화를 제가 엿보는 듯한 느낌까지 들 정도로요. 그게 맞는 거예요.

'연기에서 가장 중요한 건 _____이다!'

사람마다 각자 빈칸에 들어갈 다양한 정답을 가지고 있을 것이다. 그러니 하나뿐인 정답을 찾겠다는 발상은 위험하다. 그럼에도 늘 인구에 회자되는 단어가 있다. 바로 '발성'이다.

배우가 대사를 할 때 목소리가 크고 웅장하면 흔히들 '발성이 좋다'고 말한다. 그런데 과연 발성이 좋다고 잘 들릴까? 우리는 누구나 의심

없이 그렇다고 믿는다. 물론 작게 말하는 것보다는 크게 말하는 편이 잘 들릴 것이다. 하지만 크게 말하는 것뿐만이 아니라 '정확함'을 갖추었을 때 대사는 더욱 큰 시너지를 갖게 된다. 물리적으로 잘 들리는 것 '히어링(hearing)'과 감정적으로 잘 들리는 것 '리스닝(listening)'의 차이를 알아야 한다.

잘 들리기 위해서는 물리적인 청력을 넘어 가슴속의 청력까지 자극되어야 한다. 단순히 크게 말하는 것을 벗어난 다른 차원의 세련된 '정확함'이 수반되어야 한다. 이때 가장 중요한 것이 대상이다.

정확한 대상을 정하라. 그리고 정확히 그곳을 향해 대사를 던져라. 화살을 쏠 때 과녁을 정확히 응시해야 10점 만점을 맞출 수 있지 않은가. 상대방을 먼저 정확히 응시하고 대사를 쏘면 정확히 의도된 10점 만점 '감정'에 꽂힐 것이다. 아주 단순한 원리다. 즉 '과녁'은 내 대사를 받아낼 '상대 배역'이며 '화살'은 바로 '대사'다. 양궁의 정확히 '보고, 쏜다'는 개념을 연기의 정확히 '보고, 전달한다'는 개념으로 치환했을 뿐이다.

양궁 선수들은 화살을 쏘자마자 '끝났다~' 하며 바로 퇴장을 준비하지 않는다. 화살을 쏘자마자 자세를 금방 흐트러뜨리지도 않는다. 자신이 쏜 화살이 어디에 꽂혔는지 끝까지 확인한다. 마찬가지로 배우도 전달하고자 하는 곳에 대사가 정확히 꽂혔는지 끝까지 확인해야 한다.

연기는 상상하면 이루어진다. 열심히 연기연습을 했다면 상상으로

나는 네가 범인이라는 사실을 알고 있다!

그 발성이 가야 할 곳을 지정해줘야 하지 않겠는가? 막연하게 앞을 보고 그저 대사만 열심히 '크게' 하면 되리라는 안일한 생각이 모처럼 갈고닦은 화살을 사방으로 흩뿌리고 만다.

연기를 시작하기 전에 먼저 상상하라. '보고, 쏜다!' 그리고 '확인한다!'

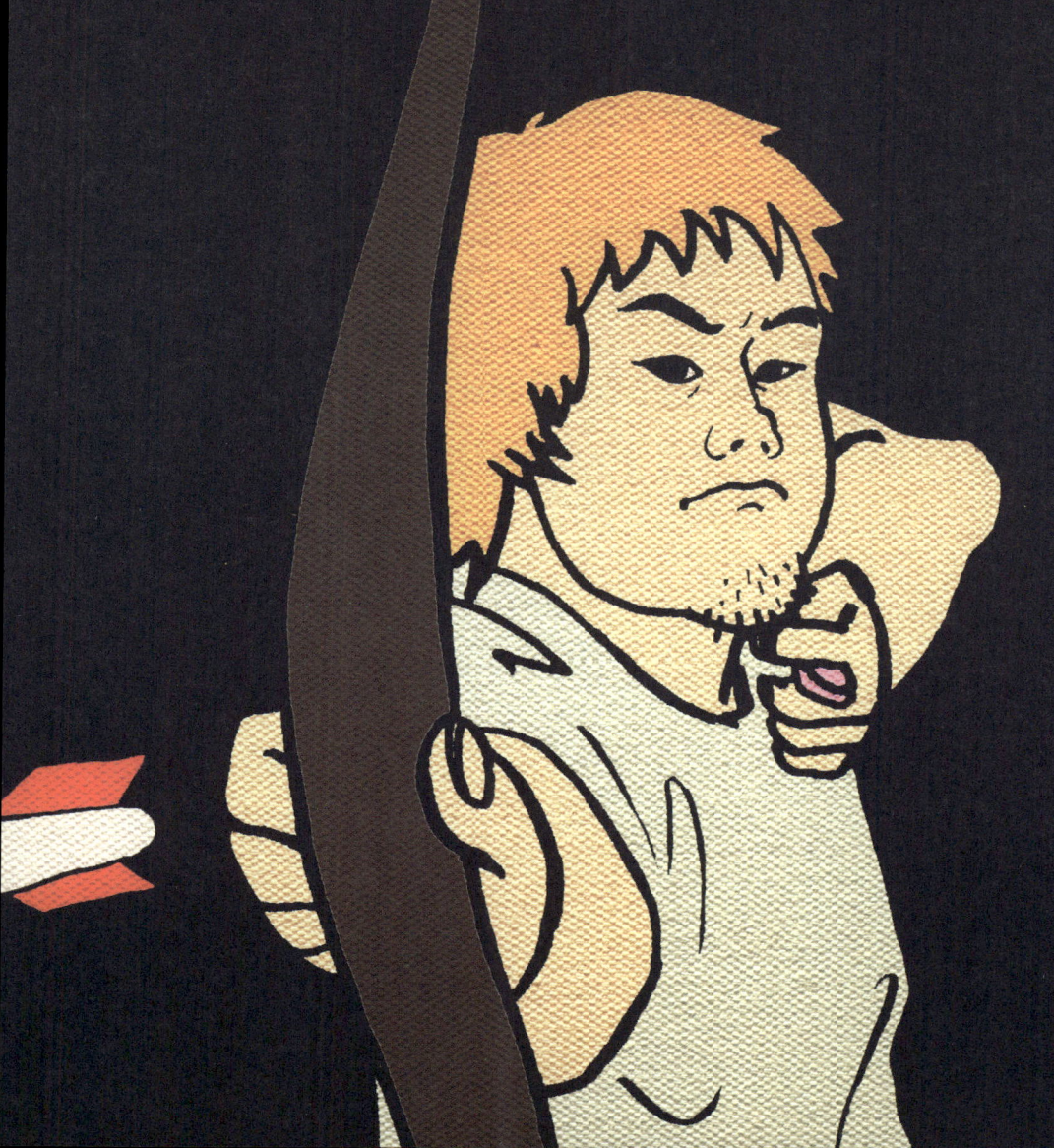

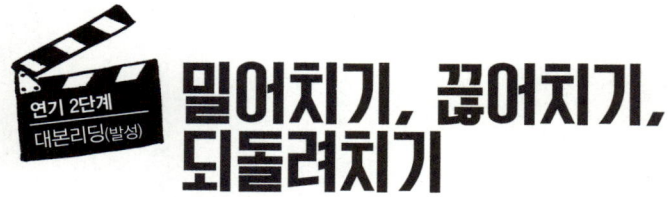

밀어치기, 끊어치기, 되돌려치기

_ 대사의 진행방향

　다른 사람의 성격이나 성향을 판단할 때 보통 무엇을 기준으로 하는가? 대부분 우리는 주관에 치우친 직감에 의존한다. 마음 한구석이 개운치 못하다. 표준화된 기준이 필요하다. 그것을 혈액형이 해줬다. 혈액형을 가지고 사람의 성격을 유형화하는 것이 일종의 열풍이었다. 정말 신드롬이라 할 만했다. 피를 가지고 그 사람의 성격을 파악하는 것, 참 쉽고 간편하기에 우리는 솔깃했던 것이다.

　우리는 혈액형을 가지고 사람을 단 네 가지 유형으로 분류했다. 특정 혈액형의 특징과 그가 잘 들어맞지 않더라도 본전이다. 고작 네 가지밖에 안 되는 허술함을 탓하면 됐기 때문이다. 겉으로는 유치하다며 비웃기를 일삼으면서도 아이러니하게도 그 영향력은 엄청났다. 과학적인 수치조차 전무한, 그래서 다소 민망한 놀이도 이젠 유통기한이 다한 듯하다.

　놀이는 끝났지만 엿보기 욕망은 여전히 진행 중이다. 우리는 지금도 어떤 기준을 갈망한다. 상대방의 마음속을 훤하게 들여다볼 수 있는 그런 것 말이다. 그 근원적인 욕망만큼은 유통기한이 없을 것 같다.

믿거나 말거나, 나는 이제 그게 가능하다. 물론 내 나름대로의 기준이겠지만. 상대방의 호흡과 움직임만 볼 수 있으면 된다. 그 사람 속이 훤히 들여다보인다. 단, 사기꾼은 아직 안 된다. 이런 능력을 개발하기 위해 일부러 치밀하게 관찰하고 연구한 것은 아니다. 이 일을 시작한 지 어느덧 10여 년이 훌쩍 넘어가다 보니 그 움직임만으로도 자연스럽게 그 심리가 드러나 보인다.

사람들의 걸음걸이만 봐도 많은 것이 보인다. 그 사람의 말하는 속도와 말하는 스타일이 예측된다. 걸을 때 몸의 무게중심이 어디에 있느냐에 따라 그 사람의 심리, 또는 지금 처한 상황이 느껴진다.

몸의 무게중심이 앞으로 쏠려 있다고 하자. 당연히 걷는 속도가 빠르다. 그만큼 어딘가를 빨리 가야 하는 급한 심리다. 원래 성격이 급해서 그럴 수도 있겠지만 대체로 불안한 심리를 몸으로 표현하고 있다고 보면 된다.

반면에 몸의 무게중심이 뒤로 몰려 있다고 하자. 현재 여유롭다는 심리다. 산책을 할 때 이런 자세가 저절로 나온다. 약속 시간이 아직 남아 있을 때도 나온다. 하지만 여유와는 상관없는 상황에서도 나온다. 가기 싫은 곳을 갈 수밖에 없는 그런 부담스런 상황일 때 말이다. 고민이나 상념에 빠져 있다면 당연히 걸음걸이에 힘이 빠져 느려진다. 몸의 무게중심에는 그 사람 마음의 무게중심이 반영된다. 연기자라면 그 무게중심을 잘 연구하자. 어떤 인물의 심리상태를 표현하는 데 꽤 괜찮은 도구로 쓰일 것이다.

내 앞에 부산 사나이 P가 있다. 사투리를 의식하기 때문에 낮고 단단한 톤으로 대사를 하는데, 이것이 오히려 매력적인 연기 톤으로 보인다.

안 내용도 잘 들리고 좋은데…?

P 일상적인 상황을 연기할 때는 신경 써서 집중할 여유가 있으니 사투리가 극복돼요. 하지만 격한 감정 씬을 연기할 때 문제가 드러납니다. 무의식적으로 사투리가 튀어나오거든요. 무의식이 무서워요. 사투리 때문에 환장할 지경입니다.

안 물론 사투리를 고치면 좋지. 그런데 그것보다 더 중요한 게 있어. 연기를 시작한 뒤에 '사투리가 나오면 어쩌지?' 하고 전전긍긍하면 안 돼. 자기의 나쁜 습관을 의식하는 것은 엄청난 긴장을 유발시키거든. 자연스럽게 '자연스럽지 않은 연기'를 하는 지름길로 들어서는 거지.

P 하지만 의식하지 않으면 사투리가 터져요. 당황해서 대사도 빨라지고요. 그럼 또 당황해서 사투리가 나오고… 그런데 의식하지 말라고 하시니 참….

안 정신줄을 놓으라는 게 아니잖아. 의식하지 말라는 거지. 고도의 집중력은 무얼 하든 기본 전제야. 의식하지 말라는 건 정확하게 발음하려는 강박관념을 말하는 거야. 긴장하면서 말하지 말라는 거지. 긴장을 줄이는 가장 좋은 방법은 몸에 새길 정도로 반복적인 연습을 하는 거야. 그 대사만큼은 표준어로 말하는 게 오히려 더 편할 정도로 말이지. 연습을 많이 하는 게 가장 강력한 방법이야. 무적이지. 일단은 지금 당장 효과를 볼 수 있는 미봉책을 줄게. 이런 노하우는 앞으로도 요긴할 거야. 바로 '대사 속도'를 가지고 발음을 요리하는 거지.

P   정말 대사 속도 하나 조절하는 것만으로 표준어를 요리할 수 있다는 거예요?

안   그럼! 말의 속도만 가지고도 많은 것이 달라질 수 있어. 연기를 하는 데 있어 접근방법은 상상을 초월할 만큼 많아. 대사 속도 하나만 봐도 그래. 대사를 어느 정도의 빠르기로 처리하는지, 어떤 속도로 끊어내는지 그 외에도 많은 것들이 긴요한 노하우지! 한번 실험해볼까? 대사 속도 조절, 이 단순한 방법이 얼마나 연기를 바꿀 수 있는지, 특히 대사를 어떻게 마무리하는지 자세히 느껴봐. 무엇이 달라졌는지 바로 그 부분을 말이야. 우리 한번 "가지 마!"라는 대사를 연기해보자. 단호하게 또는 간절하게든 어떻게 해도 좋아. 그녀를 붙잡아야 하는 상황이라는 가정에만 충실하도록 해.

P   **가지 마!**

안   좀 더 간절하게! 지금 붙잡지 않으면 영영 못 보게 될 거야. 두 번 다시 못 본다고!

P   **가지 마아아!**

안   소리만 커지고, 어미만 좀 더 길어졌을 뿐이야. 그녀를 어떤 감정으로 붙잡으려는지 잘 표현되지 않고 있어. 자, 질문. 그녀는 너랑 마주보고 있니? 아니면 뒤돌아 있니?

P   가려는 그녀를 내가 붙잡는 거니까, 뒤돌아 걸어가고 있어요.

안   좋아. 그럼 가지 말라는 말을 그녀가 걸어가는 '거리만큼' 길게 해봐. 가지 말라는 데도 무시하듯 그녀는 계속 걸어가고 있어.

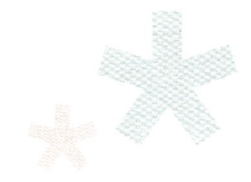

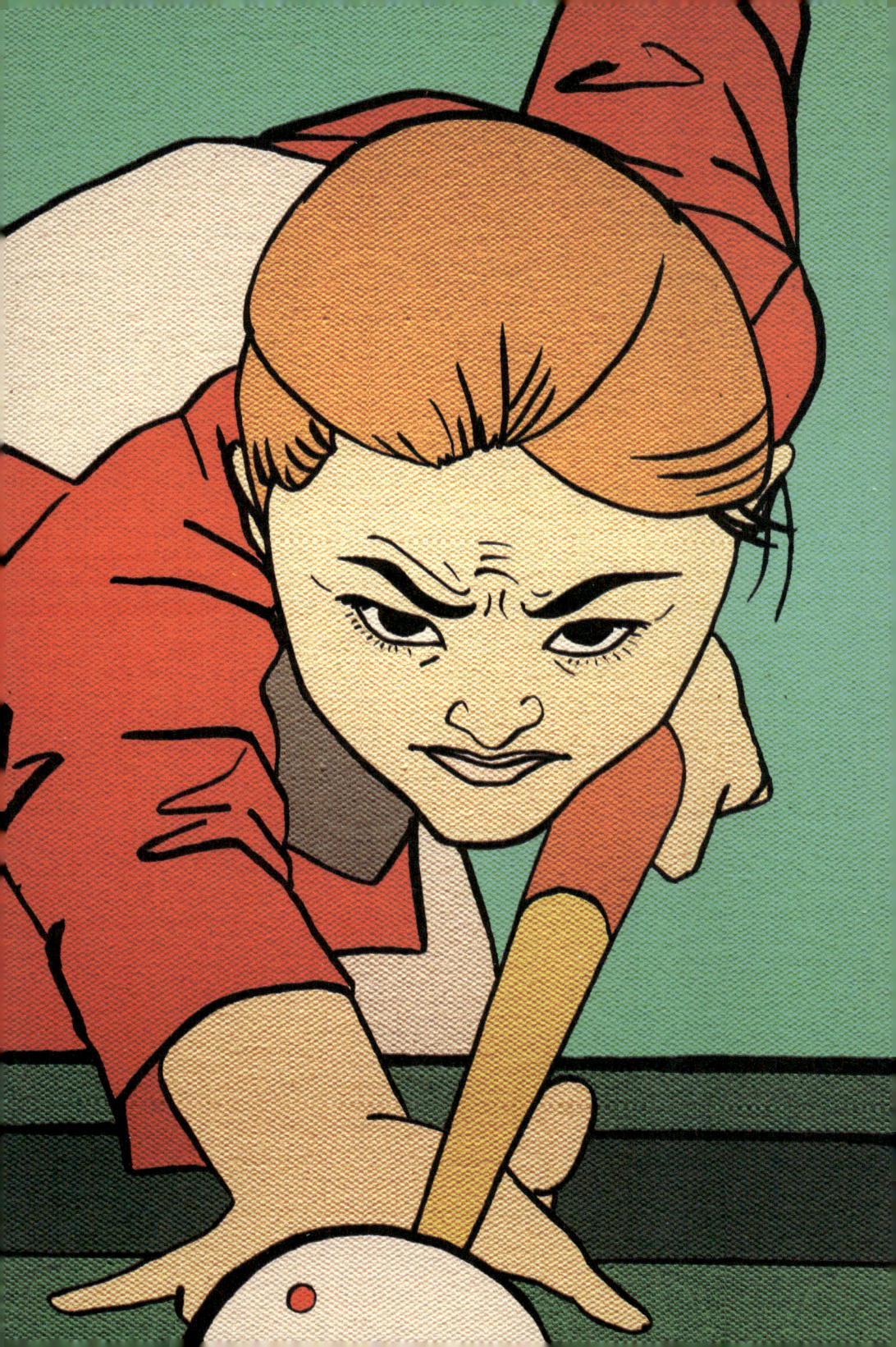

P 가지 마아아아~~~.

안 그렇지! 시선을 멀리한 만큼 길게 얘기하니까 너의 대사만으로도 그녀가 등을 돌리고 멀리 걸어가는 모습이 눈앞에 그려지는 것 같네.

자, 이번엔 다른 속도로 말해보자. 그녀가 걸어가다가 너의 "가지 마!"라는 말을 듣고 멈추는 거야. 마치 "거기 서!"라고 말한 것처럼.

P 가지 **마!**

안 그녀를 멈추게끔 해야지. 너의 말을 듣고 더 이상 걸을 수 없게. 끊어서! 단호하게!

P 거기 **서!** 가지 **마앗!**

안 자, 이번엔 그녀가 돌아서려는 순간이야. 그녀의 손을 붙잡아서 너 앞으로 당겨와. 대사만으로도 그녀를 끌어당길 듯이 말해봐.

P **가지** 마.

안 그래, 이때는 그녀를 당기듯 말도 당겨서 먹는 화법으로 들리게 하는 거야.

당구는 막대기로 친 내 공으로 다른 공을 맞추어 원하는 방향으로 이동시키는 게임이다. 내가 어떤 방법으로 공을 쳤는가에 따라 공이 멀리 나가기도 하고, 그 자리에 멈추기도 한다. 심지어 공을 내 앞으로 당겨오기도 한다. 연기도 이렇게 당구공처럼 눈으로 확인할 수 있으면 참 좋겠다. 그러나 말장난 같지만 **연기는 연기(smoke)처럼 눈에 정확하게 잡히지 않는다.** 희미하다. 당구공처럼 멀리 나가고 있는지, 멈추었는지, 돌아왔는지 확인하기가 쉽지 않다. 하지만 희망은 있다. 내가 내뱉는 말들의 진행방향과 무게중심을 더욱 집중하여 확인하면 된다. 구체적인 감정표현은 거저 얻을 수 없는 것이다.

내 입 밖으로 나오는 말은 다 같지 않다. 내가 하는 말을 관찰해야 하는 이유다. 사소하게 내뱉는 말조차도 끊임없이 듣고 연구해야 할 가치가 있다. 내 말이 어디로 가고 있는지 방향을 정확히 살펴보자.

이렇게 한번 상상해보면 어떨까? **내가 내뱉는 말은 막 대기로 친 당구공이다.** 뒤돌아 서서 멀리 걸어가는 사람이 있다. 이때 말은 멀리 밀어줘야 한다. 나의 말 한마디로 누군가를 멈추게 하려면 끊어 쳐야 한다. 이번에는 그를 붙잡아 데려와야 한다. 전진하던 방향에서 말은 유턴해 와야 한다.

물론 꼭 당구로 비유할 필요는 없다. 무엇이든 좋다. 보이지 않는 내 대사를 보이는 무언가로 변주할 수만 있으면 된다. 그저 상상하자. 구체적인 무언가로 변환시키자. 내 입 밖으로 나가는 대사에 형상화 작업을 하는 거다. 그것을 되도록이면 자신이 좋아하는 것으로 하자. 그것이 당구공일 수도 있고, 테니스공일 수도 있다. 또는 탁구공일 수도 있겠다. 이도저도 싫으면 대사 끝에 추를 매달아도 좋다.

그 공이, 그 추가 어디에 있는지, 어떤 방향으로 어느 정도의 속도를 품고 날아가고 있는지 확인하자. 그래서 어디에 멈추었는지, 다시 내게로 돌아오고 있는지 확인하고 또 확인하자. 이게 바로 핵심이다. 내 대사의 방향, 위치, 속도를 정확히 확인하는 것 말이다.

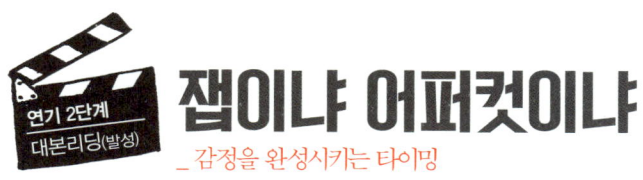

잽이냐 어퍼컷이냐

_ 감정을 완성시키는 타이밍

내 기억 속에는 보는 내내 숨이 멎을 듯한 긴장감을 내뿜었던 영화가 몇 편 있다. 그중 하나가 「라이언 일병 구하기」다. 영화 도입부터 이미 전쟁은 시작됐다. 영화는 약 10여 분만에 넋이 나갈 만큼 끔찍한 전쟁의 이미지를 생생히 전달해준다. 인물들이 언제부터 그곳에 있었는지, 무엇이 그들을 그곳으로 불러들였는지 아직 나는 모른다. 영화의 시작을 알리기도 전에 순식간에 전쟁터로 내던져진 느낌이다. 눈앞에 펼쳐진 참혹한 현장에 내 모든 감각은 날카롭게 곤두선다. 숨을 쉴 수가 없다. 영화는 관객들의 몰입을 끌어내는 데 성공한 것 같다. 슬슬 영화가 주는 긴장감에 익숙해질 즈음 인물의 관계, 시대적 배경, 사건의 동기들이 비로소 인사한다.

그리고 또 하나는 「미션임파서블 2」다. 영화는 주인공의 절대적 위기로 관객과 첫 대면을 한다. 완전히 포박당한 주인공은 무력하고 목숨이 위태롭다. '주인공은 절대 죽지 않는다'는 드라마 문법은 아주 유명하다. 그럼에도 나는 당장이라도 주인공이 죽을 것만 같은 긴박감에

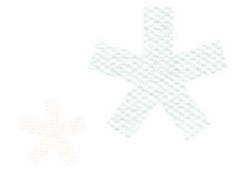

사로잡힌다. 도저히 눈을 뗄 수 없다. 다행히 드라마 문법은 다소 빠르게 나의 긴장감을 해소시키고, 주인공은 약속한 듯 쉽게 풀려난다. 단, 무언가를 찾아오라는 강압적인 미션을 받은 채 말이다. 나는 영화 시작과 동시에 갑자기 영화 안으로 내동댕이쳐진 느낌을 받는다. 주인공이 포박 당한 이유도 모르고 그 둘이 무슨 이해관계로 살벌한 협상을 하는지도 모른다. 다만 확실한 건 내가 완벽하게 그 영화에 몰입했다는 사실이다. 이 두 영화에는 공통점이 있다. 아주 강한 이미지로 관객과 영화의 '첫 만남'을 주선한다는 점이다.

그런가 하면 내 기억 속에 이와 상반된 방식으로 구성된 영화가 있다. 반전 영화의 백미로 꼽히는 「식스센스」다. 남자 주인공의 시점에서 이 영화는 잔잔한 이미지로 평화롭게 시작된다. 차곡차곡 이야기는 쌓여 나간다. 이 영화의 진가는 마지막 장면에서 보여주는 반전을 만났을 때 비로소 드러난다. 마치 마지막 한 장면이라는 높은 탑을 쌓기 위해 그동안의 장면들은 은밀히 쌓아놓은 것처럼 느껴질 정도다.

두 가지 스타일의 영화구성 방식에는 각각 일장일단이 있다. 도입부에 강한 긴장감을 부여하는 전자의 경우, 영화의 시작부터 관객들이 화면에서 도주하지 못하게 하는 힘을 지닌다. 하지만 그만큼 위험부담이 따른다. 관객이 높은 강도의 극적 자극을 처음부터 체험한다는 점이다. 그 감각적 자극이 얼마나 지속될지 혹은 다음 장면에서도 그 이상의 자극을 느낄 수 있을지 부담이 된다. 특히 마지막에 가서 영화가 뒷심을 발휘하지 못하면 낭패다. 결국 영화관을 나올 때 관객은 실망할 수 있다.

　반면, 잔잔한 서사를 가지고 이야기를 쌓아올리듯 진행되는 후자의 경우, 긴장감이 느껴지는 상황을 만나기까지 시간이 걸린다. 다소 지루할 수 있다. 하지만 심장이 쫄깃해지고 간담이 서늘해지고, 머리가 욱신거리고, 온 몸이 저릿해오는 마지막 반전을 만난다면 그 지루함은 오히려 감독이 계산한 치밀한 연출이 된다. 결국 박수를 받는다. 영화관을 나올 때 관객은 그 지루했던 장면들을 다시 상기하고, 무릎을 치며 영화관을 나선다. 그 영화는 오래도록 기억 속에 남게 된다.

　자, 이젠 연기의 경우로 넘어가자. 연기의 방식도 위와 같이 두 가지 구성으로 가정해볼 수 있다.

첫째, 내가 연기를 시작할 때 사람들이 처음부터 기대치를 갖고 집중해주길 원하는가?

둘째, 내 연기에 관심 없던 사람들에게 반전을 주듯 결정적 한방을 날릴 것인가?

지금 내 앞에 멋진 남자 배우 한 명이 있다. 남자다운 외모와 그에 걸맞는 중저음의 목소리 톤. 그는 몇 편의 영화에서 작은 역할이지만 강렬한 인상을 남긴 배우다. 더 큰 역할의 작품을 해도 될 만한 경력을 찬찬히 쌓아온 것이다. 앞으로의 모습이 더 기대가 된다. 우리는 오늘 왜 한자리에 있을까? 궁금하다.

Y   저는 드라마 연기가 어려워요.

안   어떤 면에서?

Y   드라마의 일상성 같은 거요.

안   특별한 감정이 없는 일상적인 장면들? 예를 들어….

Y   네. 가족끼리 식사하는 장면이나 운전을 하다가 전화 받는 장면 같은 거요.

안   아무래도 드라마는 분량이 많은 연속극이다 보니 영화보다 일상적인 장면이 많이 나오긴 하지. 말 그대로 일상에서 하는 행동들을 그대로 카메라 앞에서 연기하면 되는데 뭐가 문제지?

의문을 풀기 위해 리딩을 해본다. '침대에 누워 친한 친구랑 통화를 한다. 전 여자친구의 소식을 우연히 듣는다'는 장면이다. 잠시 후, 리딩을 마치고 우리는 분석에 들어갔다.

> **안** 점쟁이가 따로 없네.
>
> **Y** 네? 점쟁이요?
>
> **안** 친구가 전 여자친구 얘기를 할 거라는 사실을 이미 알고 있잖아. 친구의 번호가 찍힌 휴대전화를 보고 "어, 밤늦게 무슨 일이야?" 하고 받는 대사에 벌써 '심상치 않음'의 감정이 들어 있다고. 마치 "어, 밤늦게 전화한 거 보니 나에게 엄청난 사실을 들려줄 것 같군. 빨리 말해봐! 무슨 일이야?"라는 감정이 있어. 좀 확대해석하자면.
>
> **Y** 네. 그렇게 들을 수도 있겠네요.

이것은 연기자가 연기하면서 하는 많은 실수 중 하나다. 이는 씬의 정보를 미리 알고 있기 때문에 발생한다. 상대방이 어떤 말을 할지, 그 후 나는 어떤 리액션을 할지, 이 씬이 어떤 감정으로 끝날지 연기자는 다 알고 있다. 아이러니하게도 이런 유능함이 연기에서는 무능함으로 변한다. '모르는 게 약이다'라는 속담에 절로 고개가 끄덕여지는 순간이다.

> **안** 대본을 다 읽은 후 '마지막 순간에 느껴진 감정'을 품고 연기를 시작하면 안 돼. 처음부터 끝까지 하나의 감정으로 연기하는 단순한 인물이 되어버린단 말이야.

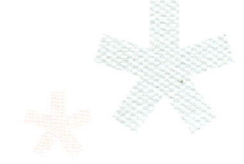

Y　아… 그래서 제 캐릭터가 어둡다고들 하는 건가 봐요. 너무 감정적이라고.

안　다음 장면에 무슨 일이 일어날지 연기를 하는 순간만큼은 몰라야 돼. 연기를 보는 시청자뿐만 아니라 배우 본인조차도 정말 몰라야 하는 거야. 물론 다음 장면을 손바닥 보듯 잘 알고 있겠지만 역설적이게도 전혀 예측하지 못해야 해. 그래야 신선한 감정에 살아 있는 연기가 표현될 수 있어. 요즘 말로 '레알 감정'이지!

　다음 장면을 모르는 상태로 연기하는 것. 지금 이 순간의 감정만을 느끼고 있는 것. 배우에게는 지금 이 순간을 표현한 찰나의 감정이 전부여야 한다. 이것을 '순간의 진실'이라 한다. 가령, 바로 1초 후에 내 앞에 있는 인물에게 뺨을 맞는다고 하자. 대본을 통해 이미 알고 있는 사실이다. 하지만 연기를 하고 있는 나는 1초 후를 몰라야 한다. 그래야 지금 이 순간의 진실이 살아나니까.

　하지만 몇몇 배우들의 모습은 이렇다. '캐릭터를 잡는다' 또는 '이 씬의 감정은 이렇다'라는 명분을 만든다. 그리하여 완성된 감정을 처음부터 내놓는다. 그 순간에는 상대방을 집중시킬지도 모르겠다. 에너지가 클 테니까. 하지만 시간이 지날수록 자극은 줄어든다. 감정의 강도가 계속 같기 때문이다. 결국 기대에 미치지 못하는 감정의 연기를 한다. 이는 연기를 하는 배우의 잘못만은 아니다. 연기를 보는 사람의 감각이 더 이상 자극을 받지 못해서일 가능성이 더 크다. 큰 자극을 먼저 접하게 하면 위험하다. 그보다 더 큰 자극을 받지 못한다면 감흥을 느끼지 못하는 게 인간의 감각이기 때문이다.

Y 일단 '튀어야겠다'는 생각을 하는 것 같아요. 짧은 시간에 제 연기로 상대방에게 어필해야 하잖아요.

안 이해해, 그 마음. 그런데 너 말고도 다른 배우들도 그렇게 생각할 거야. 그 생각이 마음을 급하게 하는 거고. 마음이 급해지면 잘하던 발음도 안 되고 연기 톤은 하늘을 찌르게 돼. 급한 마음에 처음부터 강한 감정으로 시작하는 거지. 오히려 남들과 차별화되려면 여유롭게 천천히 시작하는 게 좋아. 너의 연기가 남들과 다르기 때문에 아마 '어? 뭔가 다른데?'라며 궁금해서라도 끝까지 너의 연기를 지켜보게 될 거야.

자, 다시 한번 생각해보자. 요행히 사람들을 한순간 집중시켜 시선만 끌고 마는 배우가 될 것인가? 연기를 끝내고도 사람들 마음속에서 영원히 집중받는 배우가 될 것인가?
작은 나비의 날갯짓 하나가 어디선가 커다란 폭풍을 일으키는 힘을 '나비 효과'라고 한다. 작은 날갯짓같이 소박하게 시작한 감정이 점점 증폭되어 장대한 감정으로 변주되도록 하자. 배우로서 사람들의 심장을 쫄깃하게 만들어주자. 연기하는 순간은 짧다. 하지만 그 여운은 길다. 사람들의 마음속에 영원히 머무는 작품 속 주인공이 되고 싶지 않은가?

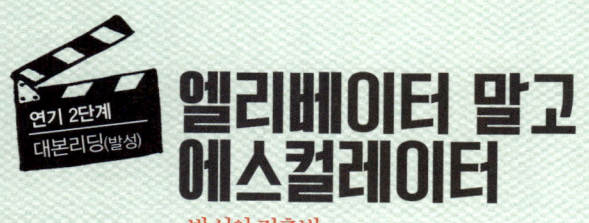

엘리베이터 말고 에스컬레이터

연기 2단계 대본리딩(발성)

_발성의 점증법

누구나 기억에 남는 작품이 하나 정도는 있다. 그 작품에서 가장 인상적인 장면이 늘 가슴속에 간직되어 있다. 하여 우리는 작품 속의 인물에 동화될 준비가 되어 있다. 그들이 했던 대사가 생생한 이미지로 각인되어 있기에 어느 날 나도 모르게 튀어나오기도 한다. 배우로서는 그 사실이 고맙고 보람된다. 본인이 연기했던 대사가 시간이 흘러도 사람들의 머릿속에 늘 회자된다는 사실 말이다. 배우에겐 자극이 되고 흥분되는 일일 것이다.

"그 작품(에) 그 장면(속) 그 대사(를) 그 배우(가)…!"

누구나 기억하는 주인공이 된다는 건 쉽지 않다. 그만큼 인상적인 연기를 해야 하기 때문이다. 한마디로 연기를 아주 잘해야 한다는 말씀이다.

드라마나 영화의 일반적인 스토리 구성은 이렇다. 보통 도입부에서 인물들은 만난다. 서로 관계를 맺으며 사건은 진행된다. 점점 감정이 생겨난다. 어느 순간 갈등이 발생한다. 그리고 증폭된다. 갈등이 최고조에 이른다. 숨죽이게 만드는 클라이맥스 씬이 비로소 등장한다. 이 갈등을 지켜보는 재미에 기꺼이 사람들은 그들에게 시간을 내어준다.

배우 대 배우가 최대치의 감정으로 부딪치는 바로 그 장면. 모두가 집중하여 바라보는 바로 그 장면. 그 장면을 잘 연기하고 싶은 건 정말이지 모든 배우의 바람이다. 그 장면을 연기할 때 배우들의 고민은 참으로 절절하다. 우선 최대치의 감정을 적절하게 조절할 수 있는 숙련도에 관한 고민이 있다. 그리고 가장 많이 하는 고민은 '감정 최대치'인 상태에서도 훌륭한 '대사 전달력'을 발휘하는 능력에 관한 것이다.

"이번 대본에 너무 어려운 감정 씬이 있어요!", "소리 질러야 하는 씬이 있는데 자꾸 목소리가 갈라져요!", "감정도 강한 데다가 대사도 너무 많아요!", "제 목소리가 듣기 싫어요!" 이런 반응들은 바로 클라이맥스 씬을 연기해야 하는 부담감에 압도된 배우들에게서 흔히 듣는 하소연이다.

좋은 연기란 최적의 감정을 찾아 잘 드러내는 것이다. 대사 전달력도 훌륭하면서 말이다. 클라이맥스 씬에서 대사 전달력은 특히 신경을 날카롭게 세워야 한다. 배우와 관객이 함께 감정에 몰입되는 순간이며 드라마의 백미이기 때문이다. 불안정한 대사 전달로 배우가 무슨 말을 하는지 관객이 못 알아듣는 상황이 벌어지면 안 된다. 어렵게 만들어놓은 극의 긴장감이 순식간에 달아난다. 결국 드라마의 재미는 반감된다.

여자 : 우리 헤어져.

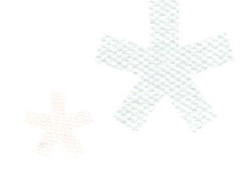

남자 : 뭐라고? 너 지금 뭐라고 그랬어? 네가 어떻게 나한테 그런 말을 할 수 있어? 나 없이 살 수 있어? 그럴 수 있어? 너 없는 나는 상상할 수도 없어! 너 없인 안 된다고!!

실연당하는 장면을 배우 S가 연기하고 있다. 계속된 물음표와 끊임없이 치닫는 감정으로 힘겹게 연기하고 있다.

S   저는 여자친구랑 이렇게 큰소리로 싸워본 적이 한 번도 없어요. 그래서 따지고 화내고 소리 지르는 연기가 가장 어려워요.

안   사랑하는 여자가 헤어지자고 하는데 뭔 말인들 못하겠어. 붙잡기 위해서는 2박 3일 내내 말할 수도 있을 것 같은데?

S   단언컨대 보통 대한민국 남자들은 저렇게 말을 많이 하며 여자와 싸우지 않아요. 절대 제가 이상한 게 아니에요!

그의 주장에 난 현실적이고 잔인할 말을 내뱉는다.

안   그래서 이 대사 안 할 거야? 작가님께 대사 수정 요구…?

S   …아니요. 해야죠.

배우는 어떻게든 그 인물이 하는 말과 행동을 이해하려고 노력해야 한다. <u>배역의 스타일을 부정한다고 득이 될 것은 하나도 없다.</u> 배우는 '선택하는 입장'이 아닌 '선택받는 입장'이기 때문이다.

S가 다시 크게 심호흡을 한다.

준비가 된 듯 다시 연기에 들어간다. S의 얼굴은
붉게 상기되었고, 대사는 여전히 지붕을 뚫고 하
늘로 날아갈 기세다.

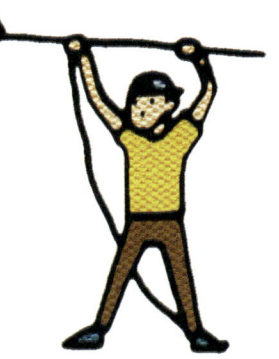

S 선생님, 저는 목소리 톤이 중저음이라 소리 지르
는 게 힘들어요. 높은 음이 안 올라가요!

안 그럼 첫 톤을 낮게 잡으면 되지. 화난 감정을 표현한다는 강박관념에
사로잡혀서 감정이 미리 앞서 가버렸잖아. 마치 노래방에 가서 첫 음
을 높게 잡은 거랑 같은 꼴이야. 그래 가지고 노래 클라이맥스 부분
에 가서 '삑사리(음 이탈)'를 방지할 수 있을까? 중요한 얘기를 하자면,
감정의 이미지는 점점 부피가 커지는 모습으로 상상하는 거지. 너처럼
위로만 한 방향으로 가늘게 올라가는 게 아니야.

화내는 대사를 할 땐 조심해야 한다. 어떤 배우는 얼굴에 열이 너무
몰려 붉어지다 못해 어지러운 증상까지 호소한다. 잘못된 감정표현의
전형적인 표본으로, 엘리베이터식 감정표현으로 인한 부작용이다. 엘리
베이터를 타면 일정한 속도로 올라간다. 시간과 수고가 절약되는 효율
적인 기계다. 이렇듯 대사도 낮은 톤에서 높은 톤으로 쭉 올라가는 경
우가 있다. 언뜻 보면 잘못된 게 없어 보이지만 그렇지 않다.

엘리베이터는 꼭대기 층에 도달하면 더 이상 올라갈 곳이 없다. 바로

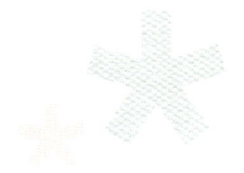

이러한 속성이 위험하다. 이 속성을 연기에 접목시켜보자. 우리는 두상의 구조상 입에서 머리까지의 거리가 그리 길지 않다. 음성이 물리적으로 위로만 올라간다면 곧 한계에 직면하게 된다. 음성의 톤이 위로 올라가는 원리를 알면 이해할 수 있다. 음성은 제일 먼저 코를 울려 비성(콧소리)을 내고, 톤을 더 높이면 곧 머리에 도착하여 머리를 울리는 두성(머리소리)을 쓰게 된다. 대사에 힘이 많이 들어가면 이런 원리로 짜내는 소리처럼 들린다. 시끄럽기만 하고, 몸에 힘만 들어간다. 상대방에게 효과적으로 대사를 전달하기가 어려워진다. 설상가상으로 머리 꼭대기에 소리가 부딪쳐 끝에 닿는 소리가 나면 성량이 '여기까지다'라고 자신의 협소한 표현 폭을 드러내는 꼴이 된다.

가장 중요한 건, 나의 말을 들어야 할 상대는 내 머리 위에 없다는 사실이다. 그는 바로 내 앞에 있다. 그런데 왜 혼자 위로만 열을 올리는가. 순간적으로 빠르게 위로 올라가보겠다며 대사를 엘리베이터에 태우면 그 순간은 엘리베이터를 탄 듯 편안하겠지만 꼭대기에 도착하면 곧바로 추락할 수도 있는 아찔한 순간이 기다리고 있다.

그럼 폭발하는 감정을 표현하면서 대사를 잘 전달하려면 어떻게 해야 할까? 실제로 대본을 받아보면 '감정이 격해지며', '흥분하며', '버럭'이라는 지문을 볼 수 있다. 보통은 예고 없이 소리 지를 준비부터 하지만 그러면 안 된다. 아이러니하게도 소리의 크기와 감정의 진정성은 비례하지 않는다. 동기가 없기 때문에 시끄러운 소음일 뿐이다.

보통 감정은 점점 층을 이루며 고조된다. '생각할수록 점점 화가 나네?', '말하다 보니까 슬프네', '따지다 보니까 이해가 안 가네' 하는 식으로 연기도 점점 고조되는 것이 자연스러운 표현법이다. '연기의 점층법.' 즉 '에스컬레이터식 감정표현'이다.

점층법에는 두 가지의 경우가 있다. 그중 첫째가 문장과 문장이 짝을 이루며 커지는 점층이다. 예컨대 "하지 마, 하지 말라고! 하지 말라니까!" 하고 강하게 만류하거나 "뭐라고? 뭐라고 했어? 지금 뭐라고 그런 거냐고 대체?"와 같이 상대방을 다그칠 때 흔히 점점 층을 이루며 감정이 고조되는 연기를 한다. 분석해보면 다음과 같다.

1단계 : 하지 마 / 2단계 : **하지 말라고** / 3단계 : **하지 말라니까!**

1단계 : 뭐라고? / 2단계 : **뭐라고 했어?** / 3단계 : **지금 뭐라고 그런 거냐고 대체?**

일단 대본을 받으면 같은 감정 아래 짝을 이루는 대사들을 묶어라. 그리고 단계적으로 표현하라. 이것이 문장과 문장의 점층이다.

둘째로 문장 안에서의 점층이 있다. "내가 얼마나 힘들었으면 이런 말을 하는지 정말 모르겠니?"와 같은 문장을 예로 들어보자. 이 문장을 반드시 점층으로 표현할 필요는 없다. 우선 대수롭지 않은 감정으로 표현해보자. 감정변화가 아직 없으니 첫 번째 계단에 대사들을 도열한다.

"내가얼마나힘들었으면이런말을하는지정말모르겠니?"

이 문장을 점층법으로 표현해보자. 두 단계의 점층이 가능하다.

정말모르겠니?

내가얼마나힘들었으면이런말을하는지

이번에는 너무너무 화가 나서 감정이 격해진다. 즉 계단을 늘린다.

모르겠니?

정말

이런말을하는지

얼마나힘들었으면

내가

하나의 계단에 표현하고자 하는 대사를 올린다. 계단을 하나씩 늘릴 때마다 감정이 고조된다. 이것이 문장 안에서 이루어지는 점층법이다. 가장 중요한 것은 격한 감정을 표현해야 할수록, 즉 계단을 높게 쌓아 올리기 위해서는 무조건 첫 톤을 낮춰야 한다는 점이다. 첫 시작이 높으면 계단을 올라가는 본인은 물론이고 지켜보는 사람도 불안하고 위태롭다. 그리고 계단은 정교하게 쌓아올려야 한다. 불규칙하게 듬성듬성 쌓은 계단은 무너지기 십상이다. 정교하게 꾹꾹 눌러 담은 감정으로 쌓아올려야 절대 무너지지 않는다.

단숨에 올라가는 엘리베이터가 아니라 점(점점) 층(층을 이루는) 에스컬레이터를 타라. 에스컬레이터는 층을 이룬 계단이 앞으로 그리고 위로, 단계를 거쳐 올라가는 속성을 가졌다. 연기에서 대사도 이와 마찬가지로 점점 층을 이루며 차근차근 목적지에 도달해야 한다.

표현하고자 하는 어절(의미단락)은 하나의 층이 된다. 감정이 한층 격해질 땐 계단을 하나씩 쌓아올리면 되는 것이다. 계단을 한 층씩 올라가지 않고 급한 마음에 여러 계단을 뛰어 올라가면 다리가 흔들거려 급기야는 넘어지고 만다. 즉, 소리가 갑자기 공중으로 분해되고 대사의 톤이 큰 진폭으로 흔들리다가 느닷없이 뚝 떨어진다. 엄청난 실수다. 이런 불안한 흔들림은 배우에게 연기를 포기하게 하는 치명적 결과를 낳기도 한다. 차라리 감정 없이 담담히 대사를 들려주는 것이 나을 수도 있다.

계단을 하나하나 밟아 올라가는 그림을 상상하며 감정과 함께 대사를 에스컬레이터에 태워라. 자연스럽고 진정성 있는 감정이 어느새 상대방의 마음에 전달될 것이다.

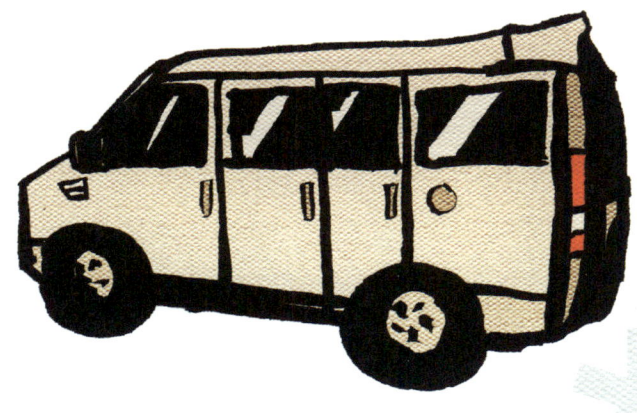

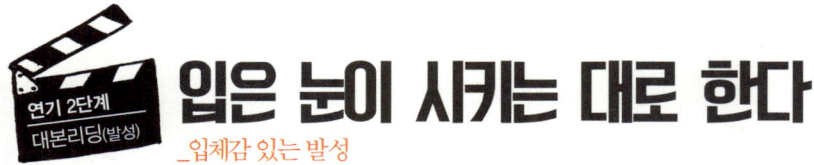

입은 눈이 시키는 대로 한다

_입체감 있는 발성

　2009년 겨울, 신선하고 충격적인 영화가 개봉되었다. 바로 영화「아바타」다. 영화의 소재와 영상도 좋았지만 무엇보다 '3D영화'라는 새로운 장르가 사람들의 호기심을 자극했다. 신비로운 행성에 사는 미지의 생명체들의 신선한 비주얼을 3D효과로 극대화시켰다. 스크린에서 '인물들이 튀어나오는' 듯한 영상은 보는 이들을 압도했다. 그래서인지 시각적인 효과도 효과지만 청각적인 면에서도 입체감이 느껴졌다. 분명 나는 한자리에 가만히 앉아 있는데 소리가 멀어졌다가도, 이내 내 귓전에까지 다가온다. 촌스럽게 자꾸 두리번거리기도 한다. 스크린은 틀림없이 판판한 면인데 그곳에서 인물들이 튀어나오는 듯하고, 소리도 나를 중심으로 360도 사방에서 들려와 눈과 귀를 온통 사로잡는다. 그것은 물론 과학의 힘이었지만, 내겐 영화 속 인물들의 '입체적 연기 표현'인 것처럼 마음에 와닿았다.

　영화란 영화는 모두 섭렵하는 배우 K는 늘 내게 '영화 소개 프로그

램' 같은 존재다. 그녀와 영화 얘기를 나눌 생각에 그녀가 기다려지기까지 했다.

> **안**　영화 「아바타」 봤어?
>
> **K**　당연하죠, 선생님. 저는 두 번 봤어요!
>
> **안**　그 긴 영화를 두 번이나 봤단 말이야?
>
> **K**　처음엔 디지털로 봤다가 두 번째는 3D로 한 번 더 봤죠. 반딧불이들이 제 바로 눈앞까지 날아오는데 너무 예뻐서 손으로 잡으려고 했잖아요, 창피하게.

한바탕 영화 얘기를 한다. 그녀의 수다는 다채롭다. 장난꾸러기처럼 웃기도 하고 갑자기 진지해지기도 한다. 기분이 좋아진다. 그런데 그런 그녀가 대본 리딩만 하면 목소리가 입 안에서 맴돈다. 어떨 땐 땅으로 꺼지는 듯도 하다. 문제를 해결하기 위해 오늘도 대본을 펼친다.

K의 고민은 연기할 때 감정의 폭이 너무 깊다는 것이었다. 언뜻 보면 감정의 폭이 깊다는 건 그만큼 감정의 폭이 넓다는 말이니 배우에겐 장점 같이 들린다. 하지만 문제는 감정이 아예 없거나, 지나치게 감정에 빠지거나 하는 양극단의 감정 외엔 연기 표현이 어렵다는 것이다. 다시 말해 '작은 목소리' 아니면 '큰 목소리'라는 말인데 K는 그 중간에 있는 무수히 많은 감정들을 찾아내야 하는 과제를 안고 있었다. 세밀한 연기를 하는 배우는 중간 목소리를 낼 수 있어야 한다.

K는 대본에 있는 장면을 연기한 후, 뭔가 마음에 안 드는 듯 한숨을

내쉰다. 나는 본인이 마음에 안 드는 부분을 수정해서 연기를 다시 이어가보라고 주문한다. 아까보다 더욱 다운된 톤으로 연기한다. 나는 그녀의 얼굴을 찬찬히 관찰한다. 아까보다 한층 다운된 톤으로 나올 수밖에 없는 이유를 그녀의 얼굴에서 찾을 수 있었다.

안 K, 연기할 때 배우의 얼굴에서 가장 중요한 부분이 어디라고 생각해?

K 배우는 눈빛이 중요하다고들 하니까, 눈이요!

안 그런데 대사를 할 때 가장 많이 움직이는 부분은 입이잖아. 대사는 입으로 하는 건데 눈이 왜 중요하다고들 할까?

K 그러게요. 대사는 입으로 하니까 입이 중요하겠네요.

안 대사는 입으로 해. 그런데 입은 눈에 따라 달라지기 때문에 눈이 중요하다고 하는 거야. 물론 연기자의 얼굴에서 뭐 하나 중요하지 않은 부분이 없겠지만 대사할 때의 입 모양은 중요해. 입 모양이 이상하면 대사 내용에 집중이 안 되고 입을 보게 되지. 그런데 여기서 기억해야 할 건 이렇게 중요한 입은 바로 눈이 시키는 대로 한다는 사실이야. 말하자면 눈이 가는 곳에 입도 따라가는 거지. 눈의 느낌에 따라 입이 말하는 대사의 느낌도 달라질 수 있어. 방금 네가 연기할 때, 기분 탓인지 눈을 밑으로 내리깔고 연기하니까 대사도 눈을 따라 밑으로 깔려서 톤이 다운돼 들렸어.

K 아~ 그럴 수도 있겠네요.

안 이번에는 상대 배역이 문밖에 서 있다고 상상하고 대사해볼까? 멀리 던져보는 거야.

K의 대사 볼륨이 다소 높아졌다.

> **안** 그럼 이번엔 전화통화로 해볼까? 장소는 사람 많은 지하철 안이라고 설정해보자.

속삭이듯 하는 게 정말 전화통화를 하는 것 같다. 대사를 전달해야 할 상대 배역의 위치를 옮겨가며 연기해보니 영화 「아바타」의 음향효과처럼 입체감이 느껴진다. 그녀의 연기도 조금은 입체적으로 표현된다.

무언가를 보고 깜짝 놀라면 눈이 커지게 마련이다. 이때 입도 '헉!' 하며 벌어진다. 멀리 있는 것이 희미하게 잘 안 보일 때는 실눈을 뜬다. 동시에 입도 약간 벌어진다. 누군가를 강하게 노려볼 때는 어금니가 강하게 다물어지는 것을 느낄 수 있다. 감정에 따라 눈의 느낌이 달라지는 것이다. 눈의 느낌에 따라 눈의 크기도 달라진다. 눈의 크기에 따라 입의 크기, 대사의 크기가 달라진다. 비단 대사의 크기뿐 아니라 면적, 강약, 질량, 거리, 위치, 넓이 등 모든 것이 달라지며 이로 인해 다양한 느낌의 대사를 구사할 수 있게 되는 것이다.
상황을 만들어 상상하고 연기를 입체적으로 표현해보자.

내 앞에 한 사람이 있다. 나와 그의 거리만큼, 그리고 1인분의 말.
"커피 마실래?"
그때, 저 밖에서 띵동. 내 눈은 문밖으로 멀리~ 내 말도 멀리~.

"누~구~세~요~오~오~?"

인터폰으로 들려오는 소리.

"저희들 왔어요."

문을 열고 다섯 사람이 안으로 들어온다. 다섯 명이 내 눈에 들어온다. 내 입에선 5인분의 말이 나간다. 중량감 있게.

"너희들 여기서 기다려"

난 다시 자리로 돌아와 이야기를 계속한다. 그때 위층에서 쿵쿵 뛰고 시끄럽다. 내 눈은 천장으로, 내 말도 머리꼭대기로 올라간다. 날씬하고 길쭉하게.

"거기 위에! 조용히 좀 해요~~!"

울리는 전화벨. 눈은 휴대전화 쪽으로. 말도 소곤소곤.

"여보세요, 나 미팅 중. 이따 전화할게~"

그때 바닥에서 큐빅이 반짝한다. 눈이 큐빅을 향해 쏠린다. 말도 큐빅 크기만큼.

"이게 뭐지?"

눈이 가는 곳에 말이 따라간다. 즉, 시선이 대사의 정확도를 결정한다. 눈이 느끼면 입은 그 느낌을 전달하는 심부름꾼이 된다. 눈빛엔 감정이 있고 그 감정은 대사에 고스란히 스며들어 표현되는 것이다. 눈에 들어오는 양에 따라 대사의 양도 결정된다. 눈에 넓은 바다를 담으면 내 대사는 바다같이 넓게 나가야 된다는 말이다.

대사를 시작하려는 그 순간에 수많은 고민이 당신을 괴롭혔을 것이

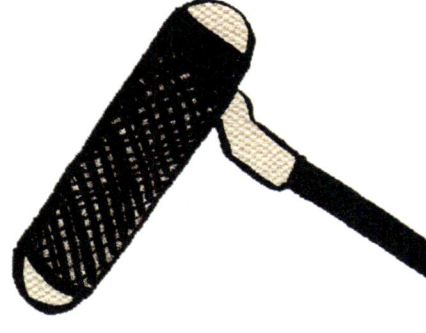

다. 대사를 크게 해야 하나, 작게 해야 하나? 대사 끝을 올려야 하나, 내려야 하나? 강하게? 약하게? 아니면 높게? 낮게? 우물쭈물하고 망설이게 하는 의문들.

자신을 믿고 감정에 맡겨라. 내 안에서 생긴 감정은 눈에 느낌을 만들고, 그 눈은 나의 입에 명령할 것이다. "저곳이 바로 네가 가야할 길이야. 도착할 때까지 끝까지 바라봐줄 테니 자신 있게 나가봐!"라고. 그러니 눈에 느낌이 만들어지기 전에 입이 먼저 나가면 안 된다. '입은 눈이 시키는 대로 한다'는 것을 믿어라. 당신의 연기가 입체감 있게 살아날 것이다.

배우가 가져야 할 비전에 관하여

_ 유연석

데뷔 후 10년이라는 시간이 흘렀지만 여전히 연기에 대해 이야기를 한다는 건 결코 쉬운 일이 아니다. 후배 연기자들에게 들려주고 싶은 이야기를 써보라는 지은 선생님의 제안을 받아들이긴 했지만, 막상 컴퓨터 앞에 앉는 것조차 엄두가 나지 않았다.

많은 고민 끝에 나는 배우의 비전에 대해 얘기하고자 한다. 비전이라는 단어는 보통 꿈이나 목표, 계획이라는 의미를 포함한다. 사업가나 비즈니스맨들은 많이들 얘기한다. "스스로의 비전을 가져야 한다"고⋯. 이 시대를 살아가는 배우들에게도 비전은 필요하다.

내 주변에는 좋은 배우들이 너무나 많다. 연기력이면 연기력, 외모면 외모, 성격까지 나무랄 데 없는 배우들이다. 하지만 그들이 연기할 작품, 연기할 캐릭터는 많지 않다. 기회는 많이 주어지지 않는다.

필연적으로 우리 배우들은 누군가에게 선택을 받게 된다. 대개 연출가, PD 등에게 말이다. 배우가 스스로 연출과 제작을 하지 않는 이상, 배우는 배우라는 포지션에서 연기하게 될 캐릭터를 만나기 위해 선택되어야 한다. 그러기 위해서는 그들로 하여금 '나'라는 배우를 선택할 수밖에 없도록 확신을 주어야 한다. 즉, 다른 배우로 대체할 수 없는 무엇인가를 가지고 있어야 한다. 단순히 '좋은' 배우를 넘어서 나라는 배우가 그 어떤 배우보다 잘할 수 있는 연기, 외모적 특징, 개성, 특기를 갖고 있어야 한다. 그리고 그것을 스스로 파악해야 한다. 아니, 스스로를 객관적으로 판단할 수 있어야 한다. '나는 어떤 연기든 열심히 잘할 수 있어'라는 마음가짐은 너무 막연하다. '어떠한 캐릭터든 열심히 할 수 있지만 특히 이러한 연기를 남들보다 잘한다'라는 구체적인 자기 이해가 있어야 한다. 이때 배우로서 가지고 있는 이미지, 단순히 잘생기고 예쁜 것이 아니라 자신의 객관적인 이미지를 알고 있어야 한다. 여기에 더해 누구나 할 수 있는 취미가 아니라 누구보다 잘할 수 있는 특기를 기르기 위해 노력하는 것이 배우가 가져야 할 비전이 아닐까 생각한다.

내가 말하고 싶은 '배우의 비전'은 단순한 의미의 꿈과 목표가 아니라, 구체적으로 꿈과 목표를 이루기 위해 '남들과 차별화된 전략과 계획'이라는 의미다. 전략을 잘 세우려면 '지피지기면 백전백승'이라는 말처럼 배우 스스로를, 즉 나를 잘 알아야 한다. 그래야 나만의 무기를 가지고 이 시대의 수많은 배우들과 경쟁할 수 있다.

나는 나의 '눈'을 비전으로 삼았다. 쌍꺼풀이 없고 시원시원하게 크고 예쁜 눈은 아니지만, 어떻게 보면 선해 보이고 또 어떻게 보면 매서워 보이는 눈매가 나의 무기였다. 선과 악의 이미지를 동시에 표현할 수 있다는 점이 내가 지닌 배우로서의 비전이라고 생각했다. 전형적인 악인의 이미지가 아니라 오히려 반듯하고 선한 이미지를 가진 사람이 보여주는 악인의 모습을 표현할 수 있을 것이라고 생각했다.

그러다 보니 실제로 악역을 많이 맡게 되었고 작품의 성과도 좋았던 것 같다. 그렇게 나는 조금씩 인정받기 시작했고, 드디어 내게도 악인이 아닌 내 본연의 이미지를 보여줄 수 있는 기회가 찾아왔다. 그 캐릭터가 바로 드라마「응답하라 1994」의 '칠봉'이었다. 상업성을 내세운 작품에서는 더욱이 배우의 비전이 강조될 수밖에 없다. 연기해야 할 캐릭터가 더 이상 학교 워크숍 작품 속의 인물이 아닌 이상, 스스로 배우로서의 비전을 잘 갈고닦아야 한다.

내가 하고 싶은 것만 하고 살 수는 없다. 하고 싶은 것을 서두르기보다는 잘할 수 있는 것을 하고 난 뒤 인정을 받고 나서, 비로소 하고 싶은 것을 하는 게 순서인 것 같다. 그리고 어쩌면 그것이 내가 하고 싶은 것을 좀 더 빨리 할 수 있게 해준 지름길일 수도 있다는 생각이 든다. 데뷔 11년차인 지금, 나는 이제 조금씩 내가 하고 싶은 것을 할 수 있게 되었다.

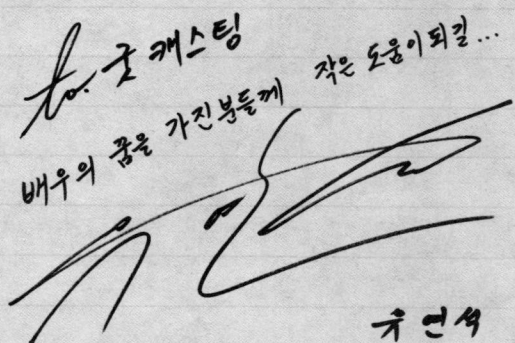

굿 캐스팅

배우의 꿈을 가진 분들께 작은 도움이 되길…

구연석

연기 3단계

감정표현

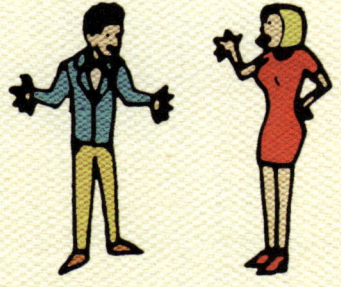

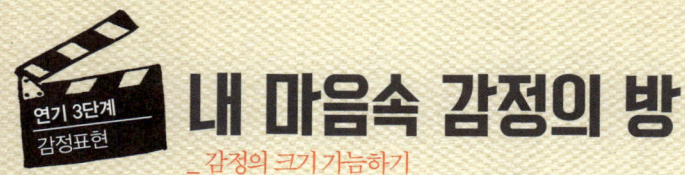

내 마음속 감정의 방

_ 감정의 크기 가늠하기

　　남자와 여자는 사랑관이 다르다. 남자의 마음에는 방이 여러 개 있다. 여러 여자가 동시에 거주하는 게 가능하다. 다시 말해 남자는 동시에 여러 여자를 사랑할 수 있다. 첫사랑, 현재 애인, 예쁜 걸그룹 멤버까지 말이다. 일종의 다가구 연립주택이다. 반대로 여자 마음에는 방이 하나다. 한 사람만 거주한다. 다른 사람이 좋아지면 기존에 있던 남자는 퇴거해야 한다. 즉 동시에 여러 남자를 사랑할 수 없다. 일종의 단독주택이다.

　　사실 위 사랑관은 출처가 빈약하다. 풍문에 근거한 믿거나 말거나다. 그럼에도 사랑에 빠진 남녀의 마음을 방으로 비유한 구상이 제법 재밌다. 연기에 빠진 배우의 마음도 방으로 비유한다면 제법 재밌겠다.

　　안　어제 드라마 전체 리딩 잘했어?

　　P　제 차례가 다가올 때마다 심장이 밖으로 튀어나오는 줄 알았어요.

　　안　하하하. 처음이라 그렇겠지. 기라성 같은 선배님들도 앉아 계시고, 스태프들 표정도 진지하니까 더욱 그럴 거야. 작품을 해본 배우들도, 모두 모여서 하는 대본 리딩 자리가 여전히 긴 장된다고들 해.

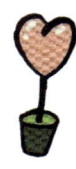

대학에서 골프를 전공한 P는 1년 정도 연기를 꾸준히 준비하다가 운 좋게도 드라마에 캐스팅되었다. 흥분된 마음으로 지내온 P는 첫 리딩 한 소감을 내게 생생히 묘사한다. "선배님들 진짜 잘하세요!", "그 여배 우 정말 여신 같아요", "작가님이 카리스마가 있어요" 등등 새로운 세 계를 경험한 신인배우의 수다가 내 마음까지 들뜨게 한다. 시작은 늘 생기 가득한 설렘이다.

> **안** 그래서 결론이 뭐야? 너는 리딩을 잘했다는 거야, 못했다는 거야? 감 독님께서 특별히 지적한 건 없으셨어?
>
> **P** 워낙 제 대사가 몇 마디 안 되잖아요. 하하하~. 리딩할 때 별 말씀 없 으셨어요. 그래서 제가 끝나고 여쭤봤죠.
>
> **안** 그랬더니 뭐라고 하셔?
>
> **P** 실은… 저보고 연기하지 말라고 하셨어요. 선생님, 그게 무슨 뜻이죠? 연기자 그만두라는 말씀은 아니겠죠?

연기자들이 의외로 많이 듣는 말이다. 연기자한테 '연기를 하지 말라' 니 언뜻 들으면 참 황당하다. 잘 생각해보자. 어째서 연기하지 말라는 지적을 한 것일까?

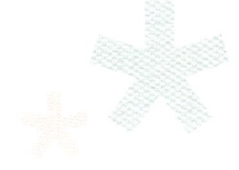

안 너~무 열심히 연기해서 그래.

P 저는 신인이니까 당연히 연기를 열심히 해야죠.

안 내가 뭐랬어. '너~무'라고 덧붙였잖아. 늦게까지 퇴근 안 하는 직장 상사한테 "왜 퇴근 안 하세요?", "제가 좀 도와드려요?", "안색이 안 좋으시네요" 하는 대사가 있어. 어떻게 해야 할까? 일상적인 대화잖아. 근데 너는 아마 너무 열심히 말했을 거야. 결국 감정이 과해 보였겠지. 연기할 땐 어떤 상황에서 어떤 대상과 어떤 내용을 주고받느냐를 분석하고, 그에 알맞은 감정만큼만 표현하는 거야. 무조건 감정을 풍부하게 한다고 해서 감정이 좋은 배우가 되는 게 아니야.

배우가 연기를 할 때 적절한 감정은 훌륭한 무기가 된다. 발성이 부족하고 발음이 다소 부정확해도 적절한 감정은 이를 상쇄시킨다. 정확한 대사 전달조차 결국 감정을 전달하는 수단이기 때문이다. 감정은 적절할 때 그 역할을 다한다. 넘치는 감정은 오히려 극 몰입에 방해가 된다. 감정을 적절히 가늠하여 표현하는 능력이 배우에겐 절실하다.

우리 마음에 감정의 방을 만들자. 연기를 잘하고 싶은 마음에, 감정의 방을 무조건 크게 만드는 게 가장 위험하다. 욕심이 망치는 거다. 큰 방은 감정을 채우고 비우는 데 비효율적이다. 에너지효율 5등급이다. <u>감정의 방은 채우는 것보다 비우는 게 더 중요하다.</u> 깨끗이 비워야 새로운 감정으로 채울 수 있다. 잔여 감정이 남아 있는 상태라면 새로운 감정이 들어와도 온전한 새로움이 아닌

게 된다. 가령 지금 감정의 방에는 빨간색 감정으로 가득 차 있다. 다음에 들여야 할 감정은 파란색이다. 방을 깨끗이 비워야 한다. 빨간색이 한구석에 조금이라도 남아 있다면 파란색과 뒤섞여 보라색으로 변한다. 온전한 파란색 감정이어야 할 감정이 보라색 얼룩으로 퇴색되는 것이다.

'감정의 방'은 배우 각자가 늘 드나드는 사적인 공간이다. 그 방을 어떤 크기로 만들지 그리고 어떤 감정으로 채우고 어떤 속도로 비울지에 대해 늘 고민해야 한다. 그러한 고민은 방의 가치를 드높여준다.

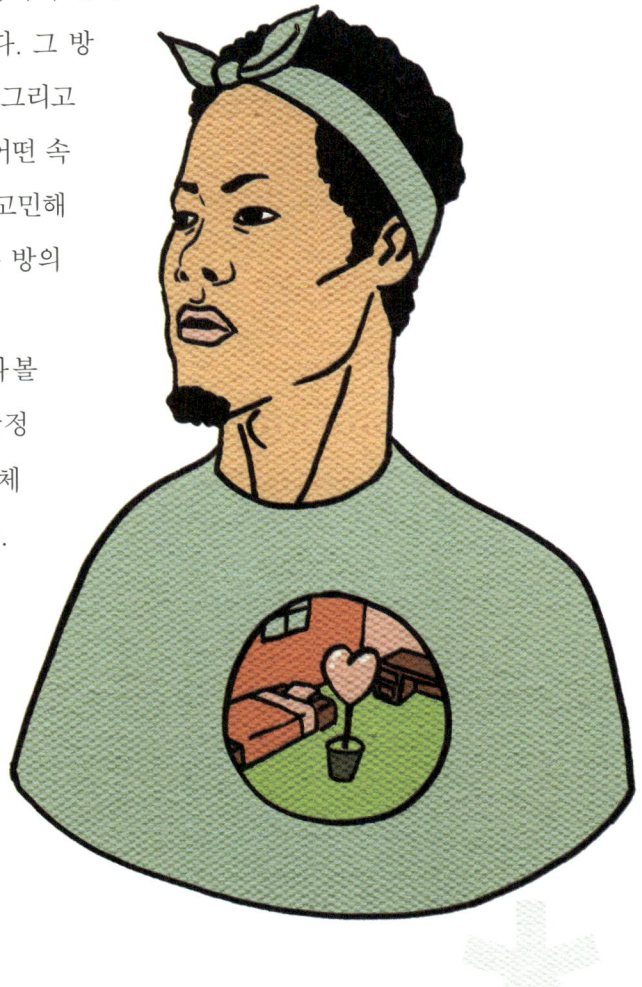

배우는 눈으로 바라볼 수 없었던 추상적인 감정을 감정의 방을 통해 구체적으로 확인하게 된다. 배우가 비로소 마음속 감정의 방의 주인이 되는 순간이다.

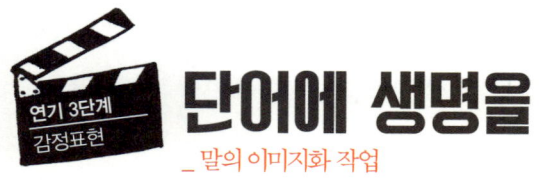

단어에 생명을

연기 3단계
감정표현

_ 말의 이미지화 작업

　고등학생 때 제2외국어로 프랑스어를 배운 적이 있다. 발음에서 풍기는 우아한 이미지가 좋아 열심히 따라 했다. 이제야 깨닫는다. 인생은 무상하다는 사실을. 기억나는 프랑스어가 하나도 없다. 억지로 쥐어짜면 "봉쥬르~", "마드모아젤", "꼬몽딸레브~" 고작 이 정도가 간신히 나올 뿐이다.

　그러나 다행히도 아직 기억하는 문법이 하나 있다. 프랑스어 명사에는 성(性)이 있다는 사실이다. 단어를 외울 때마다 그 단어가 남자인지 여자인지 확인해야 하는 번거로움이 따른다. 단어 외우는 것만으로도 벅찬데 그 단어의 성별까지 판단해야 하는 사실에 늘 머리가 아팠다. 원어민이 아닌 나는 어감으로 성별을 추측할 만한 감이 없다. 한마디로 무작정 외워야 했다.

　그럼 우리말 한글은 어떨까? 단어마다 프랑스어 같은 성별은 없다. 그럼에도 단어가 지닌 개별 이미지는 있다. '하늘'과 '땅'을 소리 내어 읽어보라. 하늘을 상상하고 땅을 상상하며 말이다. 하늘은 높은 톤으로,

땅은 낮은 톤으로 말하게
된다, '꽃'과 '똥'도 소리 내
어 읽어보라. 둘 다 한 글자
로 된 단순한 단어지만 분명 다른
느낌으로 말하게 된다.

　우리가 단조롭게 읽었던 수많은 단어는 상상하며 읽
음으로써 감각 있는 단어가 된다. 말의 톤, 길이 등으로 단
어가 가진 특성이 살아난다. 내 경험치가 합쳐져 더욱 강한 이미지로
변주된다. 그 이미지에 맞는 다양한 표현이 직감으로 다가온다.

　군 마지막 휴가에 나를 찾아온 J. 그는 무심하고 무뚝뚝한 대한민국
남자의 전형적인 성격이다. 2년간의 군 생활까지 보태져 더욱 각이 잡
힌 몸과 마음으로 나를 찾아왔다. 군인정신으로 무장한 그의 연기가
더욱 성숙되었기를 기대하며 수업을 시작했다.

　J　아이고~ 대사를 많이 했더니 입이 다 아프네요.

　안　뭐? 그건 여자들이 수다를 한참 떤 후에 "아이고 입 아프다"라고 비유
　　　적인 표현으로 쓰는 말이지. 말을 많이 했다고 입이 아프다니, 말도 안
　　　돼. 거짓말!

　J　진짜예요. 제가 워낙 발음이 잘 안 되니까 발음을 정확히 하다 보면 정
　　　말 입도 아프고 힘들다니까요.

　안　연기는 노동이 아니야. 예술이지. 연기를 힘들게 하니까 노동처럼 느껴

지는 거야. 단어의 이미지를 상상해봐. 훨씬 즐기면서 할 수 있어. 예술을 하듯이 말이야.

J 좀 추상적이에요. 예를 들자면 "2층 창문에서 빠끔히 나를 내려다보고 있더라고"라는 대사에서요. '빠끔히'라는 단어만 이미지가 있는 거죠? 너무 어려워요….

안 '2층 창문에서'는 너의 시점에선 높은 곳이니까 살짝 위를 올려다보며 말할 수 있고, '빠끔히'는 의태어니까 표정과 함께 표현할 수 있고, '나를 내려다보고 있더라고'는 누군가가 내려다본다는 상상을 하며 시선과 함께 톤도 낮게 할 수 있지. 너의 대사를 듣고 있는 이들에게 머릿속 영상이 펼쳐지게끔 생생한 연기를 해봐.

배우의 연기는 대본에서 나온다. 흰 종이 위의 검은 글씨는 빠짐없이 표현해야 한다. 자음과 모음이 모이면 단어가 된다. 그 단어들이 모여 문장을 이룬다. 문장들은 하나의 스토리를 형성한다. 이 모든 것은 단어에서 출발한다. 가장 작은 단위인 단어 하나조차 잘 표현하지 못한다면 어찌 스토리라는 큰 그림을 그려낼 수 있을까?

우리말에는 독특한 지점이 있다. 감각을 두드리는 형용사가 유독 발달했다는 사실이다. '노란'이라는 하나의 형용사만 봐도 단박에 알 수 있다. 이 단순한 색이 우리말을 통과하는 순간 더 이상 단순한 색이 아니게 된다. 다양한 감각이 동원되도록 자극적인 표현으로 거듭난다. '연노랑', '진노랑', '누르스름', '노리끼리', '노릇노릇' 등등. 이런 다채로운 표현법은 우리말을 맛있게 만든다. 그 단어가 가진 이미지가 명확하기에 우리는 모두 그 의미를 충분히 즐길 수 있다.

우리는 병원 의사에게 싱겁게 말하지 않는다. "어디가 어떻게 아프세요?"라는 의사의 말은 분주함의 신호탄이다. 이미지를 전달할 수 있는 모든 단어를 머릿속으로 검색해야 하기 때문이다. 내가 얼마나 아픈지에 대해 의사의 감각이 자극되도록 생생히 표현한다.

배우라면 일반인과 달라야 한다. 일반인도 단어에 감각적인 옷을 자유롭게 입히는데, 배우라는 사실에 자부심을 느끼기 위해서는 더욱 달라야만 한다. 대사에는 많은 단어가 포진해 있다. **이미지로 표현될 만한 모든 단어를 낱낱이 포획해야 한다. 한 땀 한 땀 꼼꼼히 보듬어야 한다.** 아주 생생한 표현을 부여해야 하기 때문이다.

대본은 생명 없는 종이 위에 건조하게 도열된 검정 글자들의 집합이다. 하나하나 감각적인 이미지를 넣어 살아 숨 쉬게 만드는 배우의 역할이 절실하다. 이것이 바로 배우가 대본을 대하는 자세다. 모든 단어를 촉촉하고 생기 있는 생명으로 살아나게 하자.

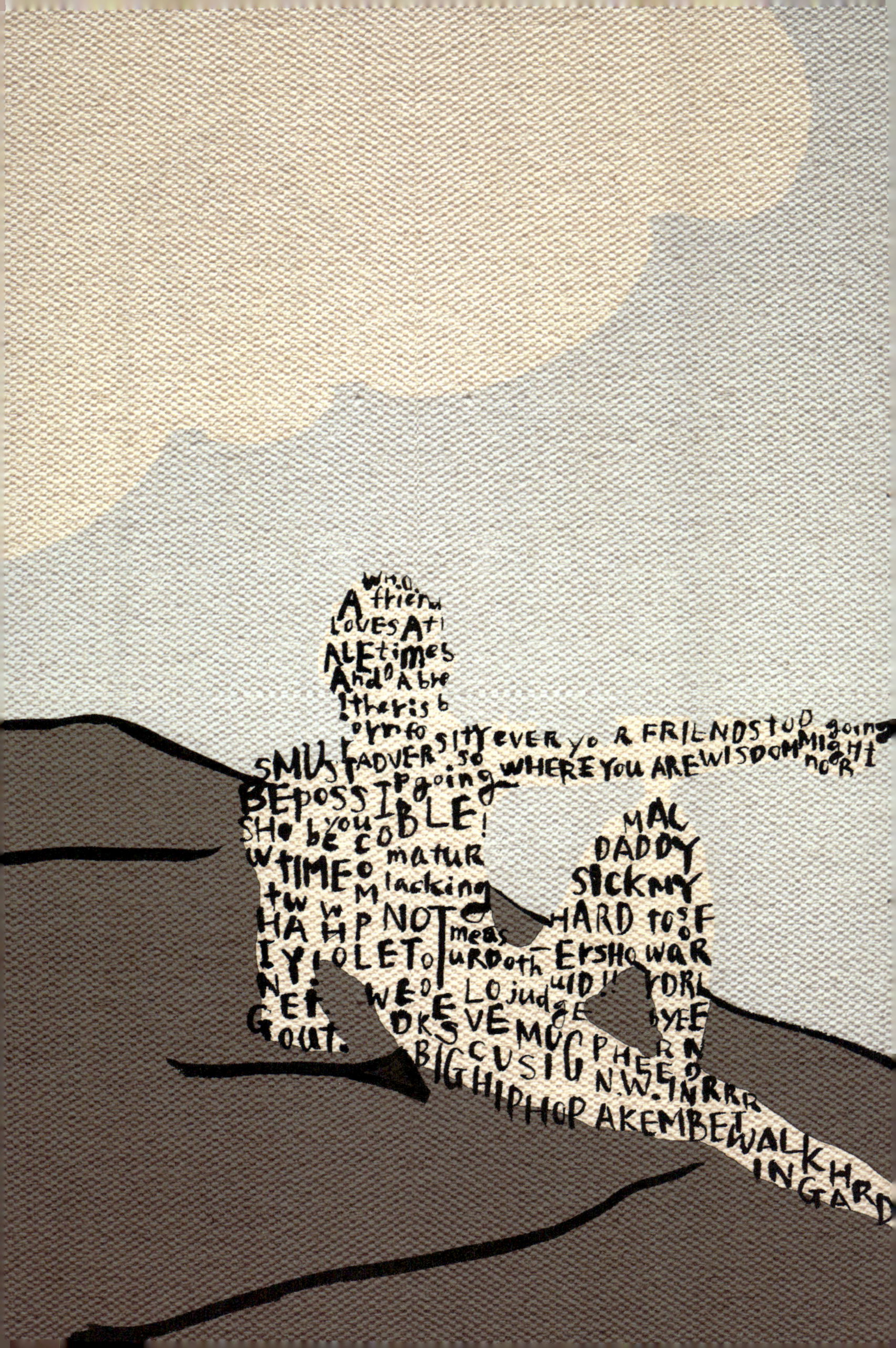
A friend LOVES At ALL times
FRIENDS
WHERE YOU ARE
WISDOM
BE POSSIBLE
MAC DADDY
SICK
HARD
BIG HIPHOP
WALK

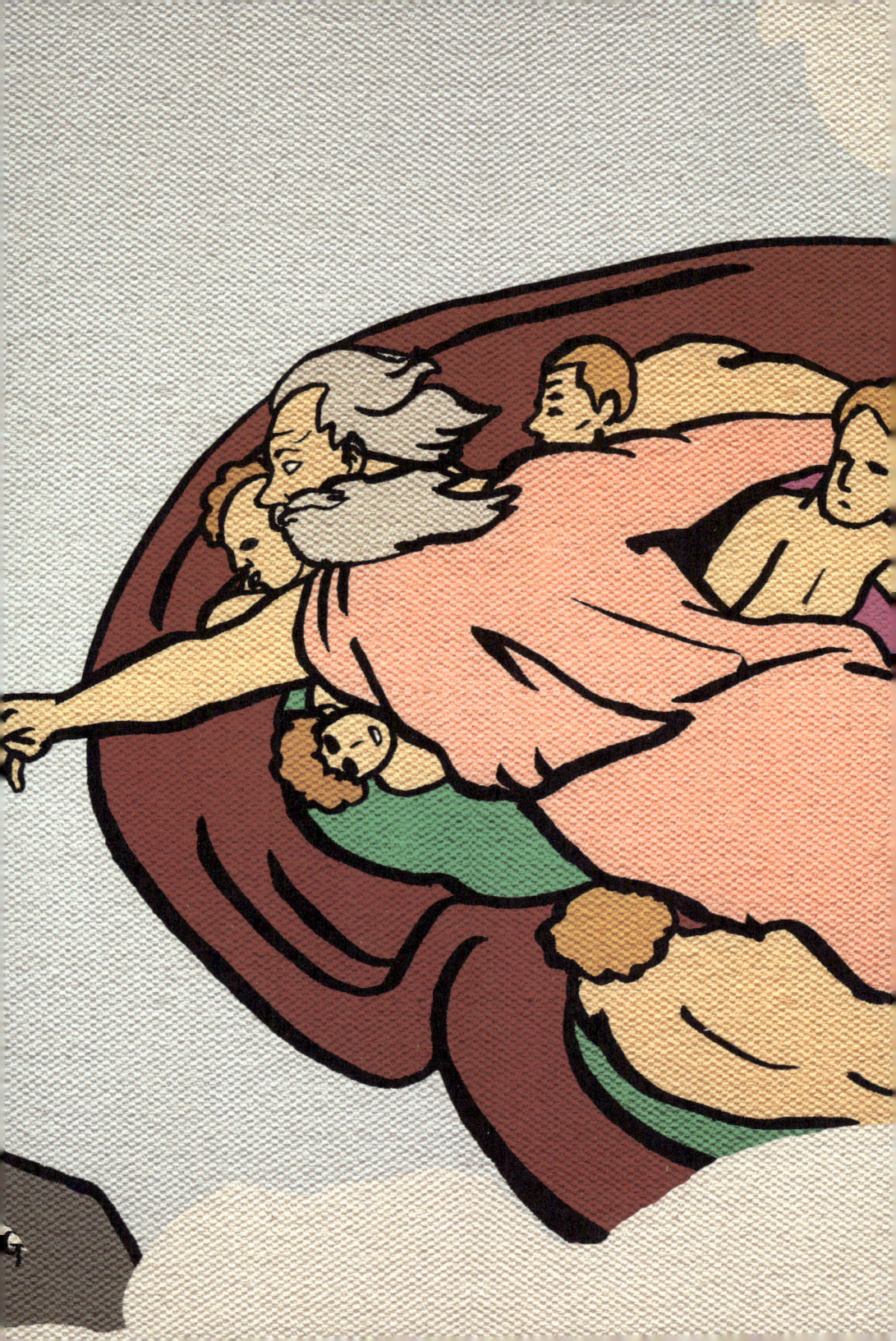

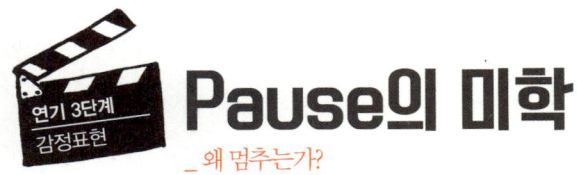

Pause의 미학

_왜 멈추는가?

　국립극단에서 연극하던 시절, 국립무용단에서 공연한 한국무용을 우연한 기회에 보았다. 감수성이 예민한 시절, 아름다운 전통음악과 춤사위에 그만 넋이 빠졌다. 그중에서도 아직까지 기억에 남는 인상적인 장면이 있다. 바로 '오고무'다. 오고무란 네모진 틀 위에 걸린 다섯 개의 북을 춤추듯 두드리는 행위다.

　그때 본 오고무를 회상해본다. 큰 무대 위에 50여 명의 무용수들이 등장한다. 그 대열은 장관을 이룬다. 첫 북이 내뿜은 소리는 웅장함을 더한다. 곧 일사불란한 춤사위와 북소리가 이어진다. 심장이 터질 듯하다. 똑같은 동작을 이어가던 무용수들이 갑자기 동시에 멈춘다. 내 숨도 따라 멈춘다. 다시 동시에 북을 울린다. 멈췄던 내 숨도 따라 내쉰다. 심장이 쿵쾅거리며 요동친다.

　모든 무용수가 박자를 정확히 맞출 수 있는 게 신기하다. 똑딱똑딱 박자를 맞춰주는 메트로놈도 없었다. 공연이 끝나고 무용단 선배에게 달려가 물었더니 아주 간결한 대답이 돌아왔다.

"그건 몸이 기억하는 박자야."

몸이 저절로 하는 반응이기에 정교할 수 있다고 했다. '몸이 박자를 기억한다.' 그 의미를 되새기며 감탄하는 표정으로 돌아왔다.

G를 처음 만나는 날이다. 그는 어렵기로 소문난 오디션을 운 좋게 통과했다. 하지만 그에게 영화촬영은 처음이다. 캐스팅이 되었어도 여전히 걱정이다. 더구나 촬영까지는 시간이 얼마 없다. 그는 급하게 영화 대본을 보여준다. 여느 신인배우보다 여유가 없는 상황에 초조함을 감추지 못한다.

안 오디션에서 배역을 따낸 걸 보니 연기는 곧잘 하겠네?

G 아니에요. 운이 좋았어요. 실은 오디션 보는 씬만 달달달 외워서 연기한 거예요.

안 달달달 외우는 게 나쁜 건 아냐. 그만큼 자기 것으로 소화하는 시간이 길었단 거잖아. 기대되는데? 오디션에서 연기한 씬 하나랑 가장 중요한 감정 씬 하나. 이렇게 두 씬만 리딩해볼까?

연기를 시작하는 그의 개성 있는 목소리가 들린다. 외모에 잘 어울리는 그의 목소리에 새삼 놀란다. 이 영화 캐릭터에 그의 외모와 목소리는 아주 잘 부합한다. 그런데….

안 연기는 언제 해?

G   네?

안   혹시 급한 약속 있어? 빨리 리딩 끝내고 가야 해?

G   아니요. 시간 많아요…. 대사가 너무 빠르죠? 언제 쉬어야 할지 모르겠
       어요.

G는 겸연쩍게 웃으며 뒷목을 긁적인다. 본인도 문제점을 잘 알고
있다.

안   그래, 빨라. 뭐가 내 눈앞을 '휙' 지나가버린 느낌이야. 너무 빨라서 난
       아무것도 보지 못했어. 방금 지나간 게 뭐였는지…. 네가 연기해야 할
       인물을 잘 관찰해봐. 영화 처음 부분과 마지막 부분에서 인물에게 어
       떤 변화가 있니? 그게 상황이든, 심리적인 변화든.

G   네, 처음에는 한 친구를 싫어했는데 결국 좋아하게 되고요. 성격은
       처음에는 철없이 까불기만 했는데 정신 좀 차리면서 점점 진
       지해지네요.

안   그래, 맞아. 여기 이 인물은 끊임없이 갈등하고 사랑하
       고 고뇌하며 많은 감정을 느끼지. 이것을 표현해야
       하는 게 배우야. 이렇게 감정이 바뀌는 바로 그 시
       점을 잘 포착해야 해. 그 시점을 잡기 위해서 배
       우에게는 시간이 필요해. 배우인 너를 위한 시
       간인 거지. 너는 네 자신에게 그 시간을 주지 않
       았기 때문에 감정을 바꿀 수 없었던 거야.

작품 속 인물은 종잡을 수 없는 감정으로 생생함을 보여준다. 울었다가 느닷없이 웃기도 하고, 화를 내다가 갑자기 울음을 터뜨리기도 한다. 사이가 좋았는데 심하게 화를 내며 누군가를 밀어내기도 한다. 이렇게 **감정과 감정 사이에 놓인 간극은 중요하다. 베테랑 연기자는 그 사이가 비약하도록 그냥 방치하지 않는다. 매끄러운 감정 논리로 빈틈없이 채워넣는다.**

감정이 갑자기 변하는데 그럴 만한 이유를 보여주는 배우는 관객에게 재미와 감동을 준다. 반면 연기 초보자들은 대부분 이 사이를 못 견뎌 한다. 그래서 작품 속 인물을 정신이상자로 만든다. 바뀌는 감정을 관객들이 공감하게 만들지 못하는 것이다. 느닷없이 발을 동동 구르기도 하고 이유 없이 자세를 바꾸기도 한다. 다른 감정으로 넘어가는 중요한 순간인데도 집중력을 놓치기 일쑤다. 다음 대사를 빨리 끌어다가 그 어색한 시간을 대충 때우기 바쁠 뿐이다. 아주 나쁜 습관이다. 연기를 감상하는 사람에게 "내 연기 안 중요해요. 그렇게 자세히 보지 마세요"라고 말하는 꼴과 같다.

Pause란, 배우에 의해 장악된 특별한 시간이다.

배우에겐 감정의 변화를 위해 '호흡'이 바뀌는 시간이다.

배우에겐 감정의 변화를 위해 '표정'도 바뀌는 시간이다.

배우에겐 감정이 너무 격해져 '잠시 말을 잃기도' 하는 순간이다.

배우에겐 중요한 다음 말을 위해 관객의 주의를 환기하는 시간이다.

배우에겐 말 대신 눈빛이나 행동으로 의미를 부여하는 시간이다.

배우에겐 '감정을 충전'하는 시간이다.

관객에겐 다음 연기를 기대하며 더욱 집중하게 하는 시간이다.

관객에겐 '감동의 여운'을 충분히 만끽할 수 있는 시간이다.

찰나의 순간 같은 Pause에도 많은 것이 표현된다. 배우가 숨죽이는 그 순간 관객도 덩달아 숨죽이고 연기에 집중한다. Pause는 온전히 배우가 다스릴 줄 알아야 하는 특별한 시간이다. 문제는 얼마간의 Pause가 적절하냐는 거다. 그것에 정답은 없다. 내가 이때다 느껴질 때 멈추면 된다. 내 몸이 느끼는 박자가 정교한 타이밍을 제시한다. 그저 받아들이고 따르면 된다.

내 몸의 박자를 믿고 타이밍을 기다려라. 감정이 느껴져 바뀔 만큼의 시간을 허락해라. 바로 배우 스스로에게 말이다.

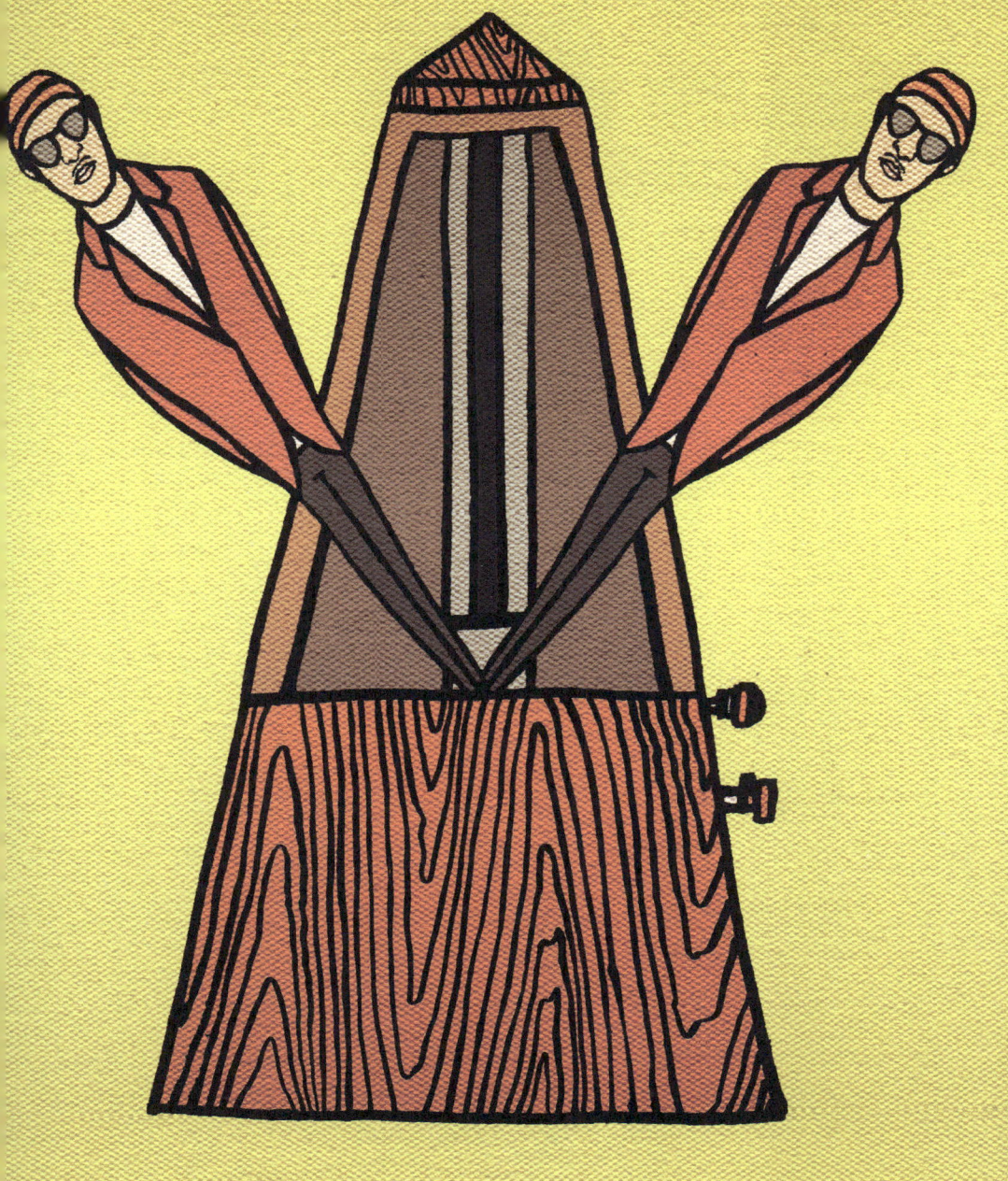

METRONOME

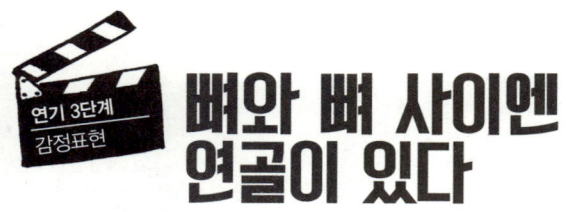

뼈와 뼈 사이엔 연골이 있다

연기 3단계
감정표현

_숨겨진 감정 찾기

암기! 누구나 한번쯤 부담을 느낀다. 암기를 해야 한다는 부담감이 도리어 암기를 방해한다. 암기에 대한 공포는 늘 편두통을 수반한다. 골치가 아프다. 특히, 학창시절 암기과목 시험은 성인이 된 지금도 내겐 트라우마다. 떠올리고 싶지 않을 정도로 공포 그 자체였다.

한 편의 연극은 기나긴 시간을 지나온 연습의 산물이다. 공연 전까지 적어도 한 달 이상을 연습한다. 연극배우는 오랜 시간 손에서 대본을 놓지 않는다. 대사가 저절로 온몸에 새겨진다. 연습시간이 충분하기에 대사를 외우는 것에 대한 스트레스는 덜하다. 드라마 연기자에 비하면 암기에 대한 공포에서 자유로운 편이다.

나도 연극을 공연할 때는 연습시간이 충분했기에 몸만 건드려도 대사가 줄줄 새어 나올 정도였다. 그럼에도 숫자만큼은 여전히 익숙해지지 않았다. 숫자 암기는 넘을 수 없는 산이었다. 늘 잘 못 외웠다. 번번이 애먹었던 경험을 생각하면 아직도 얼굴이 화끈거린다.

그 당시 나는 내 차 번호판이 익숙해지는 데 반년을 소비했다. 차를 바꾸면 다시 반년이 걸려야 겨우 새 번호판을 외웠다. 부모님 번호마저도 늘 헛갈리는 나였기에 휴대전화를 잃어버릴까 봐 늘 불안했다. 친한 친구 번호는 말해 무엇할까? 여행 중 휴대전화를 분실하면 영락없는 미아가 될 것만 같았다. 114에 전화할 때면 온몸이 경직됐다. 안내멘트가 흘러나오는 순간 머릿속에 지우개가 나타나 상담원이 안내해주는 번호를 새하얗게 지웠다. 늘 여러 번 반복해서 들어야 했고, 어느 순간 손등에 숫자를 그리는 내 모습을 발견하기도 했다.

이때 즈음 중학교 시절 친구 한 명이 떠올랐다. 유독 숫자를 잘 외우던 그 친구는 주변 사람들의 생일은 물론이고 전화번호들까지 다 외웠다. 어쩌면 그렇게 숫자를 잘 외우냐고 묻자 그녀는 별것 아니라는 듯 답했다.

"너희 집 번호 어떻게 외웠는지 알려줄까?"

나는 눈을 크게 뜨고 고개를 끄덕였다.

"너희 집 전화번호 뒷자리 5886이잖아! 너희 집 번호는 '5가 88거리다가 6이 됐다'라고 상상하면서 외웠어!"

그녀의 재치 있는 답변이 나의 상상력을 자극했다. 친구와 함께 숫자를 가지고 이야기를 만드는 장난을 한동안 계속했다. 숫자와 숫자 사이에 '이야기'라는 '연골'을 삽입하는 연습이었다. 그로 인해 숫자가 생생히 기억됐다. 이제 숫자가 들어간 대사 암기도 고통이 아닌 재미를 준다. 뼈와 뼈 사이엔 고마운 연골이 있으니까!

대사를 참 빨리 하는데도 발음이 정확히 들리는 배우가 있다. 목소리도 좋다. 이 행운아는 배우 L이다. 그와 대본 리딩을 한다. L은 연극연기를 전공했다. 몇 편의 연극 공연을 올린 연극배우다. 이제 그는 영화연기에 도전하고 싶어 한다. 영화대본을 연기하는 그는 고민이 많다.

L   저는 왜 대사 톤이 다 똑같죠?

안   알고 있었네? 변화 없이 일정한 톤으로 대사를 하면 대사를 입에 붙이기 힘들어져. 대사 외우는 게 만만치 않지? 내가 볼 땐 대사 톤이 바뀌어야 할 동기를 전혀 찾지 못하고 있어. 대사를 무턱대고 빨리 쏟아내는 게 문제야. 톤을 바꿀 틈이나 있겠어? 목소리와 발음이 좋아서 듣는 순간에는 넋 놓고 듣게 되는데, 중간쯤부터는 집중이 되질 않아. 듣고 나면 무슨 말을 했는지 남는 게 없지.

L   이렇게 열심히 대사를 했는데 남는 게 없다니 충격이네요!

안   대사와 대사 사이에 동기 혹은 연관성이 전혀 없어서 기억에 남지 않는 거야. 대사를 하는 너 자신에게도 너의 대사를 듣는 사람에게도 허무한 일이지. 잘 봐! 네가 대사를 어떻게 했는지 내가 행동으로 보여줄게.

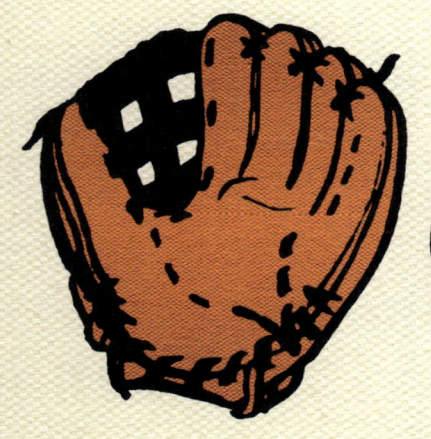
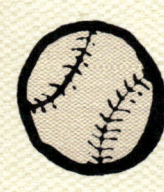

책상 위에 있는 볼펜, 포스트잇, 수정테이프, 생수병, 티슈를 집어 L에게 빠른 속도로 마구 던졌다. L은

두 개 정도 겨우 받고는 얼떨떨한 표정으로 나를 바라본다.

> **안** 이제 내 말뜻을 알겠지? 네가 나한테 대사를 이렇게 주고 있어. 아무
> '연관성'도 없는 물건들을 말이야. 따로따로! 빠르게!
>
> **L** 그럼 어떻게 해야 하죠? 하나하나 이렇게 (내가 던진 물건들을 하나씩
> 친절하게 내 앞에 놓아준다) 천천히 주면 되나요?
>
> **안** 아니, 이렇게 줘야지. 자. 볼펜이야. 이걸 왜 줄까? 이걸로 포스트잇에
> 메모를 하라는 거지. 만약 쓰다가 틀리면 이 수정테이프로 지우라는
> 거고. 쓰다가 목이 마르면 물도 마셔가며 하라는 거지. 물 마시다가
> 흘릴 수도 있지? 이 티슈는 그래서 있는 거야.

따로 떨어져 있는 것들을 연관지어 상상하는 연습은 배우에게 중요
한 작업이다. 유치한 듯 보이겠지만 의미심장하다. 겸손하게 단어와 단
어 사이의 연관성을 찾아 하나의 이야기로 융합시키자. 배우의 상상력
을 괜히 강조했던 게 아니다. 이 순간을 위해서다. **각기 떨어져
있던 죽은 단어에 배우가 부여한 상상력은 펄
떡이는 생명력이 된다. 하나의 스토리가 생명
력을 갖고 태어난다.** 그 유명한 '스토리텔링'이다.

하나하나 떨어져 죽어 있는 단어를 암송하는 건 그만두자. 하나의
스토리로 숨 쉬고 있는 생생한 이야기로 말을 하자. 생생한 감각은 암
기에 도움을 준다. 내가 부여한 논리 때문에 이야기가 자연스럽게 흐르
니 자연스럽게 외워진다.

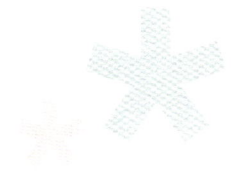

문장과 문장 사이에는 생략된 접속사가 많다. 그리고, 하지만, 왜냐하면, 그래서, 그러니까, 만약에, 어쨌든 등등. **배우의 눈에는 문장과 문장 사이에 있는 생략된 접속사가 보여야 한다. 그 접속사가 대사의 방향을 가르쳐주기 때문이다.** 일종의 이정표다.

대사의 빠르기는 이 이정표를 보고 정하면 된다. 강약도 마찬가지다. 앞 문장의 연장인지 반대되는 문장인지도 쉽게 판단할 수 있다. 심지어 정리하는 뉘앙스인지도 파악할 수 있다. 잘 보이지 않을지라도, 배우라면 보이지 않는 접속사를 상상해 만들어야 한다. 그것이 어렵다면 허리디스크와 같은 고질적인 질병에 직면한다. 즉 '대사 디스크' 증상이다.

우리 신체는 오묘하다. 뼈와 뼈 사이에 관절을 부드럽게 움직이도록 하는 연골이 있다. 연골이 없다면 불협화음의 마찰이 발생한다. 엄청난 고통을 야기함은 물론 자유롭게 움직일 수 없다. 그래서 연골은 특별하다. 이것은 연기에서의 '접속사'로 이관된다. 접속사는 문장과 문장이 딱딱하게 부딪히는 사고를 미연에 방지하는 장치다. 특히 이 장치는 문장과 문장 사이에 숨겨진 접속사로 곳곳에 설치돼 있다. 보이지 않게 숨겨져 있기에 노다지를 캐듯 그 감정을 발굴해야 한다. 이러한 노력은 대사를 잘 기억하도록 해줄 뿐 아니라 매끄럽고 자연스런 감정 표현을 가능하게 도와줄 것이다.

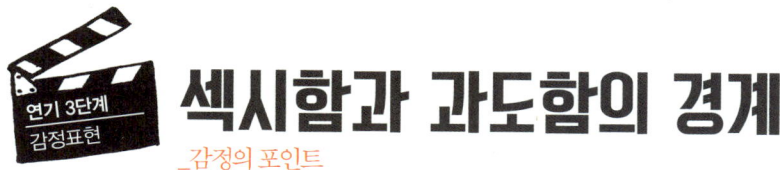

섹시함과 과도함의 경계

_감정의 포인트

한 통의 전화가 걸려왔다. 스타일 좋기로 소문난 여배우다. 오늘 그녀는 화가 나 있다. 이런저런 행사에 참석해 사진이 찍힐 때면 여지없이 성형논란이 불거지는 탓이다. 작품을 쉬는 동안 살이 쪄서 얼굴이 통통해져도 논란, 살이 빠져 턱 선이 날렵해져도 논란, 심지어 그날 메이크업이 잘돼서 예뻐 보여도 논란. 여간 스트레스가 아니다. 신경 쓰지 말자고 얘기하면서도 우린 농담 삼아 나름의 방책을 하나씩 내놓는다.

"옷을 아예 촌스럽게 입을까? '코디가 안티'라는 얘기가 나오게끔 말야. 어때? 옷으로 시선을 분산시키는 거지."

키득거리며 좋은 생각이라고 한바탕 웃는다.

"아니다. 팬들의 기대를 저버릴 순 없지. 하의실종 어때? 그럼 사람들의 시선이 다리로 가지 않을까?"

이런저런 수다로 스트레스를 날리며 통화를 마무리했다.

얼마 후 정말 기적 같은 일이 일어났다. 예쁜 다리가 돋보이는 옷을 입은 그녀의 전신사진이 화제가 된 것이다. 얼굴 논란 따윈 당연히 없

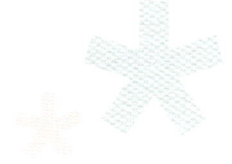

다. 사람들의 눈, 아니 시각은 참 신기하다. 연구할 만한 가치가 있다. '보고 싶은' 것을 보는 것인가? '보여주는' 것을 보는 것인가? 정답을 알고 싶다. 그리고 그 답을 가까운 배우에게 알려주고 싶다.

D는 막연히 어릴 적부터 연기자를 꿈꾸어왔다고 했다. 그녀는 얼마 전 그렇게 원했던 어느 대학의 연기전공 학과에 입학했다. 신입생 티를 내듯, 갓 입학한 초등학생처럼처럼 무수한 질문을 쏟아낸다.

"선생님, 이 대사를 할 때는 이렇게 쫙 째려볼까요?", "여기선 눈물을 주르륵 흘려야 되는 거죠?", "그 다음 대사를 할 때는 화나니까 손바닥으로 책상을 쾅! 내려치는 건 어때요?", "이렇게 하면 분노를 잘 표현할 수 있겠죠?", "그리고 여기서…."

질문이 끝도 없이 이어진다. '어디서부터 대답해줘야 하나?', '한참 호기심 많은 꼬맹이들이 이럴까?', '아기 키우는 엄마들은 참 대단하구나' 생각할 때쯤, 그녀는 눈이 더욱 동그래진다. 어서 빨리 대답을 해달라는 재촉이다. 내 눈도 동그래진다. 질문이 뭐였는지 생각이 안 난다. 마침내 난 한 발짝 뒤로 피신한다.

안 네 맘!

D …네?

안 네 마음대로 하라고. 연기에는 정답이 없으니까. "이렇게 해도 돼요?"라고 나한테 말한 거 다 해도 된다고.

D   진짜 제 마음대로 막 해요? 여태까지 제 마음대로 해봤는데 오디션에서 떨어졌잖아요.

안   네 마음대로 하랬지, 누가 네 마음대로 '막' 하래? 모든 대사에 최대치의 감정을 마구 집어넣고 있잖아. 너의 연기를 패션에 비유하자면 크고 번쩍거리는 머리띠, 목걸이, 귀고리, 팔찌, 시계, 반지를 죄다 걸친 거 같아. 그러면서 사람들이 널 보고 예쁘다고 말해주길 바라고 있어. 네가 한 액세서리 중에서 기억에 남는 게 있을까? 아니, 너의 얼굴조차 기억은 할까?

오늘은 파티가 있는 날이다. 파티의 드레스 코드는 '섹시'다. 파티에서 제일 섹시한 주인공이 되고 싶다. 공을 들여 꾸미기 시작한다. 헤어는 섹시함이 더하도록 웨이브를 하고 눈은 섹시한 느낌을 주는 색으로 스모키 화장, 커다란 귀고리와 화려한 목걸이를 걸친다. 입술엔 당연히 붉은 립스틱. 볼륨감 있게 가슴도 노출한다. 섹시한 긴 다리를 부각시키도록 아슬아슬한 치마를 입는다. 빨간 하이힐로 마무리한다. 상상해보라. 어떤가? 과도하지 않은가? 섹시함을 느낄만한 지점이 난잡하다. 어디에서 눈이 멈추면 좋을까?

반대로 검정색 단아한 원피스를 입는다. 검정색 힐을 신고 머리를 단정히 묶는다. 마무리는 빨간색 벨트로 한다. 사람들은 그녀의 벨트에서 시선이 멈출 것이다. 더불어 허리선에서 치명적인 여성스러움을 보았을 것이다. 버릴 줄 아는 용기는 중요한 것을 살리는 실속으로 돌아온다. 현명한 전략가로 거듭난 순간이다.

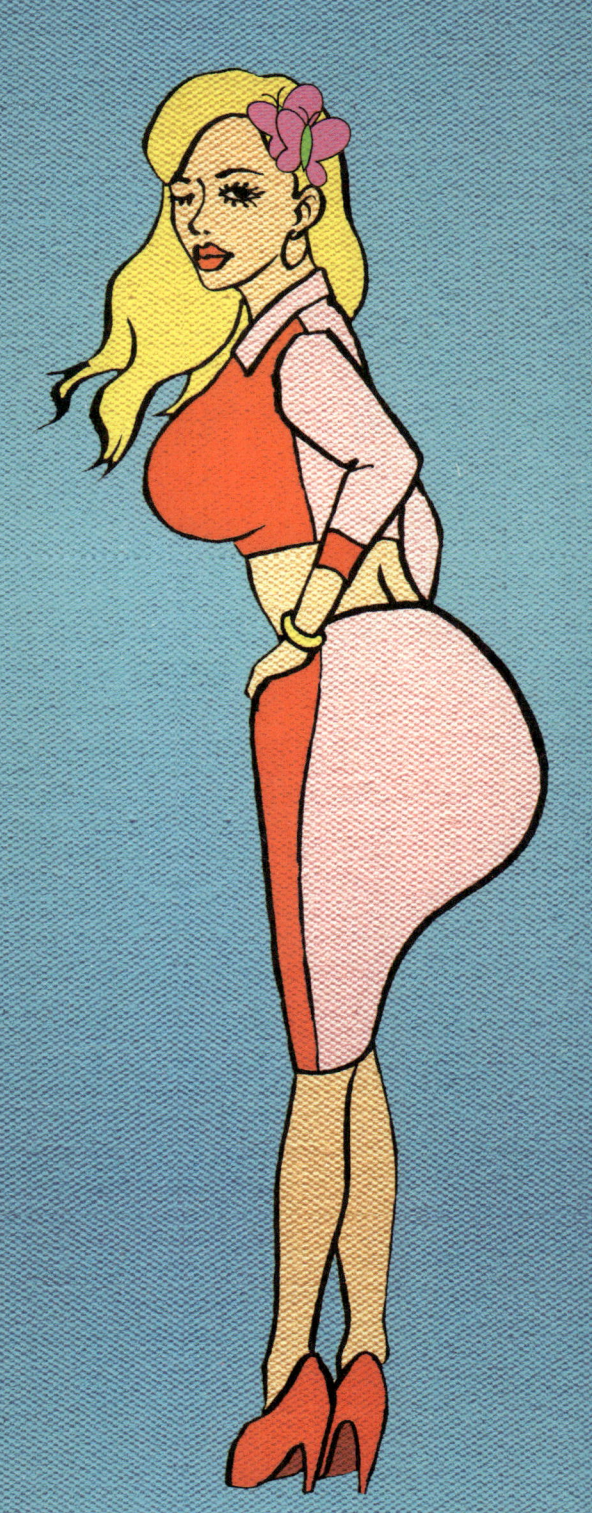

종이 위에 쓰여 있는 대사와 내가 보여줘야 할 연기 사이에서는 언제나 촌철살인 같은 진검승부가 벌어진다. 결국 어떤 정수를 보여주느냐가 승부의 관건이다. 배우가 연기를 잘하고 싶은 욕심은 당연하다. 하지만 과한 의욕은 언제나 문제다. 더 좋은 감정 전달을 위해 두는 무리수 말이다. 내 말과 의도를 빠짐없이 전달하고 싶은 마음은 탐욕이다. 모든 것을 전달하려다가 모든 것을 놓칠 수도 있다. <u>보여주고 싶은 것이 있다면 자연스레 보이도록 심플하게 만들어라.</u> 하나를 위해 다른 하나는 감출 수 있어야 한다. 그게 바로 감정연기의 중요한 포인트다.

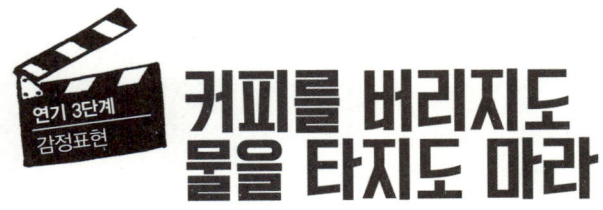

연기 3단계
감정표현

커피를 버리지도 물을 타지도 마라

_적절한 호흡법

　우리는 흔히 '자연스러움'을 '촌스러움'과 대비되는 세련된 이미지로 인식한다. 미용실에 가면 쉽게 들을 수 있는 말이 바로 "자연스럽게요"라는 주문이다. 소개팅에서도 속으로 늘 속삭이는 말이다. '자연스럽게, 자연스럽게…'.

　새로 산 옷을 입은 첫날이면 누군가가 "옷 샀어?"라는 말을 할까 봐 민감해진다. 아직 자연스럽지 못한 것 같다는 말처럼 들리기 때문이다. 중고처럼 보이는 빈티지가 유행한 것은 우연이 아닐 것이다. 늘 내 것 같았던 자연스러움, 그런 느낌이 주는 편안함. 이런 모습에서 오히려 세련미가 드러나기에 우리는 자연스러움을 추구하는 것 같다.

　'자연스러움'은 요즘 배우들이 현장에서 가장 많이 듣는 단어다. 그곳에서 자연스러움이라는 디렉션은 언제나 홍수처럼 범람한다. 등장인물, 상황, 감정, 이 모든 것을 아우르는 초월적인 단어로 자연스러움은 격상됐다. 자연스러움이 뿜는 아우라에 이렇듯 모두가 열광하고 있지만 정작 배우에게는 부담스럽기만 하다. 추상적이기에 뜻대로 되지 않는다. 난해한 디렉션이다. 하지만 배우라면 꼭 해내야 하는 숙제이기도 하다.

짧은 순간에도 집중력을 잘 발휘하는 배우 H가 있다. 그녀를 만나면 주말 동안에 있었던 재미있는 이야기를 정신없이 듣게 된다. 하지만 리딩에 들어가는 순간, 그녀는 지킬 앤 하이드처럼 바로 얼굴을 바꾼다. 자세도, 눈빛도, 호흡도, 그녀 주위에 맴돌던 공기까지 바꿔버린다. 남들이 흉내 내지 못할 감정으로 순발력을 발휘하는 기지를 보이기도 한다. 감정의 변화가 참 훌륭하다. 배우로서 아주 좋은 장점이자 무기다.

하지만 '과유불급'이라 했던가. 한 가지 걱정되는 게 있다. 이런 그녀의 순간집중력이 과연 '자연스러운 감정선'에서 나온 것인가 하는 점이다. 그 무서운 집중력이 혹여 연기를 '시작!'한다는 강한 긴장감에서 비롯된 것은 아닐까? 상대방이 부담스러워하지는 않을까? 그저 기우이길 바랄 뿐이다.

안   H, 우리가 평상시 말을 할 때 숨을 쉬나?

H   쉬겠죠. 숨을 안 쉬면 말을 할 수가 없잖아요.

안   생존을 위해서 쉬는 숨 말고, 예를 들면 '내가 이 사람한테 긴 얘기를 들려줘야 하니까 호흡이 많이 필요하겠다' 생각하면서 숨을 쉬냐는 거야. 미리 '깊이, 많이 숨을 들이마셔야지!' 하고 계산을 하는 게 자연스러울까?

H   아뇨, 그렇게는 안 하죠. 이상하잖아요.

안 맞아, 생각해보면 가만히 있다가도 전화가 오면, 숨도 안 쉬고 "여보세요?" 하잖아. 그러고는 꽤 길게 말을 해. 내가 숨을 쉬었는지 안 쉬었는지조차 의식하지 못하지. 그런데 대본만 받으면 대사를 시작하기 전에 숨을 크게 들이마시고 심지어 숨 쉴 곳을 미리 체크하기까지 해. 참 이상하지?

H 그럼 숨을 쉬지 말고 하나요?

안 숨을 쉬는 게 나쁘다는 말이 아니야. 굳이 숨을 쉬지 않아도 되는데 대사를 하기 위해 숨을 들이마시지 말라는 거지. 평소 말하는 것처럼 '자연스럽게' 연기하고 싶다면 말이야. 우리가 평소 누군가와 대화할 때는 그렇게 하지 않잖아.

H 숨 쉬는 것을 의식하지 않고 대사하는 게 가능할까요? 생각해본 적이 없는 것 같아요.

안 좀 더 구체적으로 정리하자면, 숨을 '일부러' 쉬려고 하지 말고 숨이 '쉬어지는' 곳에서 그냥 쉬는 거지. 내 머리가 시켜서 쉬는 숨 말고, 내 몸이 알아서 쉬는 숨을 불러내라는 거야. 그것이 자연스러운 호흡법이고. 알겠지?

연기자에게 호흡은 중요하다. 물리적으로 느껴지는 호흡에서부터 감정이 묻어나는 호흡까지 호흡의 종류와 방식은 다양하다. 도대체 연기에서 호흡은 그 위치가 어느 정도일까?

우리가 일상에서 하는 호흡은 생리적인 호흡이다. 연기에서의 호흡은 그런 생리현상만으로 포섭되지 않는다. 단순히 숨을 쉬는 것 이상으로 다양한 의미가 있다. **연기에서 호흡한다는 것은 곧 감정과 교통한다는 것이다.**

긴 대사보다 한 번 내쉬는 한숨이 더 효과적일 수 있다. 한숨을 머금은 호흡에서 '나 너무 힘들어요'라는 감정이 생생히 표현된다. 단순히 빠른 호흡소리가 '몸의 고통'을 드러내주기도 한다.

신인배우들은 호흡이 주는 예민한 감정을 간과하는 경우가 많다. 그 무게감을 모르기에 남용한다. 가장 큰 문제는 대사를 시작할 때다. 아무 의미 없는 호흡을 남발한다. 단지 대사를 시작한다는 이유로 새삼 숨을 크게 들이마신다. 반대로 잘 쉬던 숨을 단지 대사를 하기 위해서 의미 없이 멈추기도 한다. 자연스러운 연기와 점점 멀어지는 행위다.

연기에서 호흡은 커피에 들어 있는 물과도 같다. 호흡을 이유 없이 과하게 들이마시면 어떻게 될까? 커피의 양은 많아지겠지만 농도는 옅어진다. 감정도 흐려진다. 또한 머금은 호흡을 힘이 든다고 이유 없이 뱉지 말자. 맛과 향을 결정짓는 커피까지 버리는 셈이다. 애써 만들어놓은 감정을 버려서야 되겠는가? 이미 잘 만들어진 커피에 더 이상 물을 타지도, 커피까지 버리지도 말자. 호흡은 내가 느끼고 만들어놓은 소중한 감정이다. 구체적으로 말하자면 숨을 동기 없이 뱉지도 마시지도 말라는 얘기다. 내 몸에서 자연스레 생성된 호흡만이 이유 있는 감정이 되고 나를 대변하는 분신이 된다.

사람을 이해하고 공감하는 연습

_ 이보영

난 연기자가 꿈이었던 적은 없다. 남들 앞에 나서는 것을 좋아하는 것도 아니고, 끼가 많은 것도 아니고, 연기를 전공하지도 않았고…. 예체능은 나랑 먼 이야기 혹은 적성에 안 맞는 분야라고 생각했던 내가 지금 배우가 되어 연기를 하고 있다.

연기를 하면 할수록 테크닉을 알고 학습을 하는 것보다 사람에 대한 이해가 가장 중요하다는 생각을 하게 된다. 세상에 100명의 사람이 있으면 100가지 생각이 있는 것이기에, 내가 연기하는 인물의 행동을 이해하고 그가 그렇게 행동할 수밖에 없는 이유를 사람들에게 설득하고 이해시키는 것이 연기자의 몫이라고 생각한다. 안 선생님과 많은 대화를 나누면서 그전에는 이해하지 못했던 것의 해답을 스스로 하나씩 찾아갈 수 있었다. 내가 연기하는 인물이 왜 그렇게 행동하는지, 왜 그렇게 생각하는지 구체적으로 그림을 그려 나가는 작업은 나에게 큰 성취감을 안겨주었다.

이제 막 연기를 시작하려는 후배들에게 해주고 싶은 말들에 대해 지은 선생님으로부터 부탁받았을 때, 과연 내가 연기에 대해 무슨 말을 해줄 수 있나 싶어 확신이 서지 않았다. 그러다 연기가 전공이 아닌 친구들을 위해서는 내가 해줄 말이 있을 수 있겠다는 생각이 들었다.

연기는 공부한다고 되는 것은 아니다. "나 스스로 그 인물이 되라"라는 말은 누구나 귀에 못이 박히게끔 많이 듣는 이야기이지만, 너무 막연한 말이라고 생각한다. 나 역시 그게 말로는 쉬운데, 어떻게 해야 하는지에 대한 방법적인 면은 아직 정확히 모르겠다. 단지 나는 "사람들에게 관심을 가져라"라는 말을 해주고 싶다. 평소 주위 사람들은 물론이고, 책이나 다큐멘터리 속에서 만나는 인물들을 관찰하거나, 심리학 책들을 읽다 보면 다양한 인간 군상을 이해할 수 있다. 내 상식으로는 납득할 수 없는 행동을 하는 사람들에 대해서도 '그럴 수 있다'고 생각하면서 받아들이다 보면 어느 순간 내가 연기하는 인물이 이해되고 내 안으로 들어오게 된다. 그리고 그 행동에 당위성을 주기 위해 연기를 하게 된다.

나는 고지식한 성격이라 안 선생님을 만나기 전에는 내가 연기하는 인물이 이해가 안 될 때마다 끊임없이 의문을 제기하며 스스로 답답해했다. 처음 선생님을 만났을 무렵에도 내가 맡은 캐릭터에게 공감하지 못해 답답함을 느끼고 힘들어했던 것 같다. 연기는 사람에 대해 말하고 삶을 이야기하는 것인데 그 감정들을 어떻게 공부할 수 있을까? 내가 연기해야 할 캐릭터가 나에게 속삭이는 말을 들어야 한다. 잘 들리지 않을수록 집중해야 한다. 나만이 그 목소리를 세상 사람들에게 전달해줄 수 있다.

사람들의 감정을 이해하고 진심으로 다가가려는 마음을 가지라는 게 연기를 시작하려는 후배들에게 가장 해주고 싶은 말이다. 많은 대화를 통해 다른 사람들에 대한 이해의 폭을 넓혀준 안지은 선생님에게 항상 고마운 마음이다.

연기 4단계

외적연기

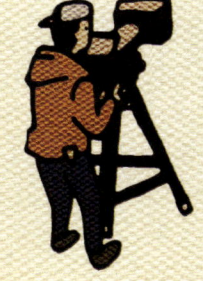

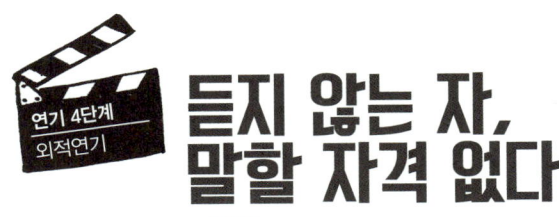

듣지 않는 자, 말할 자격 없다

연기 4단계
외적연기

_리액션

텔레비전에 다섯 살짜리 꼬맹이가 나온다. 다섯 살인데 아직 말을 못한다. 아이들은 성장속도에 차이가 있다며 위안을 해도 아빠 엄마 소리조차 못하니 걱정이 앞선다. 그저 '어버버' 하는 이상한 소리만 질러대는 모습에 그 이유라도 알고 싶어졌다. 곧 그 이유가 화면을 채운다. 아이의 부모님은 두 분 다 언어장애인이었다. 그럼 유전인 것일까?

취재진은 아이를 병원에 데려간다. 언어장애인지 여부를 검사하기 위해서다. 검사 결과 아이는 정상이었다. 듣고 말하는 데 전혀 문제가 없다는 소견이 들린다. "그런데 왜 말을 못하지?" 난 텔레비전 안에 있는 취재진이 마치 내 옆에 있는 듯 물어본다. 그들은 대답한다. 부모님이 말을 못해 들려준 말이 없어서라고.

언어는 듣고 따라 말하는 과정에서 자연스레 습득된다. 즉 들어야 말을 할 수 있다. 어려운 형편으로 줄곧 부모님하고만 지냈던 다섯 살 아이는 그동안 아무것도 듣지 못한 것이다. 취재진은 부모님의 동의를 얻어 아이를 보육원에 맡긴다. 아이의 언어발달을 위해서다.

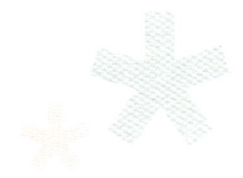

몇 개월이 흐른 후, 취재진은 아이를 찾아갔다가 감동적인 순간을 맞이한다. 비록 간단한 단어지만 아이가 말이란 걸 하기 시작한 것이다. 함께 있던 또래 친구들이 큰 영향을 끼쳤다. 단, 오랜 시간 말을 하지 않아 혀가 굳은 탓에 아직은 발음이 부자연스럽다.

아이는 언어장애가 아니었다. 아이는 내게 감동과 더불어 새삼스런 깨달음을 주고 갔다. 연기에서 놓치면 안 되는 중요한 사실을 새삼 상기시켜주었다. '듣지 않으면 말을 할 수가 없다'는 사실 말이다. 배우에게는 절대 잊지 말아야 할 중요한 원리임에도 당연하기에 잠시 잊고 지냈다.

안 너 지금 아빠가 어떤 상태인지 알기나 해? 아빠랑 너….

M 내 생활비는 내가 벌어. 괜히 내 핑계 대지 마!

안 어이쿠. 넌 천재거나 점쟁이다. 듣지도 않고 내가 '생활비' 얘기를 꺼낼지 어떻게 알았어?

M 헉! 죄송해요. 대사가 다 끝난 줄 알고….

안 '아빠랑 너 생활비 대려면 조그만 가게라도….' 여기까지는 들어야 네가 '내 생활비는 내가 벌어'라는 말을 할 수 있는 거잖아. 이 거짓말쟁이야! 남의 대사를 듣지도 않고 혼자 연기하기야?

M 마음이 급해서 그만….

안 상대방이 말을 하면 듣는 게 우선이야. 듣고 싶지 않은 감정을 표현할 때도 들어야 해. 그래야 듣고 싶지 않은 말이란 감정을 느끼지. 듣고 난 다음에 반응하면 오히려 마음이 급해지지도 않아.

연기는 오감에 의한 반응에서 시작된다. 시각은 보고 반응하기, 청각은 듣고 반응하기. 후각은 냄새에 반응하기, 미각은 맛에 대해 반응하기, 촉각은 감촉에 의한 반응, 마지막 여섯 번째 감각인 육감, 즉 직감까지. 무언가에 반응하고, 작용에 반작용하는 것이 바로 리액션(Reaction)이다.

리액션의 중요성이 새삼 강조되고 있다. '연기는 Reaction이다'라는 말은 배우들 사이에서 이미 유행이다. "연기 시작!"을 알리는 "Action!" 대신 "Reaction!"이라고 외치는 순간이 올지도 모를 일이다. 믿거나 말거나.

대사를 주고받는 대화 장면은 오감 중 청각에 주로 의존한다. 들고 반응해야 하기 때문이다. 상대방의 말을 듣고 반응하는 그 순간 감정은 발생한다. 이 생리를 알아야 한다.

앞에서도 한번 언급한 바 있지만 대본을 숙지한 배우는 다음 감정을 이미 알고 있다. 이것이 위험한 함정이다. 감정을 미리 만들고 기다리는 함정에 빠진다. 이 함정에 빠지지 않는 유일한 길이 있다. 바로 '듣는' 거다. 순간마다 새롭게 듣는 것, 처음 듣는 것처럼 듣는 것이다. 그러면 들린 만큼 반응하게 된다. 갓 태어난 싱싱한 감정에 내 표현이 얹어가게 된다. 이 세계는 허술한 곳이 아니다. 받는 만큼만 줄 수 있다.

혼자 연기를 연습할 때는 조심해야 한다. 리액션 연습이 매 순간 유혹하기 때문이다. 단, 상대방의 액션에 어떤 감정으로 리액션할지 미리 스케치해보는 것은 좋은 연습이다. 하지만 고민에 대해 상상하는 것을 넘어 과욕을 부리면 문제가 된다. 딱 그 경계선 너머에 낭떠러지가 있다.

리액션을 혼자 연습하면 위험하다. 과대망상 환자와 비슷해진다. 리액션은 살아 있는 현장에서 살아 있는 상대방 배우의 연기를 그때그때 보고 들으며 하는 연기다. 즉 리액션은 온 세포가 살아나는 반응이다. 듣지 않는 배우는 거짓말만 늘어나 불행해진다. 그러니 떳떳해지고 싶다면 진심으로 들어야 한다.

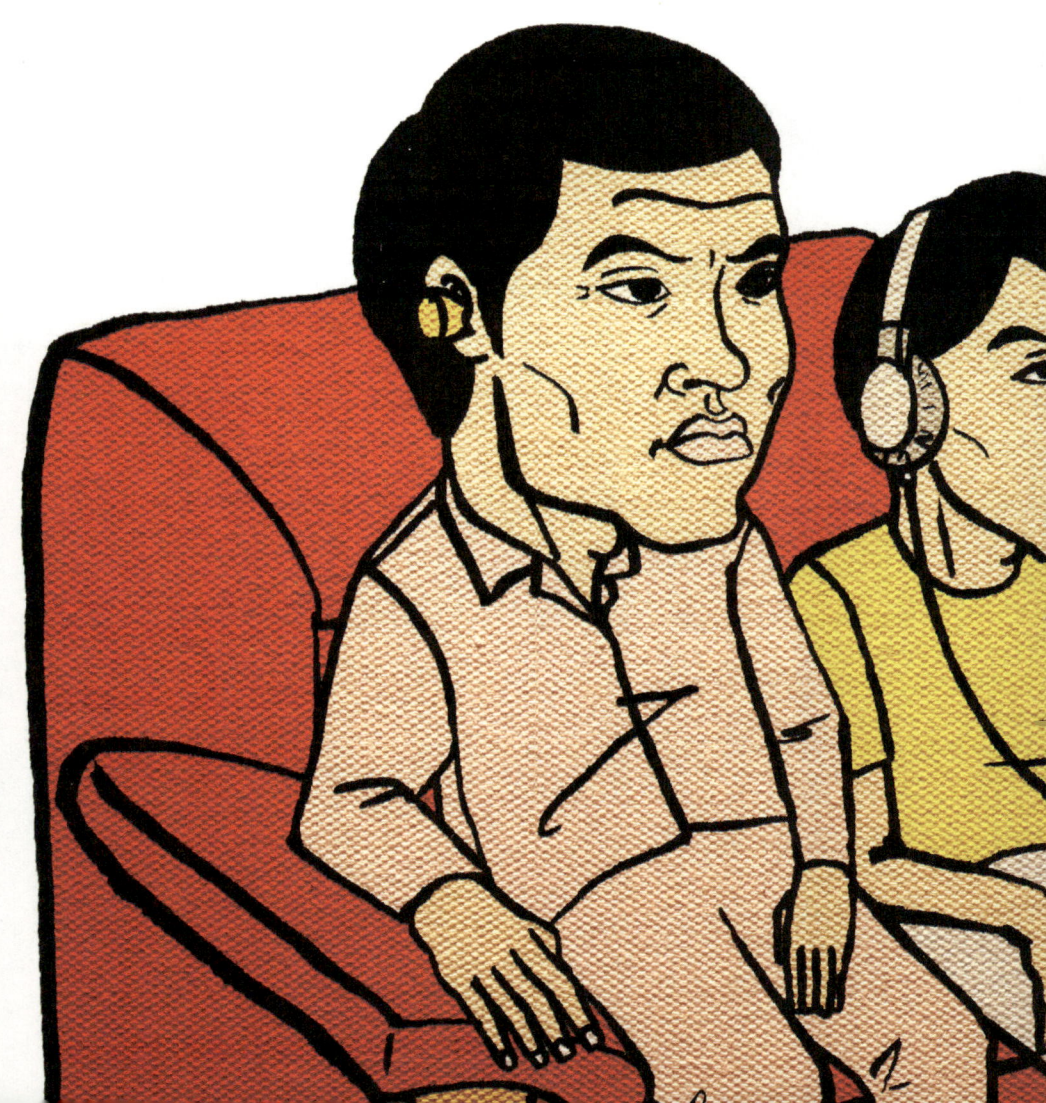

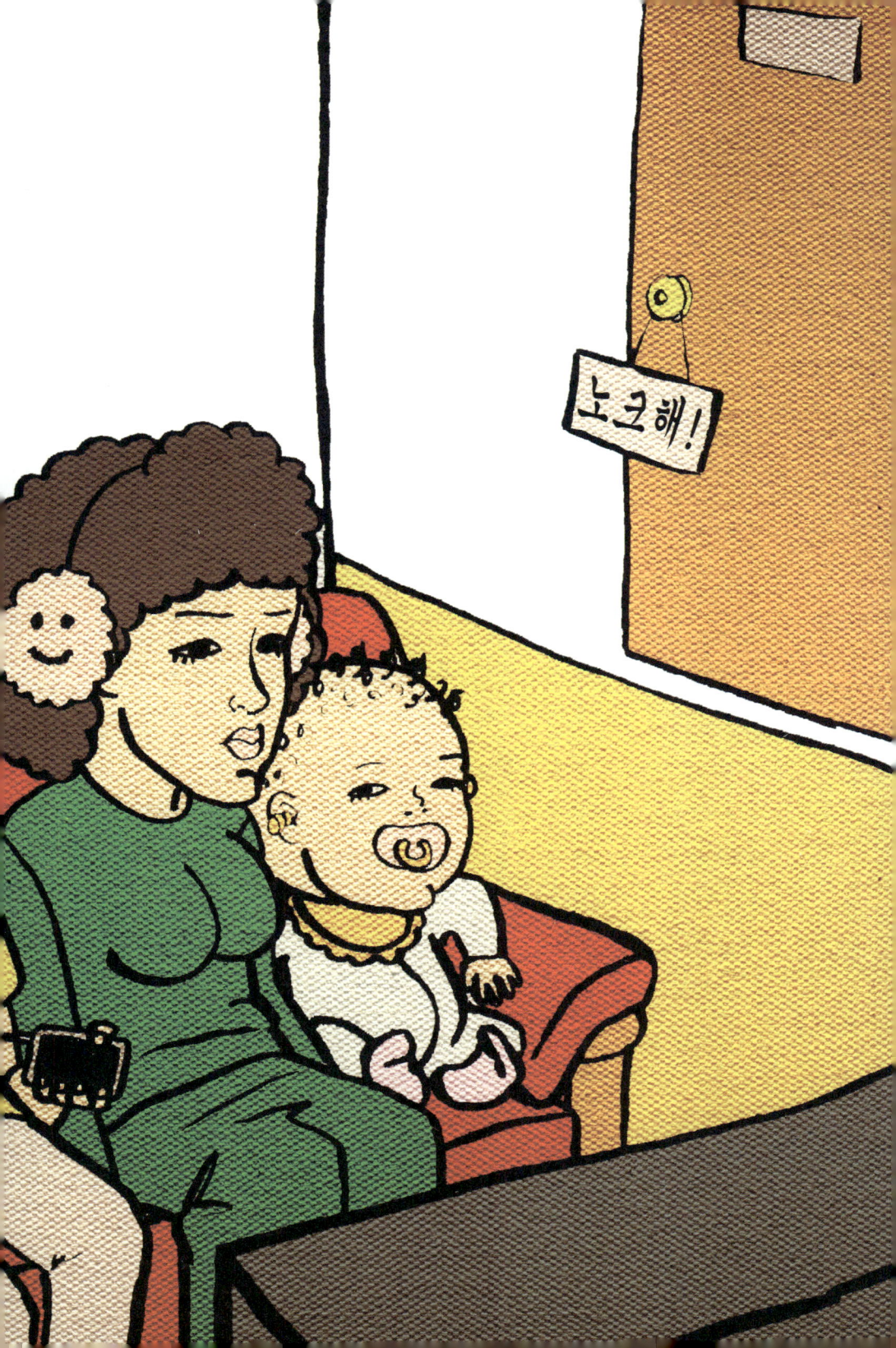

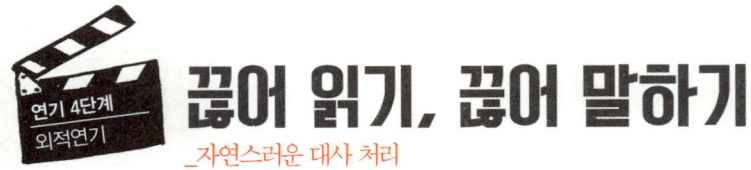

끊어 읽기, 끊어 말하기

연기 4단계
외적연기

_자연스러운 대사 처리

아주 급한 용건이 아니면 전화 걸기가 번거롭다. 휴대전화 문자메시지만으로도 의사소통이 가능하기 때문이다. 문자 소통 덕분에 용건의 내용도 짧아졌다. '10분만 기다려줘'도 '10분만'이라고 쓰고, '무슨 일이야?'도 '?' 물음표 기호 하나로 축약한다. 참 편하다.

배우에게 이 같은 현상은 '참 편하다'라는 말로 쉽게 넘길 일이 아니다. 특히 나이 어린 배우 지망생들에게 말이다. 그들 대다수가 혀 짧은 소리를 내거나 호흡의 길이마저 짧아지고 있다는 점을 봐도 짧은 형식의 대화와 무관하지 않다. 서술형이 아닌 명사로만 나열하는 휴대전화의 대화습관은 현실에서도 드러난다. 그들과 이야기를 나눠보면 대개 말을 명료하게 끝맺지 못하고 어미를 얼버무리기 일쑤다.

병원에 가면 의사가 이것저것 물어본다. 문진을 하는 거다. 나도 배우 지망생들에게 비슷한 질문을 한다. 몇 살인지, 연기는 왜 하고 싶은지, 집은 어딘지, 요즘 드라마는 뭘 보는지. 가장 확인하고 싶은 건 질문의 답이 아닌, 말투와 목소리다. 말할 때 특별한 습관이 없는지 그게 가장 궁금하다.

발랄한 신인여배우 D는 늘 자신감이 넘친다. 그녀의 열정은 보는 사람도 기운나게 한다. 그녀와 발랄한 대화를 시작한다.

D　연기는 그냥 어릴 때부터 하고 싶어서…요.

반말을 하는 건가? 그녀의 자신감과 발랄함이 이렇게 표현되는 건가? 미리 얘기하자면 그녀는 절대 반말한 게 아니다. 아주 예의가 바른 친구다. 단지 말끝을 흐렸을 뿐이다.

안　드라마는 요즘 뭐가 재밌어? 너 또래 배우들이 나오는 드라마 말야.
D　드라마는 그냥 가끔 봐요. 저는 드라마보다는 주로 영화를 많이 보는 편이에…요.

당당하고 자신감 있는 목소리로 시작하는 대답이 끝에 가서 희미해진다. 당당한 음성은 점점 잦아들고 그 마무리를 미소나 고개 끄덕임으로 채운다. 배우에게 언어 말고도 비언어적 커뮤니케이션이 강력한 무기가 될 수 있으니까, 하고 이해하고 넘어가려고 노력해본다.

안　자, 그럼 대본 한번 읽어볼까? 잘하려고 하지 말고 자연스럽게 해봐.

대본 리딩하는 모습은 앞서 대답하던 모습과 다르다. 말을 흐리지

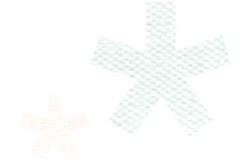

않고 끝까지 씩씩하게 읽는다. 끊어 읽기 하는 부분도 미리 체크해서인지 호흡이 짧지 않고 괜찮다.

안 발음도 발성도 좋네. 아주 잘 읽었어!

D 감사합니다.

안 자, 그럼 이제 읽지 말고 연기해볼까?

D 네?

안 지금은 읽은 거니까 이젠 연기를 해보자고. 앞에 친구가 있다고 생각하고 대화를 나눠보는 거야. 초등학교 때 선생님이 시켜서 교과서를 낭독하던 것처럼 말고 정말 누군가와 대화하는 것처럼. D, 오늘 / 몇시에일어나서 / 준비하고온거야?

S …네?

안 거 봐. 이렇게 물어보니까 굉장히 어색하지? 보통 말할 때 이렇게 끊어서 말하지 않아. 보통은 'D!오늘몇시에일어나서준비하고나온거야?' 이렇게 쭉 붙여서 얘기하잖아.

D 네, 그렇죠.

안 우린 생각보다 긴 말들을 끊지 않고 한 호흡에 말해. '배고프지?뭐먹을래?/근처에김밥집도있고레스토랑도있고중국집도있고/아맞다맛있는샌드위치집도있다뭐먹을래?' 이렇게 길게 말할 때도 어디서 끊어 말해야겠다고 계산을 하지 않잖아. 말하다 보니 저절로 끊어지는 거지.

D 그럼 대본 받아서 끊어 읽기 표시하지 말까요? 그러다가 호흡이 달리면요?

안 아니, 끊어 읽기 표시하는 게 나쁘다는 말이 아니야. 단, 먼저 자연스런 말을 해보란 거야. 말을 해보면 알게 돼. 어디서 저절로 호흡이 멈춰지는지. 자연스러운 지점을 스스로 찾아보란 거야.

많은 배우들이 대본을 받자마자 끊어 읽기 표시를 한다. 표시하는 것 자체가 나쁜 게 아니다. 단, 본인의 자연스런 호흡은 고려하지 않고 의미 단위를 기준으로 기계적으로 그어버리는 게 문제다. 끊어 읽기 표시는 양날의 검이다. 잘못 사용하면 주객이 전도된다. 자신의 호흡을 무시한 채 의미를 기준으로만 표시해놓으면 책 읽기처럼 또박또박 잘 읽게 된다. 배우는 읽는 게 아닌 말을 해야 한다. 또한 미리 정해진 끊어 읽기는 연기자를 경직되게 만든다. '연기가 이 선을 넘으면 안 됩니다'라는 선이 끊임없이 배우를 구속한다. 살아 있는 언어구사력에 바리케이드를 치는 일이다.

결론은 끊어 읽기 표시를 하되, 기계적으로 즉시 하지 말고 충분히 연습해본 뒤에 의미 단위가 아닌 자기 특유의 호흡 단위로 신중하게 표시하라는 얘기다.

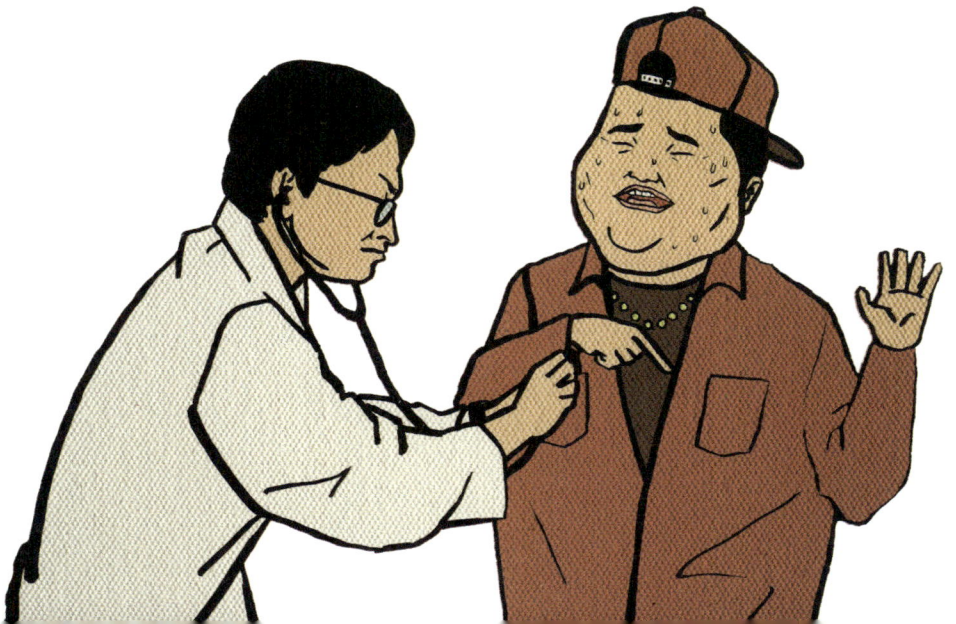

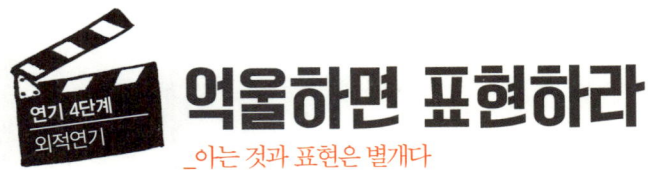

억울하면 표현하라

_아는 것과 표현은 별개다

초등학교 시절 여자아이의 모습은 보통 이렇다. 공주치마에 예쁜 리본을 달고 수줍은 미소를 짓는 다소곳한 모습. 이건 내 친구들의 모습일 뿐이다. 어린 시절, 나는 태권도복이 일상복인 줄 알고 동네를 누볐다. 친구들은 늘 나의 성 정체성을 두고 티격태격했다. 이건 모두 태권도장을 운영하시던 아버지 때문이다.

나는 아주 어린 나이부터 태권도를 했다. 남자아이들 틈에서 부대껴도 부끄럽지 않았다. 오히려 그들보다 더욱 멋진 발차기를 위한 고민만 했다. 관장의 딸로서 모범을 보이고픈 사명감에 쉼 없이 연습하고 기합소리도 가장 크게 냈다. 하지만 아버지의 시선은 달랐다. 나를 힐끗 보고 가시거나 "꾀부리지 말고 열심히 운동해!"라거나 "다음 한 타임 더 하고 가!"라며 핀잔을 주곤 하셨다.

그렇다. 유년 시절, 아버지에 관한 기억 중 8할이 억울함이다. 아버지의 명예를 드높이기 위해 내 발차기도 드높였지만 아버지는 늘 나를 못마땅하게 여기셨다. 이유는 단 하나, 땀이 나지 않아서다.

나는 땀이 나지 않는 체질이다. 땀은 물론 얼굴도 달아오르지 않는다. 그야말로 억울한 체질이다. 결국 내 탓인 거다. 차라리 거친 호흡 연기라도 했어야 했다. 아무리 아버지라 해도 내 속마음까지 알아줄 수는 없다. 표현하지 않아도 저절로 알아줄 만큼 세상 그 누구도 친절하지 않다는 걸 어린 나이에 알게 됐다.

배우 지망생인 O. 웬일인지 오늘은 "안녕하세요"라는 인사말이 끝나기 무섭게 대본을 꺼낸다. 지난주에 숙제로 주었던 대본이다. 보통 이렇게 빨리 대본을 꺼내는 법이 별로 없다. 과제로 준 대본을 자신 있게 책상 위로 꺼내는 경우는 둘 중 하나다. 이 대본으로 당장 오디션을 보거나, 연습을 많이 해서 자신이 있는 경우. 오늘 O는 후자다. 사실 그녀는 아직 오디션을 볼 단계가 아니다.

안 오~ 오자마자 대본부터 꺼내는 걸 보니 연습 좀 했나 본데? 기대된다.

O 하하하. 기대는 하지 마세요. 기대하시는 만큼 실망도 커지니까요.

안 알았어. 얼른 해보자. 자, 상황을 상상하고 감정에 집중해서….

O가 연기를 시작한다. 평소보다 연습을 많이 한 티가 난다. 대사도 입에 잘 붙어 자연스럽다. 그런데….

안 어때? 너는 만족해?

O 연습한 만큼은 못한 거 같아요.

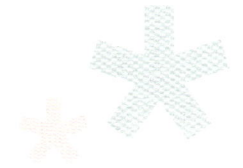

안 대사를 너무 못되게만 한 것 같은데? 사랑을 방해하는 여자가 미운 건 알겠어. 하지만 그 여자가 아무리 미워도 가까이에 좋아하는 남자가 있잖아. 의식 안 할까? 그러니까 그 여자를 대할 때와 좋아하는 남자를 대할 때 눈빛과 말투 그리고 표정을 각각 다르게 표현해야지.

O 저도 그런 거 다 생각하고 연습했어요. 보세요! 여기 제 대본이요.

억울하다는 얼굴로 대본을 펼쳐 보인다. 다양한 색깔 펜으로 적은 메모들이 빼곡하다. 특히 '힐끔거리며'에 '^^;;'와 같은 이모티콘을 동원해 정확히 표시했다. 웃긴 웃는데 땀을 흘리며 웃는 이모티콘은 적절한 분석이다. 대본에는 여러 색깔 글자들이 빽빽하다. 본인의 대사는 이미 형광펜으로 도배가 됐다. 본인 대사를 놓치는 일은 일어나지 않을 것만 같다. 감정을 바꾸는 부분도 굵게 '/' 슬래시 표시가 되어 있다. 표정, 행동, 시선에 대한 구상도 깨알같이 적어놓았다. 대본 분석은 대본도 억울해할 정도로 열심히 했다. 그녀에게 칭찬을 해줘야 할까.

안 O, 배우가 연기하는데 3단계가 있다고 치자. **1단계는 대본을 받고 분석할 줄 알아야 해. 2단계는 분석한 것을 표현할 줄 알아야 해.** 3단계는 표현한 것이 상대방에게 잘 전달됐는지 확인해야 해. 자, 방금 '힐끔거리며'를 표현할 때는 단지 눈만 돌아갔어. 눈치를 본다는 감정이 느껴지지 않았어. 넌 그냥 너의 계획을 실행하듯 기계적으로 시선만 한번 준 것뿐이야. '웃지만 땀을 흘리는'이란 너의 절묘한 분석은 색이 바랬어. 치아를 어색하게 보였을 뿐, 난처한 눈빛까지는 표현 못했으니까. 여기서 중요한 건, 아니 여기서 억울한 건 정확한 타이밍에 무언가를 하기는 했다는 거야. 하지만 살아 있는 표현으로 전달되지 못했어.

O 그럼 어떻게 해요? 분석이 틀린 것도 아니고 표현한다고 했는데 전달되지 않잖아요. 더 이상 제가 뭘 해야 하죠?

안 더 해야지.

O 네? 더요?

안 응. 더! 항상 네가 생각하는 것보다 더 구체적으로, 더 적극적으로!

　　내가 분석한 감정을 표현하는 그 순간, 내 모든 감각은 활짝 열려야 한다. 내 눈이 어디를 보고 있는지, 내 입이 웃고 있는지, 내 얼굴 근육과 내 호흡은 제대로 반응하고 있는지 예민하게 감지해야 한다. 내 감각 하나 통솔하지 못한다면 내 의식과 정신은 이미 내 것이 아니다.

　　분석 없이 연기했던 배우는 차라리 마음은 홀가분하다. 분석해놓고 표현 못하는 배우가 되니 문제다. 두 발 뻗고 잠이 올까? 억울함에 자다가도 벌떡 일어나게 된다. 알면서도 못하니 본인에게 죄다. 스스로를 자책하기 때문이다. 억울하면 다시 억울하게 되는 거다. 그러니 부디 표현하라.

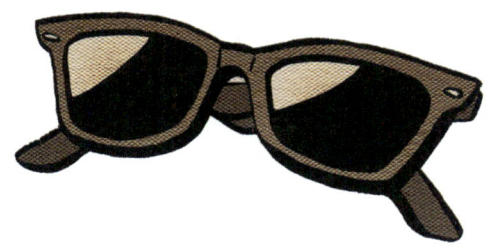

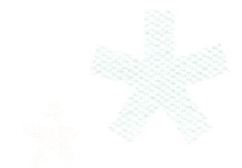

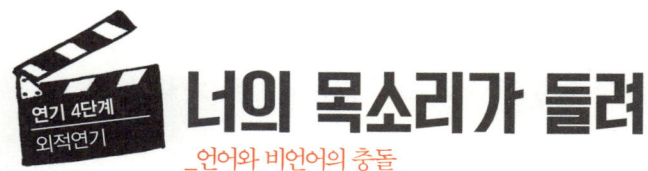

너의 목소리가 들려

연기 4단계
외적연기

_언어와 비언어의 충돌

　여자가 지금 화가 났다. 남자는 그녀의 기분을 표정으로 짐작한다. '아! 내가 뭘 잘못했구나.' 남자는 조심스럽게 말을 건다. "화났어?" 여자의 대답은 차갑다. "아니." 남자는 엄청난 속도로 고민한다. "아니라고?" 그러고는 다시 묻는다. "화난 거 같은데?" 여자는 인상을 팍 쓰며 언성을 높인다. "아니라니까! 피곤해서 그래." 남자는 답답하기만 하다. 표정은 화가 났는데 말은 아니란다. '뭐가 진심이야?', '왜 화난 걸까?', '정말 피곤한 건가?' 이젠 남자가 피곤해진다. 여자는 복잡한 감정의 동물임을 새삼 확인한다. 남자에게 여자는 그렇다. '언어와 비언어의 충돌'을 이해하지 못한 남자라면 더욱 그렇다.

　언어를 곧이곧대로 믿어서는 곤란하다. 비언어가 진짜다. 남자는 언어에 가린 비언어가 보이도록 눈을 크게 떠야 한다. 여자의 마음을 헤아리는 남자가 되어야 한다. 비언어를 발견하지 못하고 그냥 지나치는 순간 실연의 아픔은 반가운 미소를 지으며 기다리고 있기 때문이다. 배우는 절대 저런 남자가 되어서는 안 된다. 평소에 관찰을 잘하자. 상대가 진정으로 표현하고자 한 비언어를 보고 들을 수 있도록 말이다.

안 어서 와. 어제 오디션은 잘 봤어?

K는 말없이 책상에 엎드리더니 잠시 후에야 고개를 든다. 인상을 잔뜩 구긴 채 느닷없이 묻는다.

K 제가 여자 같아요?

K는 생물학적으로 완벽한 남자다. 하지만 나는 애매한 대답을 한다.

안 글쎄, 조금은…?

K는 다시 쪼그라들듯 엎드린다. K는 예쁜 눈망울을 가진 꽃미남이다. 성실하고 예의 바른 성격으로 정평이 나 있다. 대본 분석도, 연기 스타일도 참 착하고 친절하다. 이러한 성격이 성공하는 사회인으로서는 좋은 요소일지 몰라도 배우에게 꼭 좋지만은 않다. 독특한 개성을 찾기 어렵기 때문이다.

어제는 다수의 히트작을 만든 유명 작가님이 직접 본 오디션이었다. 긴장하며 연기했을 상황이 눈에 훤하다.

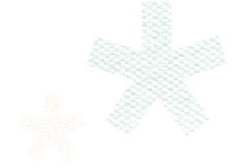

K 제 연기가 끝나자마자 '여자 같다'고 하시는 거예요. 충격이었어요.

안 왜 여자 같다고 하셨을까? 상처만 받을 게 아니라 원인 분석을 하는 게 더 중요해.

K 몰라요. 제가 제일 싫어하는 말인데…. 즉석 대본이었지만 짧은 시간에 분석도 잘했고요, 연기도 버벅거리지 않고 깔끔하게 마쳤어요.

안 사람들은 듣는 것보다 보는 것을 더 믿어. '백문이 불여일견'이라고 하잖아. 백 번 듣는 것보다 한 번 보는 게 낫다는 말이 왜 있겠어? 대사는 연습한 만큼 남자답게, 캐릭터에 맞게 당연히 잘했을 거야. 그런데 대사 외에 앉아 있는 자세부터 손짓, 시선, 눈빛, 표정 같은 비언어적인 요소도 대사와 함께 충분히 표현했는지 잘 떠올려봐.

K 생각해보니 거기까지는 미처 신경 쓰지 못한 것 같아요. 역시 저는 아직 부족하네요.

안 아까 너 들어오자마자 오디션 잘 봤냐고 내가 물었잖아? 넌 바로 대답 안하고 책상에 와서 엎드렸지? 그 행동은 '오디션에 대해서는 묻지 마세요. 망했어요'라고 몸으로 말한 거야. 고개를 드는 순간, 뭔가 마음에 있는 감정을 터뜨리겠구나 싶었어. 굳이 말로 안 해도 너의 목소리가 들려. 방금 '거기까지는 신경 쓰지 못한 것 같아요'라고 반성하는 것처럼 말은 했지만 너의 눈은 아래를 보고 입은 앞으로 쭉 나와 있었지. '그 짧은 시간에 어떻게 그것까지 표현해?'라고 속으로 투덜거리는 게 다 들리던데? 다 티 나! 다 들린다고!

내 앞에 배우가 있다. 우린 아주 가까운 거리에서 리딩을 한다. 목소리는 물론 숨소리까지 귀에 닿는다. 배우가 입술을 뗄 때 '쩝' 하는 소리까지 크게 다가온다. 이 모든 것이 사실 감정표현의 일종이다. 자세를 바꾸느라 의자가 삐걱대는 소리, 책상 밑에서 슬리퍼 끄는 소리, 대본을 만지작거리는 소리, 볼펜을 똑딱거리는 소리까지. 대사 외에 들리는 모든 소리가 배우의 심리상태를 반영한다.

배우의 심리가 움직임을 만들고 그 움직임은 소리로 변주된다. 의자의 삐걱대는 소리는 지금 연기에

집중되지 않는다는 표현이다. 집중한다면 눈도 깜빡일 수 없다. 의미 없이 자세를 바꾼다는 것은 잡동사니 같은 심리상태를 보여준다. 슬리퍼 끄는 소리나 대본 만지작거리는 소리는 지금 하는 연기가 불편하다는 표현이다. 감정이 버겁거나 창피하면 손과 발이 가만히 있지 못한다. 볼펜을 못살게 구는 것은 대본이 어렵다는 얘기다. 어려운 수학 문제에 쩔쩔매는 고3 수험생의 모습과 닮아 있다. 조금만 주의를 기울이고 관찰하면 '너의 목소리'는 물론 '내 마음의 목소리'도 들린다. 배우는 이 마음의 소리를 들려줘야 한다. 언어가 아닌 비언어로 들려줄 때 표현력은 배가된다. 비언어는 내 감정이 아로새긴 목소리다. 보여줄 때 들려지는 목소리다.

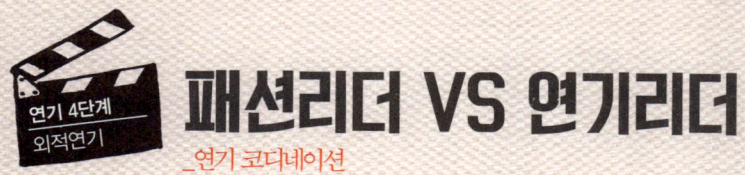

패션리더 VS 연기리더

_연기 코디네이션

그녀의 별명은 '3초 패션리더'다. 그녀가 입고, 신고, 들면 완판까지 3초면 된다는 뜻이다. 드라마에서도 공항에서도 그녀의 패션은 늘 화제다. 이젠 파파라치 컷으로 그녀의 안부를 짐작할 정도다. 그녀의 패션에 항상 찬사가 따르는 이유는 명품이 아닌 평범한 옷으로 멋을 잘 살리기 때문이다. 무슨 옷을 걸치든 그녀에게는 맞춤복처럼 자연스레 어울린다. 자기의 신체적 특징을 잘 알기에 가능한 일이다. 패션에 대해 많은 연구와 고민을 했다는 게 느껴진다.

> Y　선생님, 어제 감독님과 미팅하고 왔어요. 드라마 새로 시작하신대요. 근데요….

Y의 얼굴이 갑자기 빨개진다. Y의 피부는 유독 하얗다. 감정변화가 조금만 있어도 얼굴색이 달라진다. 아직 순수하고 마음이 여려서 그렇겠지만, 배우로선 고민되는 증상이다.

안　무슨 일이 있었는데 얼굴색이 또 변해?

Y　그냥 간단한 인사만 하는 줄 알고 방송국을 갔어요. 만나자마자 대본을 주시더니 무작정 읽어보라는 거예요. 심장이 아직도 쿵쿵거려요.

안　그게 왜 심장이 쿵쿵, 귀까지 화끈거릴 일이야? 배우가 언제든 대본을 받을 수 있다는 건 생각해야지. 그렇게 자신감이 없어? 혹시 대본 리딩 잘 못했어?

Y　네. 준비도 안 됐고요. 시간도 많이 안 주시고 바로 해보라는데 무섭더라고요. 나름 열심히 하긴 했는데요, 감독님께서….

한동안 침묵.

안　뭔데 궁금하게 왜 말을 못해?

Y　쪼가 있다고…. 그게 정확히 뭐예요? 나쁜 말이죠…?

이번엔 내가 침묵한다.

안　나쁜 말이냐고? 배우에겐 반갑지 않은 말이지. '쪼'라는 건, 쉽게 말해서 같은 말투가 반복해서 들리는 걸 말해. 상황, 감정을 무시한 채 본인만의 언어습관이 튀어나오는 거지.

Y　아… 그래서 여러 번 시켜보신 거구나. 다른 감정으로도 해보라고 하셨거든요.

안　거 봐. 아까와는 다른 '감정'으로 리딩해보라는 건 다른 말투로도 연기

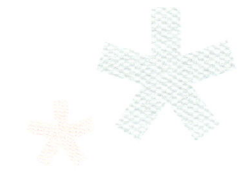

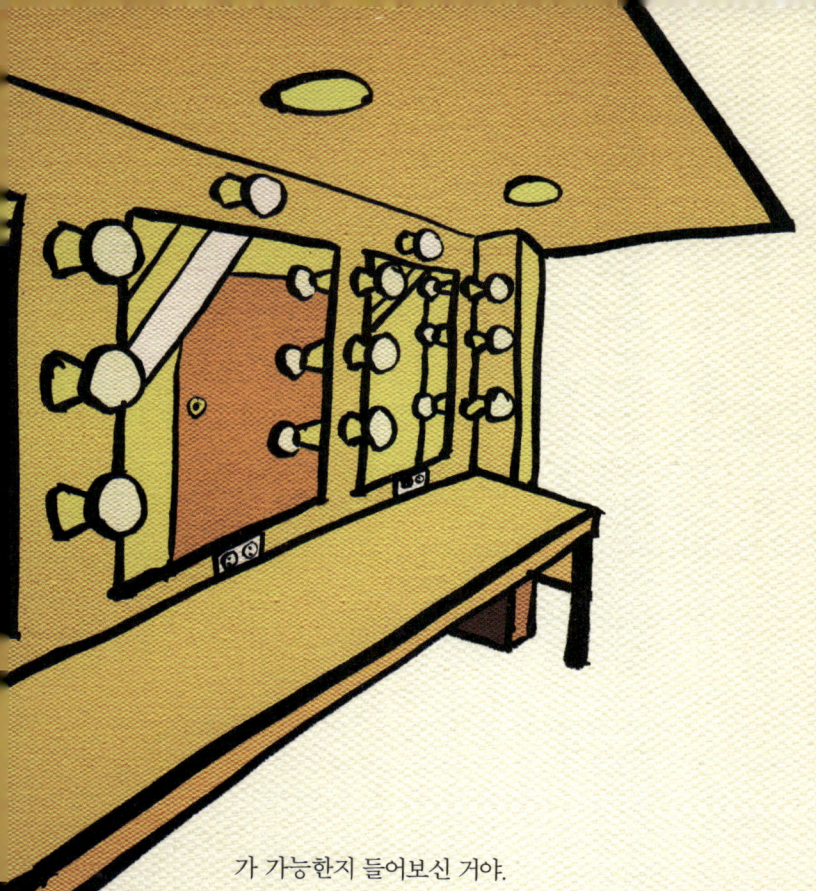

가 가능한지 들어보신 거야.

Y   지금 생각해보니 별로 다르게 한 것 같지 않아요. 슬픈 감정이어서 계

     속 찡찡대면서 연기했어요. 그냥 슬프게만.

안   Y, 오늘 긴 바지에 짧은 티셔츠 입었네? 왜 그렇게 입었어?

Y   네? 오늘 바깥 날씨가 조금 더워서요.

안   그래, 오늘 같이 더운 날 긴 청바지에 긴 티셔츠를 입으면 더워 보이겠

     지? 청바지에 뭐 신고 왔어?

Y   캔버스화요.

안   옷차림도 그렇고 신발도 전체적으로 감각 있게 잘 입었네. 옷은 그렇

게 잘 입으면서 연기는 왜 옷 입는 것처럼 못해? 네가 어제 했던 리딩은 이런 느낌이었을 거야. 긴 부츠, 긴 바지, 긴 티셔츠, 머리도 길게 풀고, 색은 모두 검정색이지. 감독님은 궁금했겠지. 이 배우가 다른 감각으로 옷을 입으면 어떤 모습이 될까?

몸에 걸친 모든 걸 조화롭게 조정하는 일을 코디네이션이라고 한다. 이를 업으로 삼은 이가 코디네이터다. 배우에게 코디네이터는 소중한 주치의와 같다. 작품과 배우를 동시에 살리기도 하고 죽이기도 하기 때문이다.

배우가 하는 연기에도 이런 코디네이션이 필요하다. 배우는 감정을 표현할 때 모든 수단을 조화롭게 조정할 줄 알아야 한다. 목소리, 말투, 호흡, 표정, 제스처, 눈빛 등등을 말이다. 연기 코디네이션을 조화롭게 잘하면 남다른 매력을 얻게 된다. 남의 눈에 '쪼'로 보였던 것조차 그 배우만의 독특한 개성으로 인식되기 때문이다. 표현 수단을 적절히 조정하는 능력, 그것이 바로 연기 코디네이션이다.

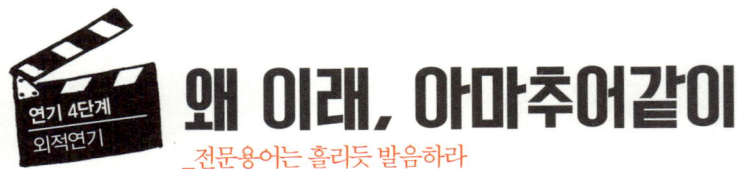

왜 이래, 아마추어같이

_전문용어는 흘리듯 발음하라

"저는 언제 다시 연기해요? 이젠 연기하고 싶은데요."

오랜만에 걸려온 W의 전화다. 안 되는 발음 때문에 한동안 너무나 힘들어하던 그였다. 난 잠시 연기를 쉬는 게 어떻겠냐고 조언했다. 그 당시 내가 느꼈던 건 발음 자체의 문제가 아니었기 때문이다. 발음에 너무 신경 쓰는 그의 '긴장감'이 문제라고 생각했다. 발음을 잘해야겠다는 긴장감 때문에 늘 몸에 힘이 들어갔다. 그는 발음 연습을 위해 혼자 연습실을 빌려 매일 아침 세 시간 이상씩 코르크마개를 입에 물고 연습했다. 당시 그에겐 연기를 잠시 보류하고 강박적인 긴장을 해소할 만한 무언가가 필요했다. 연기 빼고 외적인 모습이 완벽하니 난 모델을 해보는 것이 어떻겠냐고 권했다.

물론 모델도 만만치 않은 일이다. 하지만 모델을 하기 위해 그가 얼마나 많은 사진을 찍어야 하는지 상상해봤다. 그리고 멋진 워킹을 위해 어깨에 힘을 빼고 얼마나 많이 걸어야 하는지도 떠올려봤다. 잡지 화보를 찍기 위해 순간적으로 웃어야 하고 다시 표정을 바꾸는 사이에 입에 힘이 참 많이 빠지겠구나 생각했다. 정확한 발음을 위해 입에 온통 몰려 있는 신경을 다른 곳으로 분산시켜야 했다. '그래, 이거다' 싶었다.

하지만 그는 많이, 아주 많이 섭섭해했다. "저는 배우로서 가망이 없는 거예요?"라며 나를 바라보던 그 눈빛이 지금도 눈에 선하다.

안 너 모델로 데뷔는 한 거야? 시작했으면 거기서 인정받고 돌아와야 연기도 잘할 수 있지 않을까? 내가 미용실 가서 남성 잡지를 펼쳤는데 모델로 네가 딱 나오면 인정! 그땐 다시 연기공부 해보자!

W …네.

얼마간의 시간이 지났을까? 불쑥불쑥 찾아와 무언가를 툭 던져놓고 가기 시작한다. 본인이 나오는 잡지다. 처음엔 한두 달에 한 번 꼴로 잡지를 건네주던 W가 점점 찾아오는 간격이 짧아진다. 그리고 나오는 잡지의 페이지 수도 한 페이지 두 페이지 늘기 시작한다. 처음엔 사진을 찍어도 여전히 긴장된 입이 보였다. 하지만 머리를 하다가 미용실에서 우연히 편 잡지에서 발견한 W의 모습은 힘이 쫙 빠진 여유로운 모습이었다. 다른 사람이었다. 연기를 잠시 쉰 후, 여섯 번의 계절이 바뀌자 그동안 그가 얼마나 독하게 노력했는지 느낄 수 있었다. 매일 코르크마개를 물고 발음연습을 했듯이 또 다른 노력을 했을 것이다.

W 다음 주에 연기 오디션이 있어요. 저 그동안 대본 진짜 한 번도 안 봤거든요. 잘할 수 있을지 겁나요. 잘 보고 싶은데.

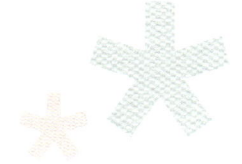

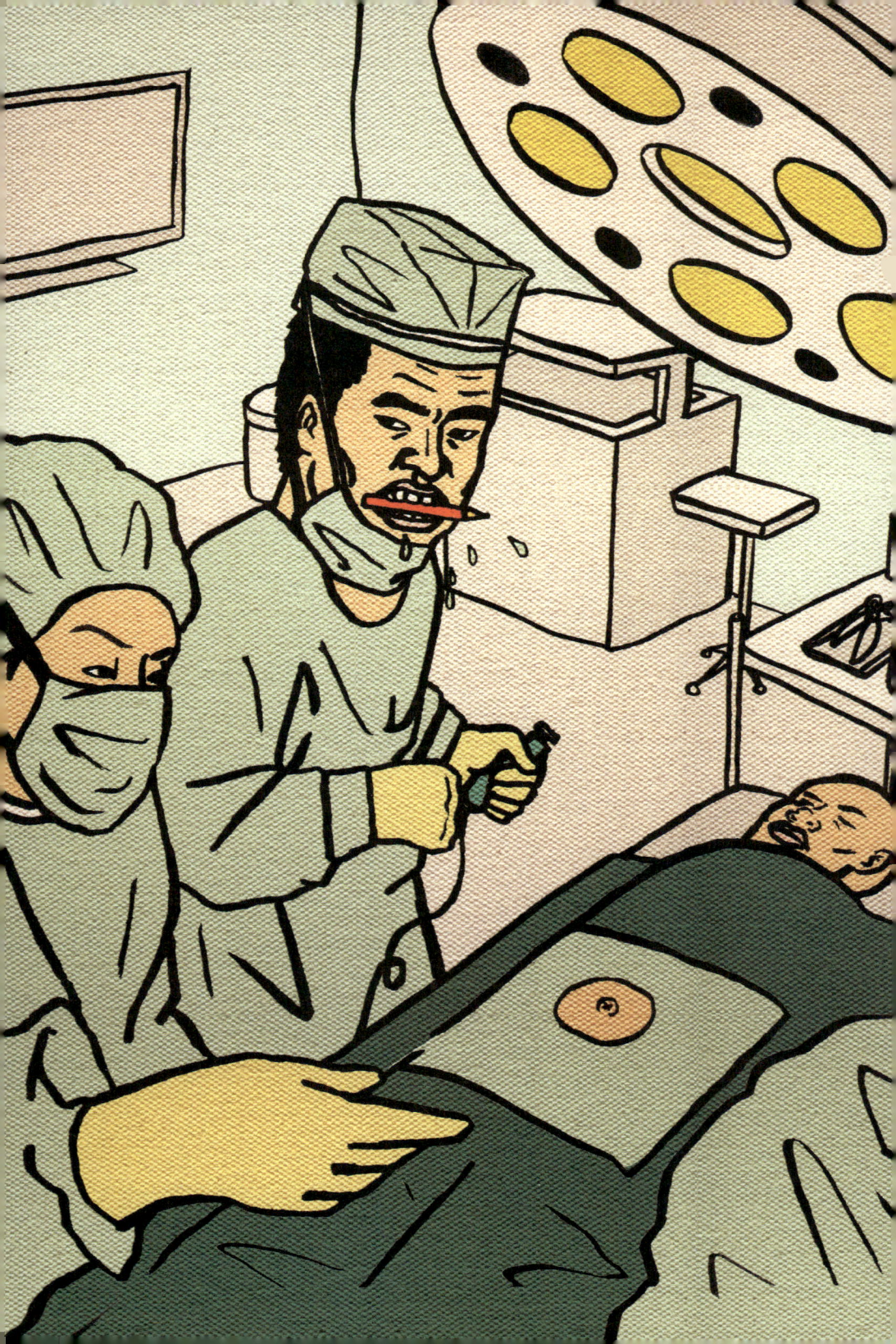

안 모델로 잘되고 있는데 좀 더 해보지, 왜 연기 오디션을 보려고 해? 모델로 더 유명해져서 사람들이 널 찾게 만드는 것도 괜찮지 않을까?

W 약속 지키세요. 잡지에 모델로 많이 나오면 그때 연기 다시 시작해도 된다고 하셨잖아요.

안 …할 말이 없네. 알았어. 그럼 오랜만에 리딩을 해볼까?

W는 많이 달라져 있었다. 오랜만에 해서 매끄럽지는 않았지만 전보다 확실히 여유로워졌다. 그렇다고 안 되던 발음이 모델활동을 하는 사이 말끔하게 고쳐질 리는 없었다. 하지만 어딘지 모를 자신감과 여유로 인해 입술에 대한 긴장도는 많이 풀렸다.

안 좋아. 근데 네가 어렵다고 생각하는 발음에선 여전히 힘이 들어가. 힘이 들어가면 발음은 더욱 딱딱하게 들려. 알잖아?

W 근데 평소에 잘 안 쓰는 이런 전문용어들은 정확히 발음해줘야 하는 거 아니에요?

안 아니, 그렇지 않아. 그 전문용어들은 우리가 듣기에는 어렵지만 극중 인물에게는 얼마나 자주 쓰는 단어겠어? 오히려 흘리듯 편하게 발음해야 그 분야의 전문가처럼 자연스러워 보이지.

W 네? 발음을 흘리라고요?

안 배우들끼리 하는 대화를 잘 들어봐. "대본 리딩해보자"에서 '리딩'. "내일 세트 스케줄표 나왔어?"에서 '세트', '스케줄표'. "내일이 영화 크랭크 인이에요?"에서 '크랭크 인'. 이런 단어를 우리는 힘주어 또박또박 말하지 않아. 왜일까? 익숙해서 편하니까.

대본에는 수많은 전문 직종, 특수 직종이 등장한다. 형사, 의사, 변호사, 선생님, 웨이터, 심지어 깡패까지. **그들만이 익숙하게 사용할 단어에 동그라미를 쳐라. 그리고 그 단어가 실제로 익숙해질 때까지 반복해서 연습하라.** 다시 말하지만 그 인물에게는 매우 쉬운 단어다. 연기할 때 그 전문용어를 흘리듯 발음하는 게 핵심이다.

W는 수차례의 오디션 끝에 결국 역할을 따냈다. 그동안 끊임없는 노력으로 콤플렉스를 극복해 나갔던 그의 근성을 감독님이 알아보신 듯하다. 앞으로 그의 행보가 무척 기대된다.

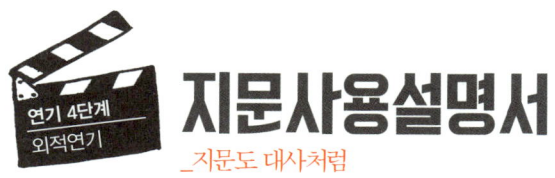

연기 4단계
외적연기

지문사용설명서
_지문도 대사처럼

어느 날 신인배우 한 명이 찾아왔다. 뮤직비디오를 찍게 되었다며 단 두 장의 시놉시스를 내게 건넸다. 스토리만 덩그러니 적어놓은 글을 한참 바라봤다. 어떤 연기를 어떻게 가르칠지 참 난감했다. 이는 뮤직비디오에서 연기한다는 게 아직 생소했던 10여 년 전 일화다.

그 신인배우는 슈퍼모델 출신인 B다. 그녀는 첫 연기로 뮤직비디오를 찍게 됐다. 잘해내고 싶은 마음을 누구보다 잘 알기에 우린 두 페이지에 불과한 뮤직비디오 시놉시스를 사골 우려내듯 읽고 또 읽었다.

B 제 애인이 사고로 불구가 되는 설정이니까 '슬프게 운다'는 표현할 수 있어요. 다음 부분에서 '애인이 저를 오해해 헤어지자고 말하니 원망스럽게 운다'는 무슨 차이죠? 표현이 막막해요.

안 그렇지. 근데 '슬프게 운다'와 '원망하며 운다'는 분명 달라.

(슬프게 운다), (원망스럽게 운다), (서럽게 운다), (나를 다시 찾은

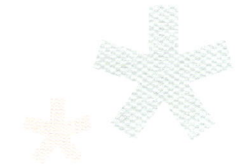

그를 보며 기쁨의 눈물을 흘린다) 이렇게 많은 종류의 울음이 있다는 걸 시놉시스를 읽으며 새삼 확인했다. 순간 '차라리 대사가 있으면 잘 울 수 있을 것 같은데' 하는 생각이 스쳐 지나갔다.

> **안** 이건 어때? 이 지문들을 대사로 바꿔보는 거야. 그 감정에 맞는 말을 내뱉으면 자연스럽게 눈물이 나지 않을까? 자, 그럼 (원망스럽게 운다)에 어울리는 대사는 뭐가 있을까?
>
> **B** '나한테 어떻게 헤어지자는 말을 해?', '우리 사랑이 이거밖에 안 돼?' 이런 말이요?
>
> **안** 좋아! 나라도 그렇게 말할 거 같아. 다른 지문들도 대사로 바꿔보자. 그런 다음 감정을 잡아보는 거야.

우리는 감정지문만 가득한 시놉시스를 가지고 상황에 맞는 대사를 구상해 적어 내려갔다. 엄청난 분량의 대본이 완성되었다. 상대방 역할도 대사를 만들어 내가 해주었다. 대사로 연기하니 표정연기가 한결 편해졌다. 막연했던 감정들이 구체적으로 표현됐다. 감정을 구체적으로 잡고 나서는 대사를 밖으로 말하지 않고 속으로 말하며 연기하기로 했다.

> **B** 마음속으로 대사하는 동안 어떻게 보여요? 괜찮아요? 저는 제 얼굴이 안 보이니까요.
>
> **안** 궁금하지? 처음에는 입술이 좀 달싹거렸는데 이젠 제법 눈으로 표현되

SYNOPSIS

고 있어. 마음속으로 하는 대사가 얼굴에 자연스럽게 스며나와. 너무 좋은데?

B가 출연한 뮤직비디오는 내게 한 편의 애잔한 영화였다. 보는 내내 내 귓가엔 그녀의 애절한 대사가 함께 들렸기 때문이다.

추상적인 감정 연기에 관한 지문이 막막하다면, 구체적인 대사로 바꿔보자. 지문을 대사로 자유롭게 변환하는 능력이 진정 지문을 사용할 줄 아는 능력이다.

"열심히 하지 않겠습니다"

_ 임시완

연기에 대한 지식이나 배움이 한참 모자라고 경험도 부족한 내가 연기에 대한 이야기를 적어 내려가자니 어색하기만 하다. "앞으로도 열심히 하겠습니다!", "잘하겠습니다!" 외에 어떤 말을 해야 할지 막막하다는 게 지금 나의 솔직한 심정이다.

우선 지금도 불철주야 연기만을 생각하고, 연기자의 꿈을 실현하고자 노력하고 있을 수많은 예비 연기자 분들에게 죄송스럽다는 말을 전하고 싶다. 나는 우연한 기회에 연기를 시작하게 됐고, 연기를 하면서 연기의 매력에 점차 빠지게 되었다. 짧다면 짧은 2년 동안 여러 역할을 맡으면서 기라성 같은 선배님들과 호흡을 맞추는 영광을 누리기도 했다. 단 한 번의 기회를 붙잡기 위해 많은 시간과 열정을 투자하고, 매 순간 연기만을 생각하며 고군분투하는 많은 분들에 비하면 내가 쏟은 노력은 지금 내가 누리고 있는 결과들보다 턱없이 부족하다는 걸 누구보다도 잘 안다. 그렇기 때문에 연기를 할 때만큼은 그분들의 열정과 노력을 생각하면서 한 장면 한 장면 가벼이 여기지 않으려 한다.

하지만 또 한편으로는 절대 열심히 연기를 하지는 않겠다고 다짐한다. 적어도 연기라는 분야는 무턱대고 열심히 하는 것만으로는 안 되는 분야라고 감히 생각하기 때문이다. 연기를 가벼이 여기지 않겠다면서 대뜸 열심히는 하지 않겠다는 말에 어폐가 있어 보일지 모르겠지만, 이것은 내 짧은 연기 경험을 토대로 깨달은 나름의 노하우라면 노하우다.

'열심히 해야지' 하고 마음먹고 달려들다 보면, 그 마음가짐이 몸에 배어서 '이번 기회에 뭔가 하나 보여줘야지' 하고 작정한 듯한 과도한 긴장감을 느끼게 된다. 지켜보는 사람들에게도 부담을 안겨주게 된다. 또한 연기란 사람이 사람을 묘사하는 작업이니, 내가 경직되어 있으면 내가 묘사하는 캐릭터도 똑같이 경직되지 않을까 하는 우려도 있다.

무작정 열심히 하는 것보다 '어떻게 하면 최대한 캐릭터를 잘 표현할 수 있을까'라는 고민을 먼저 하고, 이 과정에서 필요하다면 '열심히'라는 답이 자연스럽게 도출되도록 연기하고 싶다.

여러 선배님들이 "힘을 빼야 한다"는 조언을 많이 해주셨는데, 다행히 어느 순간 그 말뜻을 이해할 수 있게 되었고, 이해하게 되니 공감이 됐고, 공감이 되니 실천하고 싶은 생각이 들었다. 앞서 말한 '열심히 하지 않으려고 노력하는 것'이 바로 소위 '힘을 빼는' 나만의 방식인 셈이다.

물론 그 방법이 정답이라고 확신할 수는 없다. 하지만 적어도 나는 지금까지 그래왔고, 앞으로도 딜레마에 부딪히기 전까지는 나의 방식으로 계속해 나갈 생각이다.

내가 궁극적으로 추구하고자 하는 연기의 방향성은 이렇다. 실제 내 삶에서 나 자신이 편안한 주인공이 되고 싶은 것처럼, 브라운관이나 스크린에 나오는 내 모습도 편안하게 보일 수 있는 그런 연기. 이것이 연기자로서 내가 꿈꾸는 연기다. 의욕을 앞세우기보다 자연스럽게 조화를 이루는 연기 말이다.

　아무쪼록 앞으로는 나처럼 '운이 좋은 연기자'보다는 '진짜 실력이 좋은 연기자'가 많이 나왔으면 좋겠다. 두서없이 적는 글이지만, 누군가에게 작은 참고라도 되었으면 하는 바람을 조심스럽게 가져본다.

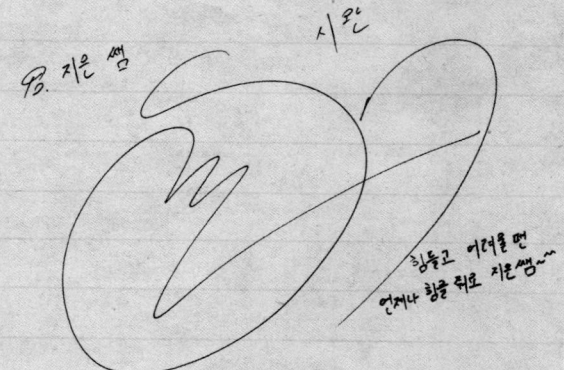

시온

8. 지은 썜

힘들고 어려울 땐
언제나 힘글 줘요 지은썜~~

내편연기

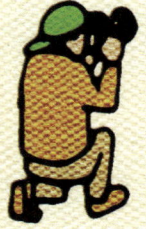

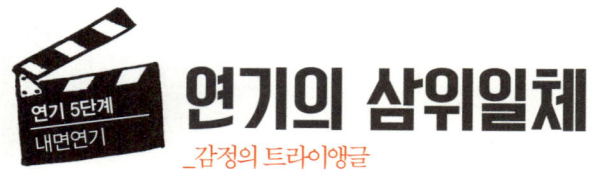

연기의 삼위일체
_감정의 트라이앵글

　나이가 늘 때마다 점점 드는 확신이 있다. 혼자 할 수 있는 일은 얼마 없다는 사실이다. 어릴 때 나는 내가 누리고 있는 모든 것을 혼자만의 노력과 실력으로 이루었다고 착각했다. 하지만 나이가 들수록 그치기 어린 생각에 얼굴이 화끈거리는 횟수가 늘어갔다. 지금 내 주변에 있는 사람들을 볼 때면 그래서 더욱 고맙다. 이런 생각은 특히 스타가 된 배우들을 가까이서 볼 때 더욱 많이 느낀다. 배우 한 명을 중심으로 무수한 인연이 이어지고, 누구 하나 중요하지 않은 사람이 없었기 때문이다.

　이는 연기도 마찬가지다. 여럿이 모여야 온전한 하나로 존재하는 속성 말이다.

　꽤 오랜 시간 연기활동을 해온 매력 있는 여배우 H를 만났다. 그녀는 영화, 드라마, 광고 등 다방면을 넘나들며 활동 중이다. 섹시함과 귀여움이 그토록 조화롭게 공존할 수 있다는 사실에 경이를 느끼며 그녀와 대화를 나눈다. 그녀는 이번 작품에서 악역을 맡았다는 말로 운을 뗀다.

H   악역이 꼭 악역 같아야 한다면 어디서 어떻게 악해야 하는지 혼란스럽네요.

안   네?

마치 랩 가사처럼 들리는 그녀의 말을 한번에 못 알아듣고 그녀에게 다시 물어야 했다.

안   악역이 악역 같아야 한다면 어디서 악해야 하는지…? 아! 머릿속에서 한 번 더 재생했더니 이제 좀 알겠네요

H   그러니까요 제 말은… 대본을 이렇게 딱 봐요. 난 내가 맡은 인물의 입장을 이해했어요. 그리고 내가 느낀 대로 연기했어요. 근데 좀 강하게 해줘야 된다고 말해요. 그래서 강하게 했어요. 그런데 너무 못되게만 보인다는 거예요. 어쩌라는 거죠? 연기를 못하고 있는 건가? 내가?

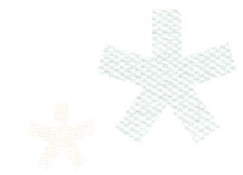

H는 고개를 갸웃거리며 나를 빤히 바라본다. "연기를 못하고 있는 건가? 내가?" 하는 그 말투에 난 조금 당황했다. '초면에 나한테 반말을 하는 건가? 아, 헷갈리네. 표정은 그런 거 같지

않은데….' 존댓말과 반말을 교묘히 섞어서 말하는 이 여배우의 말투가 참 독특하다고 느끼는 찰나에 "예를 들면 이 부분!" 하고 또 반말을 하며 대본을 가리키고 연기도 보여준다. 어지간히 답답했던 모양이다.

안 내가 따귀를 맞으려면 따귀를 맞을 만큼 대들어줘야 상대방이 날 때리는 게 자연스러워요. 그것처럼 본인이 맡은 역할은 악하게 해줘야 할 부분이 분명히 필요해요. 다행히 그 부분은 정확히 알고 있는 것 같아요. 문제는 그 악한 연기가 못되게만 보인다는 건데….

H 맞아요. 제가 이 드라마에서 해야 할 역할은 분명히 파악하고 이해했어요. 그런데 그게 진짜 나쁜 게 아니라 나쁠 수밖에 없었다는 걸 표현해야 되는데 참 어렵네….

안 어, 지금처럼 말하니까 좋네요.

H 네? 지금처럼요? 어떻게요?

안 "참 어렵네…" 하고 한숨을 쉬면서 저쪽을 봤잖아요. 그 말에는 그런 시선과 그런 표정이 어울려요. 아까처럼 "연기를 못하나? 내가?" 하면서 절 똑바로 쳐다보면 반말을 하는 것처럼 보이잖아요?

H 헉! 제가 반말을 했나요? 아이고, 아니에요….

안 알아요. 말은 반말이지만 저한테 한 게 아니라는 거. 흥분해서 자기 감정에 반말이 나온 거죠. 하지만 그 말을 하면서 상대방이랑 시선을 맞추면 반말을 하는 것처럼 보여요. 다행히 제가 표정을 읽어서 오해를 안 한 거고.

H 아, 그렇구나. 근데 저 그런 오해 많이 받아요. 반말한 게 아닌데 은근

슬쩍 말 놓는다고요.

안 하고 싶은 말과 시선 그리고 감정을 하나로 집중시켜야 해요. H는 평소 말할 때나 연기할 때 말과 시선과 표정이 한곳에 집중되지 않아 오해를 받는 거예요. 충실히 연기했는데 오해를 받는다는 건 의도가 잘 전달되지 않았음을 의미해요. 예를 들어 밤늦게 갑자기 문을 쿵쿵쿵 두드리는 소리가 들려요. 깜짝 놀라며 "누구세요?" 하고 말하죠. 이때 문을 향한 시선과 "누구세요!"라는 말과, 깜짝 놀라는 표정, 이 모든 것이 문 하나로 꽂혀야 해요. 그래야 누가 봐도 '두려움에 떨며 문을 바라본다'는 의도로 정확히 이해하게 되죠.

삼위일체란 성부와 성자와 성령이 본질적으로 하나라는 의미다. 연기도 삼위일체의 메커니즘을 따른다. 말과 시선과 표정은 본질적으로 하나의 감정에서 출발한 것이기 때문이다. 눈과 입 그리고 마음이 한곳을 향할 때 정확한 감정이 전달되는 이유가 여기에 있다.

연기의 삼위일체. <u>'시선'이 정해진 곳에 '마음'을 다해 '말'을 건네라.</u> 그 감정은 성부와 성자와 성령의 이름으로 빛날 것이다.

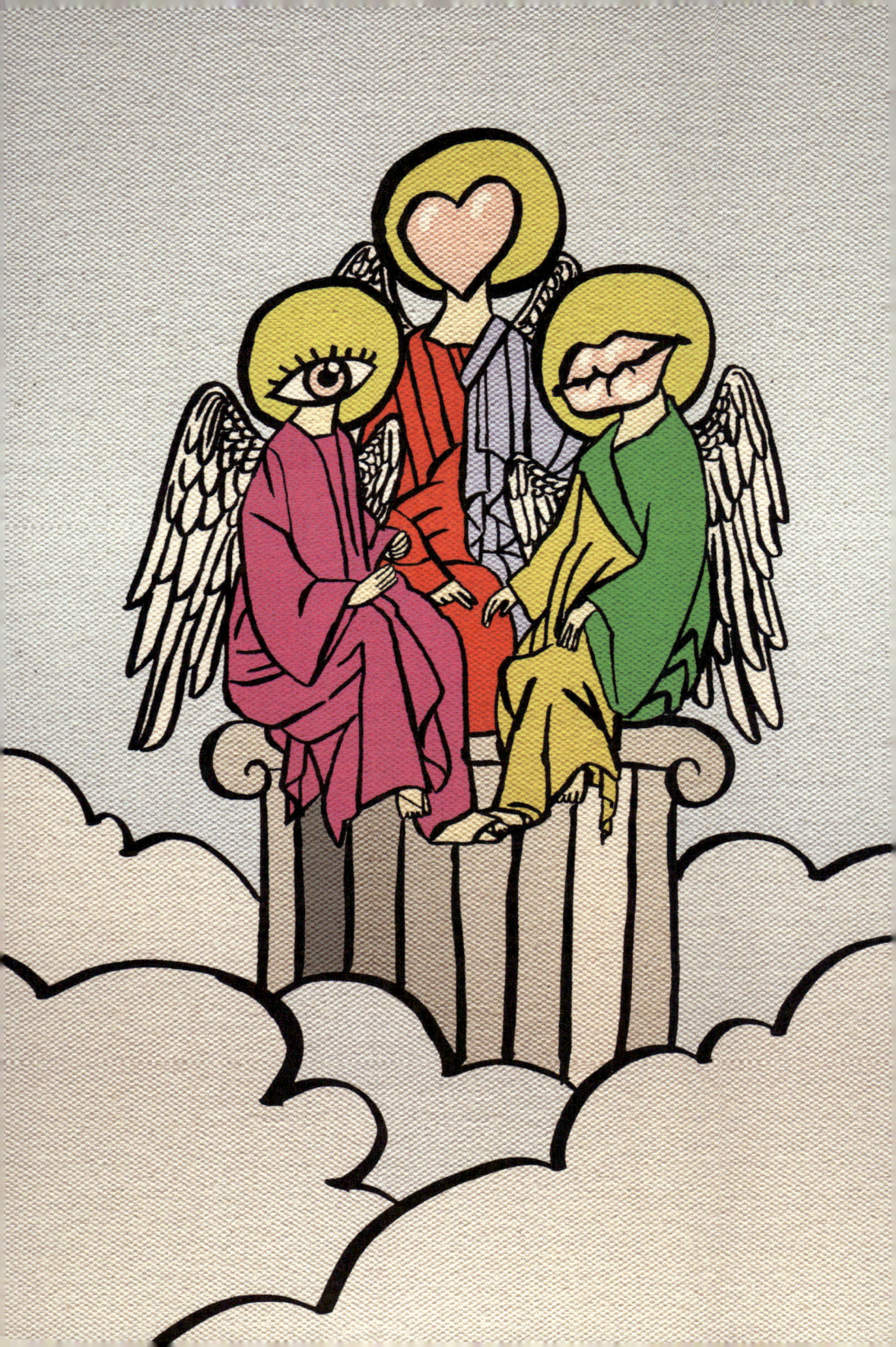

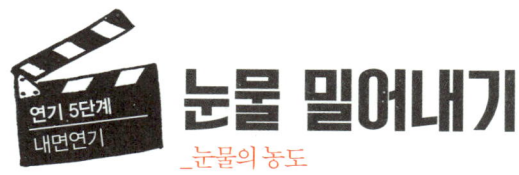

눈물 밀어내기

_눈물의 농도

휴대전화 벨이 울린다. 알람인 줄 알고 일단 끄고 본다. 이렇게 눈뜨기 힘든 걸 보니 아주 이른 시간임이 분명하다. 곧이어 문자메시지 수신음이 울린다. 휴대전화를 열어보니 한창 드라마 촬영 중인 여배우 G가 남긴 것이다. 아침 6시가 막 넘어서는 이런 시간에 대체 무슨 일인가 싶어 눈을 크게 뜨고 확인한다. "이른 시간에 죄송해요. 답답해서 전화했어요. 다시 걸게요~." 몸은 아직 수면상태지만 정신만은 번쩍한다. 목을 가다듬고 전화를 건다. 다소 놀란 목소리로 그녀가 전화를 받는다.

G 저 때문에 깨셨어요? 죄송해요.

안 당연히 너 때문에 깼지. 무슨 일이야? 뭐가 답답한데?

G 같이 연기하는 ○○○선배님이… 카메라가 돈 지 1초 만에 눈물을 흘려요.

안 뭐…?

G 저는 눈물 연기를 하려면 감정 잡는 시간이 필요하거든요. 어떨 땐 정

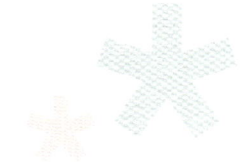

말 죽어도 눈물이 안 나올 때도 있어요. 그 선배님은 어떻게 그럴 수 있죠?

적지 않은 충격을 받았는지 한없이 자신을 자책한다. 이미 내 꿀 같은 아침잠은 저 멀리 달아났다. 한참을 그렇게 G의 얘기를 듣는다.

안   연기에서 눈물은 물론 중요한 감정표현 수단이야. 그래서 네가 잘해내고 싶은 마음도 충분히 이해하고. 하지만 연기는 '누가 빨리 눈물을 흘리느냐' 시합이 아니잖아. 눈물을 흘리는 데 시간이 걸릴 수도 있는 거야. 네가 연기하는 현장에는 배우의 감정을 위해서 그 정도는 기다려줄 스태프들이 있어.

G   바로 그게 가장 부담이에요. 수많은 스태프들이 나 하나 때문에 기다리는 거요. 저만 프로 같지 않고, 다른 사람들에게 민폐를 끼치는 것 같아서 초조하기만 해요. 저도 열심히 하다 보면 언젠가는 그 선배님처럼 제가 울고 싶을 때 자유롭게 눈물을 흘릴 수 있겠죠?

안   아니, '언젠가는'이 아니라 당장, 오늘 그 촬영에서 그렇게 할 수 있어.

눈물 연기에 있어 가장 큰 장애물은 눈물을 흘려야 한다는 강박관념이다. "살려는 자는 죽을 것이오, 죽으려는 자는 살 것이다." 이순신 장군의 말을 기억하자. 이처럼 눈물 연기도 "울려는 자 눈물 못 흘리고, 안 울려는 자 눈물 흘릴 것이다."

가만히 기억을 되살려보자. 신기하게도 울음과 웃음은 참으려고 하면 할수록 주책없이 터져나온다. 누구나 한 번쯤 하는 경험이다. 슬픈 상황과 슬픈 대사에 온전히 나를 맡겨라. 극중 내가 처한 상황만 생각하자. 그 안에서 내 입으로 흘러나오는 슬픈 말을 가만히 들어보면 저절로 감정이 차오르고 그 차오른 감정이 급기야 눈물을 밀어낸다. 울고 싶어서 운 게 아니다. 저절로 운 거다.

눈물 연기를 위해 옛날 슬펐던 사건을 떠올리지 마라. 어떤 과거의 슬픔도 지금 연기하는 슬픔과 완벽히 일치할 수 없다. 슬픔의 무게는 각각 다르다. 거짓 눈물은 위험하다. 감정에 따라 눈물의 농도가 다르다는 과학적 근거도 있다. 눈물은 생각보다 정직하다. 그러니 배우의 자존심을 걸고 거짓 눈물을 흘려선 안 된다.

그 후로 G는 공교롭게도 드라마에서 계속 슬프게 울어야 하는 씬이 유독 많았다. 하늘이 그녀를 훈련시키려던 것일까. 좋은 연기자가 되는 과정이었다고 생각한다. 여전히 눈물 연기가 쉽지 않다고 엄살을 피우지만 이제 그녀는 잘 운다. 분명 그녀가 흘린 눈물의 농도는 매 씬마다 달랐다고 확신한다.

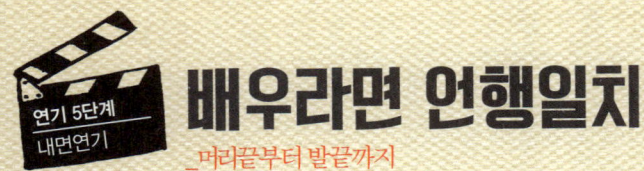

영화를 보는 내내 관객은 바쁘다. 온 신경을 집중해 범인의 단서를 파악한다. '바로 저 사람이 범인이야', '저 사람 지금 거짓말을 하고 있어' 배우의 손짓 눈짓 몸짓 하나 놓칠 수 없다. 진실을 파헤치기 위해 관객은 잔뜩 신경을 곤두세운다.

요즘 범죄스릴러 영화가 유행이다. 엽기적인 범죄가 만연한 사회를 살다 보니 영화가 더욱 실감 난다. 이 시대 공포의 대상은 '귀신'이 아닌 '사람'이다. 집 안이든 밖이든, 주위에 사람이 있든 없든 상관없다. 항상 불안하다. 범죄는 점점 상상을 넘어 한층 진화한 모습으로 등장한다.

A 오디션 대본이 두 개예요. 하나는 오디션 보는 영화 시나리오고요. 또 하나는 유명한 영화의 한 장면 대본이에요. 이 영화 정말 재미있게 봤는데….

안 그래, 본 시나리오와 함께 가끔 다른 영화 시나리오의 한 장면을 발췌해서 주기도 해. 그럼 부담 없이 네가 재미있게 봤다는 영화의 장면부터 연기해볼까?

대본을 잘 이해하고 감정을 잘 잡아간다. 몰입력도 좋다.

A 유명하고 인상적인 장면이라 저도 모르게 그 배우의 말투를 따라 하게 돼요. 이러면 안 되는 거죠?

안 괜찮아. 무의식적으로 하는 거니까 그것 또한 자연스러운 거라고 생각하도록 해.

그 다음에는 오디션 시나리오를 연기한다. 기존에 이 역할을 연기한 배우가 없는 만큼, 본인이 전적으로 창조해야 한다.

안 사기꾼!

A 네?

안 「공공의 적」이라는 영화 봤어?

A 당연히 봤죠.

안 거기서 강철중이 범인을 단박에 알아보는 장면이 있어. 범인이 책상 앞에 앉아 흐느끼면서 부모를 죽인 범인을 꼭 찾아달라고 말해. 이 모습을 강철중이 바라보다가 볼펜이 바닥에 떨어져서 줍는데 범인이 다리를 떨고 있었던 거지. 상체는 우는데 하체는 경박하게 떨고 있는 거야. 그래서 그를 범인이라고 확신하지.

A 네, 기억나요.

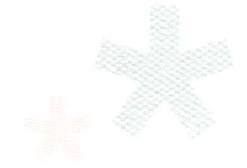

안 카메라가 바스트 샷으로 너의 상체만 잡는다고 해도 관객은 보이지 않는 다른 곳까지 다 감지해. 네가 지금 입으로는 "난 범인이 아니예요. 내가 그런 게 아니라고요"라고 아무리 외쳐도 소용없어. 그렇게 대본 한구석을 손으로 만지작거리면 거짓말하는 것 같다고.

A 아⋯. 손에 뭐가 없으면 불안하고 어색한가 봐요.

안 연기할 때 너의 몸 어느 한 부분이 딴짓을 하고 있다면 그건 거짓말이야. 아주 작은 움직임 하나도 관객에게는 수많은 의혹을 던져주는 단서가 되거든. '어? 뭔가 있는데?', '혹시 저 사람이 범인?' 그런데 너의 행동이 아무 의미 없는 습관이었다면 관객의 기분이 어떨까?

때로는 배우들이 말을 너무 잘해서 문제다. "나 힘들어"라는 대사를 당차게 하니 당연히 힘들어 보이지 않는다. "답답해"라는 대사를 시원하게 샤우팅하듯 내지르기도 한다. 답답하다면서 전혀 답답하지가 않다. "진심이야"라는 말도 산만하게 말한다. 그렇다면 몸은 진심인가? 혹시 저 밑에 발가락은 까딱거리고 있는 건 아닌지.

<u>말과 몸과 감정이 일치하지 않는다면 배우가 아니다. 사기꾼이다.</u> 심지어 사기꾼 연기에도 진정성은 있어야 한다. 관객은 온 신경을 날카롭게 곤두세운다. 거기에 찔려 훅! 가고 싶지 않다면 늘 긴장하라. 내 연기가 진짜인지 아닌지.

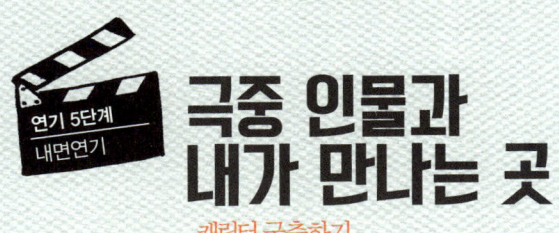

연기 5단계
내면연기

극중 인물과
내가 만나는 곳

_캐릭터 구축하기

"오빠!"

TV에서 낯익은 목소리가 들린다. 열여덟 살 때 씩씩한 모습으로 처음 만나 그 후 세 작품을 함께 연습한 T다. 못 본 사이에 더욱 성숙해진 모습이다. 그녀의 목소리에 하던 일을 잠시 멈추고 TV 앞에 자리를 잡고 앉았다. 새로 시작한 드라마에 출연하고 있는 그녀의 모습을 오랜만에 보니 반갑다.

그런데 뭔가 이상하다. 얼굴 표정과 행동은 영락없는 T인데 목소리의 느낌이 많이 다르다. '왜 그러지? 그녀의 개성 있고 힘 있는 목소리는 어디로 간 거지?' 여배우가 오랜만에 텔레비전에 나와 얼굴은 뭐 조금 달라져 있을 수 있어도 목소리마저 달라졌다는 건 좀 의아했다. 뭔가 부자연스럽다는 생각을 떨칠 수가 없었다.

내 마음속 소리가 그녀에게 전달된 것일까? 드라마가 끝나기 무섭게 전화가 걸려왔다. 드라마를 안 봤더라면 곤란했을 만큼 무서운 속도였다.

안　난 네가 왜 전화했는지 알지~.

T　하하하. 선생님 보셨어요, 혹시?

거의 1년 만에 하는 통화였기에 조금 서운한 감정도 있었지만 곧장 본론으로 직행했다.

안　응, 봤어. 근데….

T　네, 무슨 말씀하실지 알겠어요! 이 캐릭터가요, 막내딸인데 철없고 당돌하고 그렇지만 귀여운 그런 캐릭터거든요. 그러다 보니까….

안　그러다 보니까 톤은 하늘 높이 올라가고, 목소리는 얇아지고, 자꾸 귀여운 척하게 되고, 표정은 얄밉게 되고… 뭐 그런 거구나?

T　네…. 그렇게 보였죠? 저도 너무 혼란스러워요. 그런 캐릭터라고 시놉시스에도 나와 있었고 감독님도 작가님도 저에게 캐릭터에 대해 충분히 설명해주셨는데… 막상 드라마를 보니까 제가 연기를 너무 못하는 것 같더라고요.

안　캐릭터 분석은 나무랄 데 없어. 그런데 넌 가장 중요한 것을 놓쳤어.

T　그게 뭐예요?

안　바로 너! 너라는 배우가 가지고 있는 개성을 무시하고 캐릭터만 보고 달려간 거야. 작가님과 감독님은 캐릭터에 대해 충분한 정보를 주셨어. 하지만 그것을 받아들이는 과정에서 캐릭터와 네가 만날 때 생기는 '마찰'을 전혀 고려하지 않았어.

T　어떤 마찰이요?

SENARIO

안 너의 목소리. 너는 목소리 톤이 낮고 투박해. 그런데 네가 맡은 인물은 톤이 높고 통통 튀지. 네가 그 캐릭터를 표현하기 위해 애썼다는 건 알겠어. 하지만 네가 가지고 있는 목소리를 고려해서 중간 지점을 찾았어야 했어. 너답지 않으니까 보는 사람도 불편하잖아. 캐릭터라는 명분으로 뭐든 무리하게 덮어씌우면 안 돼. 너의 가면을 쓰고 다른 사람이 연기하는 것 같잖아. 너의 장점이 없어져버렸다고.

캐릭터를 만드는 과정에서 배우는 완벽하게 그 인물이 되기 위해 노력한다. 배우로서 당연한 의무다. 문제는 캐릭터 구축에 실패했을 때다. 연기할 순간이 다가왔는데 내가 극중 인물에 완벽히 동화될 수 없다면 어떻게 해야 할까? 그땐 그 인물을 내 쪽으로 끌고 와야 한다. <u>극중 캐릭터를 향해 죽어라 달려갔는데 그곳에 도달할 수 없다면 그 인물을 설득하고 설득해 내 쪽으로 끌고 오는 거다.</u> 섣불리 덤벼들어 모르는 곳에서 헤매지 말고 극중 인물과 내가 사이좋게 만날 수 있는 중간지점을 찾아보자. 연출자와 작가들도 예상치 못한 참신하고 매력적인 인물

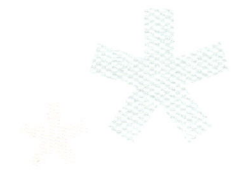

이 탄생할 것이다.

> **T** 제가 캐릭터에 너무 겁먹었나 봐요. 저답게 연기해도 되겠죠?
>
> **안** 스토리와 상황 그리고 인물의 관계에 집중해. 그리고 네가 맡은 캐릭터의 입장에서 반응하도록 해. 이런 연구들이 하나둘 모이면 제대로 된 캐릭터가 나타나는 거야.

물론 그간 연기했던 캐릭터를 손바닥 뒤집듯 바꿀 수는 없었다. 벼르고 있던 찰나 기회가 왔다. 그녀다운 캐릭터로 바꿀 수 있는 장면을 만난 것이다. 그녀는 혼신의 힘을 다해 연기했다. 자신감 넘치는 모습이 자연스럽고 사랑스러웠다. 시청자들은 그녀를 보며 미소 지었고, 그녀도 여유를 갖고 캐릭터를 만끽할 수 있었다.

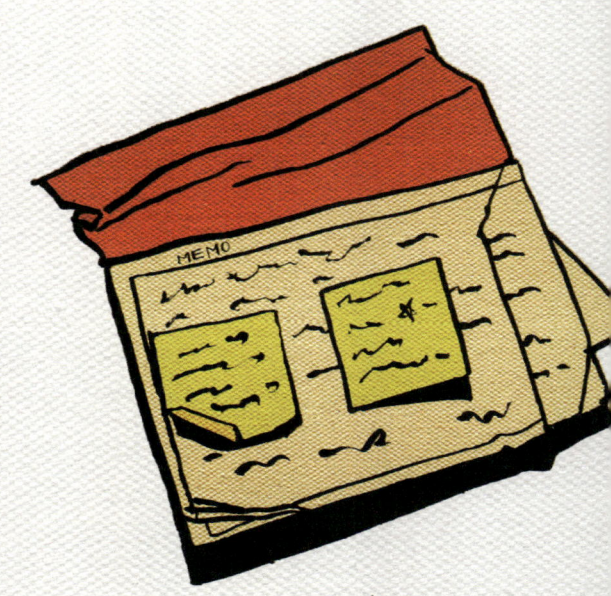

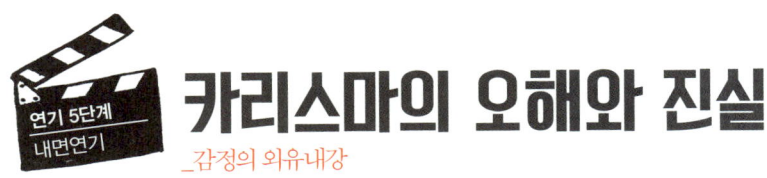

카리스마의 오해와 진실

_감정의 외유내강

　흔히 악역을 맡으면 뜬다고들 한다. 그 이유는 무엇일까? 보통 드라마 구성은 선과 악, 양립의 큰 틀을 잡고 이루어진다. 표면상 선과 악이 아닌 경우라도 주인공과 대립하는 다른 인물이 필요하다. 대립되는 인물들이 강렬한 인상을 주는 작품일수록 흥행하는 시대다. 이제 대중은 신선한 악당을 기대하기에 이르렀다.

　악당에게 우리가 열광하는 이유는 간단명료하다. 카리스마가 몰고 오는 극적 몰입 때문이다. 카리스마의 힘은 위대하다. 영화에 잠깐 스치는 인물도 카리스마를 지녔다면 값으로 매길 수 없는 지지를 얻게 된다. 관객은 영화가 끝나도 그 여운을 간직하기 때문이다. 카리스마가 무엇이기에 악당마저 사랑하게 만들까?

　광고계에서 일찍이 주목받아온 R은 소년다운 미소가 매력적이다. 머쓱하게 웃기, 귀엽게 웃기, 수줍게 웃기, 기분 최고로 활짝 웃기. 광고에서 보는 R의 웃음은 보는 사람마저 기분 좋게 만드는 힘을 가졌다. 역

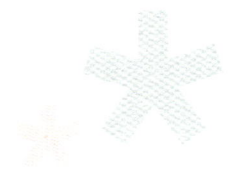

시 일종의 카리스마라고 할 수 있다.

> **R** 내일 오디션을 보는데요. 진짜 해보고 싶은 역할인데 저랑은 안 어울
> 리는 것 같기도 하고….
>
> **안** 무슨 역할인데 벌써부터 안 어울릴까 봐 걱정이야?
>
> **R** 남자답고 카리스마 있는 역할이에요. 혼자 연습해봤는데 좀 많이 어색
> 해요. (대본을 보여주며) 특히 길게 대사하는 바로 요 부분이요.
>
> **안** 한번 해봐.

R의 말대로 대사가 일단 길다. 심지어 강하게 상대방을 제압해야 하는 대사다. 대사도 감정도 어느 것 하나 놓칠 수 없다. 캐릭터가 강하다. R은 내가 본 그의 표정 중 가장 험악한 인상을 써가며 애를 쓴다.

> **안** 카리스마가 뭐라고 생각하니? 배우의 어떤 모습을 보면 "와! 저 배우
> 카리스마 있다"라는 생각이 들어? 네가 생각하는 카리스마의 정의가
> 뭐야?
>
> **R** 강렬한 연기를 보여줄 때나 포스가 넘칠 때요. 가끔 여배우들도 남자
> 배우보다 더 멋있게 액션 연기를 해내는 거 보면 카리스마가 있는 것
> 같아요.
>
> **안** 그래서 그렇게 연기를 강하게만 하는구나? 보는 사람 입장에선 어떤
> 지 알아? 마치 '내 얘기를 들으란 말이야!' 하면서 강요하는 느낌이랄
> 까? 기분 나쁘기도 하고 무섭기도 하고.

R 사람들이 저를 자꾸 귀엽게만 보니까 일부러 잘 안 웃어요. 인상도 쓰게 되고. 광고에서의 이미지가 연기할 때 장애가 되는 것 같아요.

안 아니, 그보단 카리스마라는 단어의 의미부터 다시 새겨야 할 것 같아. 카리스마의 뜻은 '나 아닌 다른 사람의 눈과 귀를 내게 집중시키는 능력'이야. 다른 사람들이 눈과 귀를 나한테 집중하겠대. 왜일까?

R 제가 어떻게 하는지 보려고 그러는 거 아닐까요?

안 그래, 그거야! 너무 당연해서 우리가 놓치고 있는 사실이지. 사람들이 눈과 귀를 집중하는 이유는 아주 간단해. 네가 방금 말한 거처럼 다음에 무슨 말을 할까? 어떤 행동과 표정을 지을까? 그게 궁금해서야. 강하게만 연기할 게 아니라 다음에 무슨 말을 할까? 다음에 어떤 감정으로 연기할까? 보는 사람으로 하여금 궁금하게 만들어야지. 그래서 너의 말 하나, 행동 하나 놓칠까 봐 숨죽이고 집중하게 하는 것. 그게 바로 카리스마야. 무슨 말인지 알겠지?

사람들이 드라마에 열광하는 이유가 뭘까? 한 주를 기다리고 기다려 특정한 요일, 같은 시간대에 텔레비전 앞에 앉아 있는 건 참 특이한 풍경이다. 왜일까? 간단하다. 다음 스토리가 궁금하고 배우의 연기가 궁금해서다. 궁금하기 때문에 기꺼이 눈과 귀를 맡기고 드라마에 몰입하는 것이다. 이런 드라마가 카리스마 있는 드라마다.

카리스마 있는 연기는 강한 연기가 아니다. 폼을 잡고 인상 쓰는 게 아니다. 즉 마초 연기가 아니다. 카리스마 있는 연기란 사람들이 궁금

해 하는 연기다. 배우라면 내 연기를 봐달라고 인상 쓰며 큰소리치지
마라. 모양 잡으려다 모양 빠지게 된다.

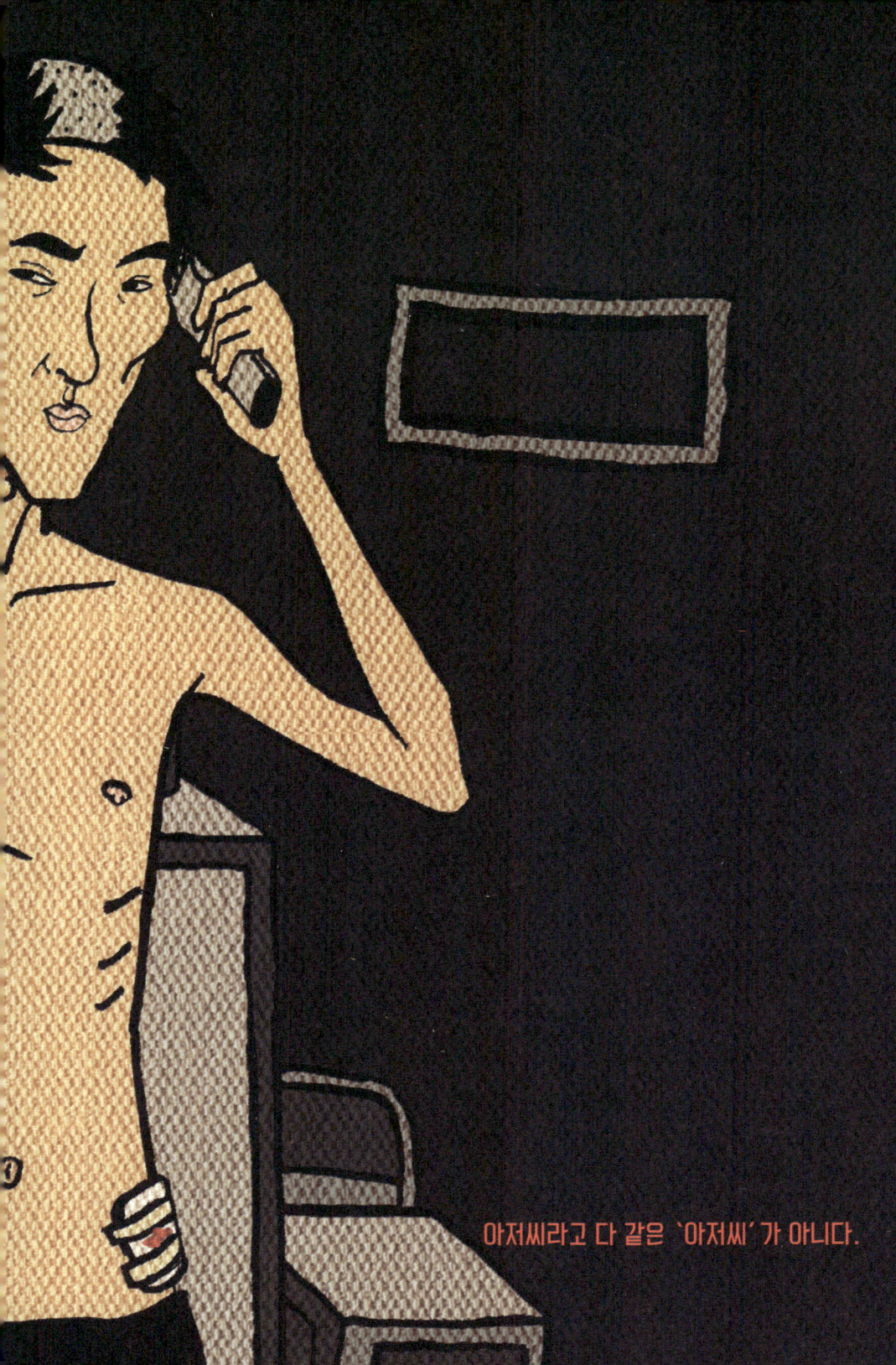

아저씨라고 다 같은 `아저씨` 가 아니다.

지금 나를 달리게 하는 힘

_이시영

배우를 꿈꾸던 시절, 나를 가장 괴롭혀왔던 것은 '늦었다'는 말 한마디였다. 어쩌면 별것 아닌 것처럼 들리는 이 말은 나를 항상 좌절하게 만들었고, 작게 나마 내 맘속에서 싹트고 있는 희망을 보란 듯이 비웃었다. "넌 뭘 잘하니?", "어떤 연기를 하고 싶니?"라는 말보다 "너무 늦지 않았어?", "시집가야 할 나이 아니야?"라는 말을 더 많이 들으며 오디션을 치러야 했다. 주위 사람들이 무심 코 던지는 이런 질문을 들을 때마다 내 마음은 점점 조급해졌다. 초조하게 발 만 동동 구르며 우왕좌왕하는 바보 같은 나를 발견할 때면, 말할 수 없이 비 참했다.

처음엔 그저 데뷔만 해도 좋을 것 같았는데 우여곡절 끝에 데뷔를 하고 나니 이상하게도 만족보다는 욕심이 더 커졌다. 데뷔하는 게 지상과제였을 때보다 조급함은 배가되었다. 한 살이라도 더 나이 먹기 전에 빨리 많은 역할을 맡고 싶었고, 지금 내 나이가 아니면 할 수 없는 연기들을 모조리 해내고 싶었다. 이 런 마음이니 당연히 실수도 엄청나게 많이 했다. 그 실수들은 또다시 바보 같 은 나를 만들고 있었다.

지금도 여전히 머리보다 마음이 앞서고, 똑같은 실수를 되풀이하고 또 후회 한다. 이 점이 나의 가장 큰 단점이다. 하지만 이건 나의 장점이기도 하다. 머리보다 마음이 앞서는 것 말이다. 머리로 계산하고 치밀하게 따졌다면 난 연기자가 될 수 없었을 것이다. 상처투성이의 마음을 안고 패배자로 살아가고 있을지도 모른다. 아니, 시도조차 하지 않았을 거다.

내겐 운동도 마찬가지다. 우연처럼, 기적처럼 나는 '복싱'이라는 제2의 인생을 시작했다. 역시 머리로 따지고 생각했다면 복싱하면서 경험할 수 있는 그 많은 감정들을 모른 채 살아갔을 것이다. 열정, 집중, 패배감, 승리감, 희열, 고통, 나 자신을 이기는 법…. 운동을 시작할 당시에도 연기자로 데뷔할 때의 마음과 같았다. 나이가 더 들면 못하겠지'라는 마음이 나를 이른 새벽부터 공원으로 이끌었고 뛰게 만들었다. 데뷔가 늦지 않았다면 내가 그렇게 열심히 연기할 수 있었을까? 어린 나이에 운동을 시작했다면 그렇게 간절한 마음으로 할 수 있었을까?

연기도, 운동도 늦게 시작한 탓에, 지금이 아니면 할 수 없다는 절박함과 간절함으로 나를 내던질 수밖에 없었다. "늦었다"는 말은 나를 항상 괴롭혔지만, 그럼에도 내가 계속 뛸 수 있는 건 아직도, 아직도 '늦지 않았다'는 믿음 때문이다.

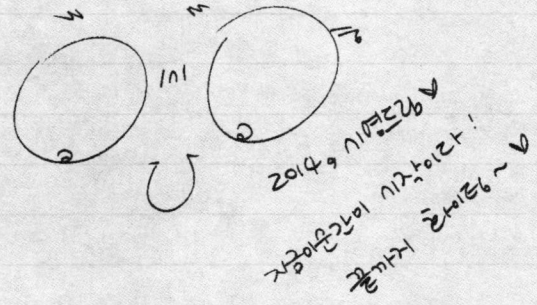

연기 6단계

오디션

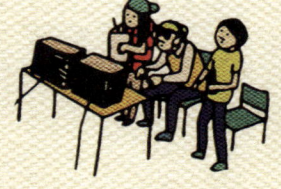

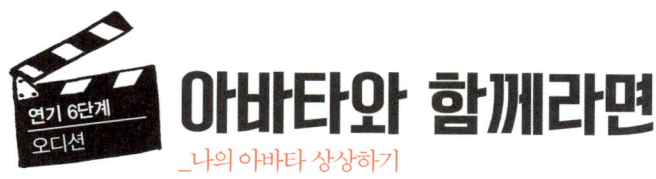

아바타와 함께라면

연기 6단계 오디션

_나의 아바타 상상하기

　다들 술이 거나하게 취했다. 그중 유독 한 명이 눈에 띈다. 한창 공연 중인 연극배우다. 상기된 채 미간을 찡그린 그에게 다가가니 특정 배우의 이름을 들먹이며 열변을 토하고 있다.

　"이건 말도 안 돼! 불공평해!"

　무한 구간반복이다. 이유인즉 같은 공연 팀에 있던 배우가 영화 한 편으로 소위 스타가 됐다는 거다.

　"그쪽 일이라면 네가 잘 알잖아! 대체 걔가 뭐 그리 대단하다는 거냐?"

　내게 따지기 시작한다. 연기도 못했던 배우가 왜 영화에서 연기력을 인정받는지 설명해달라는 거다. 친구들이 하나둘 내 어깨를 치고는 자리를 떠난다. 늘 그렇듯 술자리 주인공은 가장 취한 사람이다. 그리고 그 주인공이 지목한 나는 여주인공이 된다. 주인공은 끝까지 살아 있어야 한다. 빠져나갈 구멍이 없다.

　처음엔 질투 어린 단순한 술주정 같아서 조금 귀찮았다. 하지만 그

의 진지한 표정에 점점 숙연해졌다. 혼란스러워하는 이 선배가 걱정된다. 그가 버텨온 연극연기의 신념이 무너질까 봐서다. 영화와 연극의 연기는 얼마나 다른 걸까?

연극영화과를 졸업하고 연극을 하고 있는 남자 후배 하나가 영화 오디션 대본을 들고 나를 찾아왔다. 황당한 표정이다. 아니, 화난 표정인가? 마치 6개월 전 술 취한 선배의 얼굴을 보는 듯하다.

J   아! 이 대본, 도저히 어떻게 해야 할지 모르겠어요!

안   아이고, 깜짝이야! 아니 왜 느닷없이 화를 내고 그러니?

J   죄송해요. 목소리가 너무 컸나요? 하도 답답해서요.

안   뭐가 그렇게 답답한데?

J   영화 대본은 어떻게 해야 할지 진짜 모르겠어요. ('빗자루를 휘두르며 난동을 피운다'는 지문을 가리키며) 특히 이 부분이요!

안   이 지문이 왜?

J   오디션에 가서 정말 빗자루를 휘두르며 난동을 피워요? 제가 빗자루 휘두르는 액션을 진짜로 막 해야 해요?

갑자기 어지러움이 일었다. 그게 그렇게 화가 날 정도로 답답하고 어려운 문제인 걸까?

안   네 맘대로 해. 빗자루를 잡기 전부터 해도 되고, 휘두르는 것부터 해도

되고. 난동 부리는 장면부터 보여줘도

돼. 오디션에서 대본의 어디부터 연기를 보여줄지

는 배우가 정하는 거야.

내 마음도 답답해졌는지 톤이 높아졌다. 그런데 생각해보니 나도 영화 오디션을 처음 볼 때 분명히 했던 고민이다. 괜히 미안해져서 표정을 누그러뜨린다.

J 반지를 끼워주는 장면은 너무 오글거려요. 반지를 끼워주는 마임을 하나요? 아니면 진짜 반지를 준비해 끼워줄까요? 리얼하게.

안 반지를 가져가면 누구한테 끼워줄 건데? 앞에서 상대방 대사를 해주는 사람이 남자라면? 그 반지를 어떻게 할래?

J 그건 또 그러네요. 반지는 가져가지 말아야겠다.

평상시 남자답고 스마트한 이미지를 풍기던 그 후배가 영화대본을 받으니 순식간에 얼간이가 됐다. 귀엽기는 한데 걱정이 더 앞선다.

안 모든 행동은 배우가 자유롭게 정하는 거야. 그래도 카메라라는 제약이 있으니 센스 있게 판단해야겠지. 단, 진짜로 하는 것이 부담스럽다고 해서 '했다 치고' 하면서 넘기면 안 돼. 지문에 지시한 내용은 모두 표현해내야 해.

J 그렇다고 정말 빗자루를 휘두를 수는 없잖아요. 카메라 테스트라도

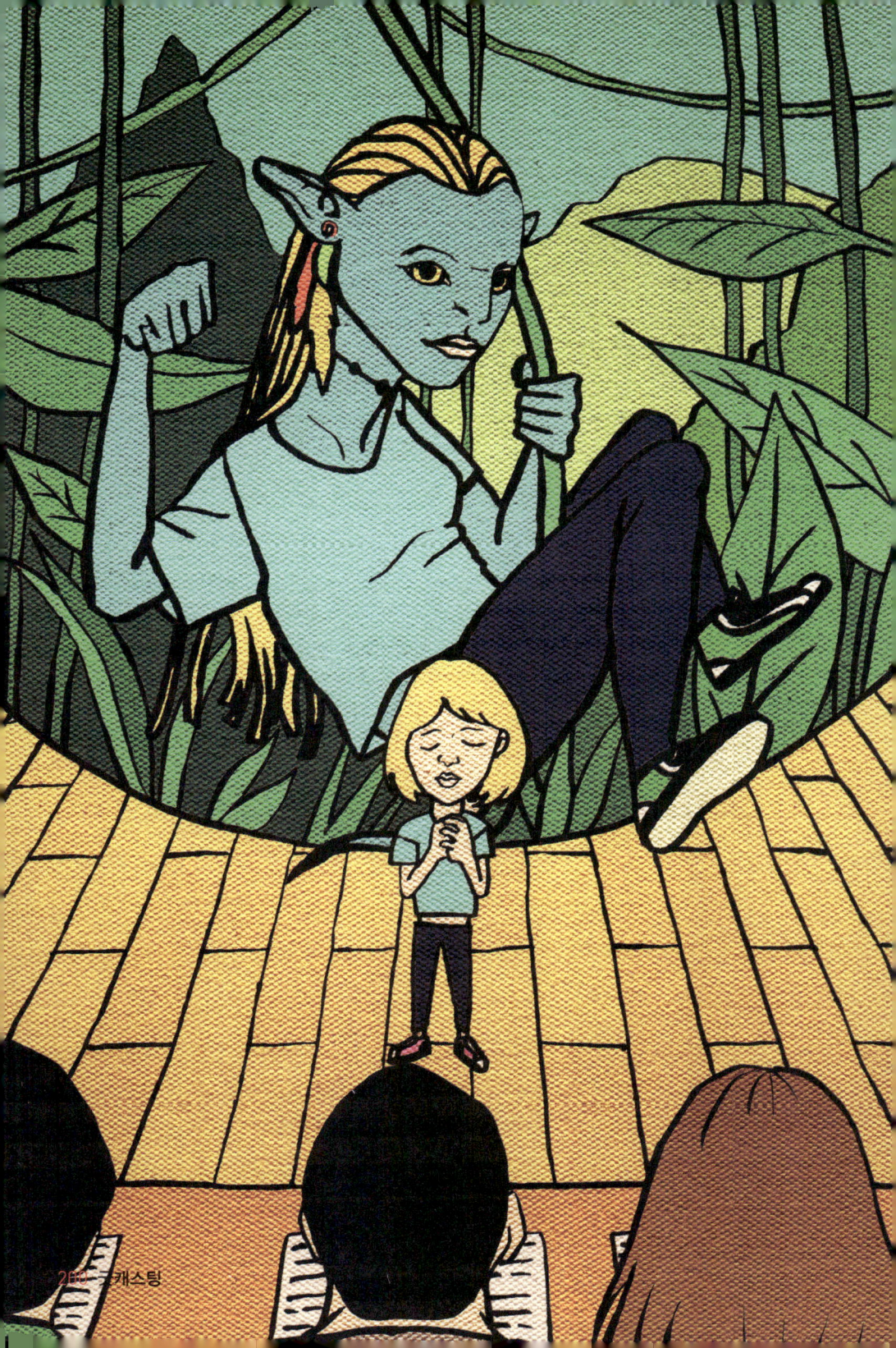

하면 움직임이 크잖아요. 어떡하죠?

안 아바타를 만들어서 상상해. 상상 속 네 아바타가 대신 빗자루를 휘두르는 거야. 너는 아바타로부터 휘두른 느낌을 호흡과 감정으로 건네받는 거지. 그 느낌을 얼굴과 몸에 생생히 뿌리는 거야. 그럼 지문에 지시한 내용을 충실히 표현한 게 되지.

오디션 현장은 생각보다 제한된 동선으로 꾸며진다. 카메라가 있다면 더욱 좁아진다. 액션이 있는 지문이라도 나오면 고민은 배가된다. '손을 뿌리친다', '뒤돌아보며', '따귀를 때린다' 등은 하는 사람도 보는 사람도 감정이 깨질 수 있는 조심스런 대목이다. 이런 동작은 아바타가 대신하게 만들어라. 직접 몸으로 행하지는 않았지만 직접 움직인 효과를 얻게 될 것이다. 아바타의 능력은 상상력에 비례한다.

J 선배님, 저 「아바타」 못 봤는데요.

안 …….

J 선배님…?

안 오디션 보지 말고 「아바타」부터 봐!

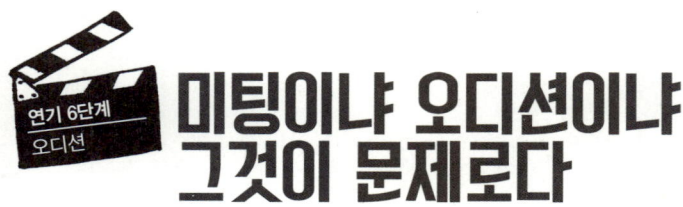

미팅이냐 오디션이냐 그것이 문제로다

연기 6단계
오디션

_ 메이크업과 스타일링

매니저 내일 드라마 미팅 잡혔어. 숍에 두 시까지 가서 헤어랑 메이크업 하

고, 3시 좀 넘어서 방송국으로 출발하자.

배우 미팅이에요, 오디션이에요?

매니저 글쎄, 대본 얘기는 없던데. 그냥 이미지만 보실 건가 봐. 실물 미팅.

배우 아, 그래요? 그럼 어떤 스타일로 입을까요? 헤어랑 메이크업은 어

떤 콘셉트로 하죠?

매니저 그냥 평상시처럼 자연스럽게. 뭐 조금 예쁘게 하면 되지 않을까?

배우 자연스럽게, 하지만 조금 예쁘게요? 그게 제일 어려운데….

다음 날. 감독님과 이런저런 대화를 나눈다. 여러 질문과 대답들이

오간다.

감독 그럼 대본 한번 읽어볼까? 이 역할 한번 해보세요.

배우 네???!!! (식은땀이 흐른다)

잠시 후, 시무룩한 표정으로 터덜터덜 걸어 나오는 배우.

매니저 잘 봤어?

배우 아, 뭐예요! 그냥 미팅이라면서요? 감독님이 갑자기 연기시키셔서
당황했어요!

매니저 진짜? 리딩시킨다는 얘긴 못 들었는데….

배우 아, 몰라 몰라. 오디션 망했어요.

누구를 탓하겠는가? 매니저는 잘못이 없다. 오디션을 주관하는 이의
마음에 따라 상황은 달라지기 때문이다. 그 마음은 종잡을 수 없다. 어
느 날은 이미지만 볼 수 있다. 어느 때는 질문에 답하는 인터뷰만 할 수
있다. 어느 날은 예고 없이 대본 리딩을 할 수도 있다. 단순한 미팅이라
해도 배우는 대본 리딩의 유무, 인물 스타일링, 캐릭터 설정 등 모든 경
우의 수를 예상해야 한다.

오디션은 크게 '드라마 오디션'과 '영화 오디션'으로 나뉜다.

드라마 오디션

1. 드라마 기획안과 오디션 대본을 미리 주는 경우

캐릭터 분석 및 인물 관계를 정확히 파악한다. 오디션 대본은 마르고
닳도록 완벽히 연습한다.

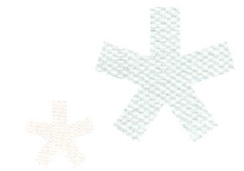

2. 현장에서 즉석 대본을 주는 경우

즉석 대본은 평소 실력에 좌우된다. 기획안은 미리 받는 경우가 많으므로 즉석 대본을 예측하고 최대한 연습하도록 한다. 가장 중요한 건 여유를 갖고 천천히 하는 것이다.

3. 현장에서 실물 미팅만 하는 경우

드라마 정보를 모르는 상태이니 가장 본인다운 모습으로 어필한다.

영화 오디션

: 영화 오디션은 미리 모든 정보를 주기 때문에 완벽히 준비해가야 한다. 즉석에서 갑자기 대본을 주는 경우는 거의 없는 대신, 자유연기를 시킬 확률이 90퍼센트쯤 된다.

1. 간단한 시놉시스와 역할 오디션 대본을 주는 경우

시놉시스는 간단한 줄거리다. 이를 참고해 역할 오디션 대본을 완벽히 숙지해야 한다. 자유연기도 잘해야 한다. 영화 캐릭터를 잘 살릴 수 있는 자유연기로 자신을 어필하도록 하자.

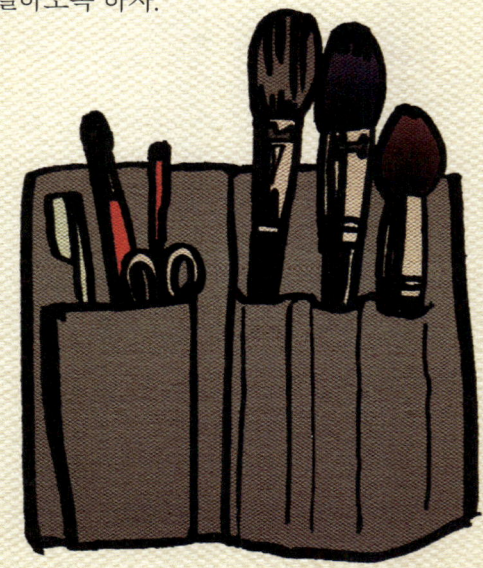

2. 영화 시나리오 전체를 주는 경우

시나리오 전체를 읽고 내용과 캐릭터를 파악한다. 본인이 자신 있는 역할 위주로 연습해간다. 하고 싶은 역할이 있다면 완벽에 가깝게 연습해가라. 그 캐릭터의 모습으로 오디션 현장에 등장해도 된다.

오디션 관련 자료를 받았다면 연기하게 될 캐릭터를 찾아 분석하고 옷, 메이크업, 헤어 등을 체크한다. 어떤 캐릭터를 시킬지 모를 때는 본인에게 가장 잘 어울리는 옷을 입는다. 역할에 맞는 스타일을 하나하나 떠올려보고 연구하는 것이 바로 연기의 시작이다. 단, 여배우가 피해야 할 패션에는 몇 가지 사항이 있다.

- 원색적이거나 프린트가 강한 옷. 배우의 얼굴을 가릴 수 있다.
- 노출이 심한 옷. 연기보다는 몸매를 과시하려는 의미로 보인다.
- 너무 풍덩하게 큰 옷. 자신감이 없어 보인다.
- 과도한 장신구. 시선을 분산시킨다.

'미팅'이라는 단어에는 많은 것이 함축되어 있다. 만나는 동안 평가에 필요한 건 뭐든 다 할 수 있다. 자기소개, 연기 테스트, 대화 및 질의응답, 사진촬영, 카메라 테스트 등 모든 게 가능하다. 따라서 미팅을 준비할 때는 모든 경우의 수를 예측하고 대비해야 한다.

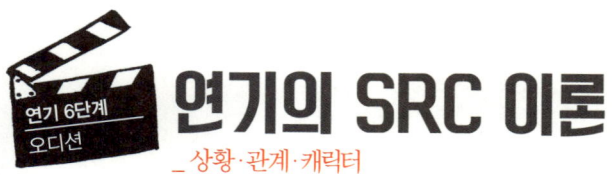

연기의 SRC 이론

_ 상황 · 관계 · 캐릭터

　프로야구 시즌이 한창이었다. 주말에 친구들과 야구장을 가기로 약속했다. 그런데 같은 날 지인 결혼식이 겹쳤고 식은 예정보다 길어졌다. 집에 들러 편한 옷으로 갈아입고 싶었지만 곧장 야구장에 가도 아슬아슬한 시각이었다.

　결국 화려한 원피스에 하이힐을 신고 야구장에 들어섰다. 야구장 관람석에 있던 사람들의 시선이 일제히 내게 와 꽂혔다. 억울함이 밀려왔다. 조소를 머금고 스쳐가는 모든 사람들에게 일일이 하소연하고 싶은 마음뿐이었다.

　"결혼식이 있어서… 시간이 없어서… 진짜 야구장 오려고 멋 부린 거 아니거든요!"

　꿈에도 그리던 드라마 데뷔의 기회가 드디어 U에게 찾아왔다. 그녀는 세상이 달라 보인다고 말한다. 세상이 바뀐 게 아니라 그녀의 인생이 바뀐 것임을 그녀 역시 잘 알고 있음에도 말이다.

안 어제 드라마 잘 봤어. 진짜 이러기야?

U 왜요? 연기 이상했어요?

안 몸이 아픈 장면에서 입술이 빨갛고 옷 색깔이 화려하면 어떡하니? '저 티셔츠 예쁘다. 어디 브랜드지?' 그 생각만 들더라.

U 입술에 뭐 바른 거 아니에요. 제 입술이 원래 붉어요. 그리고 옷은 아시다시피 제가 마음대로 고를 수 있는 게 아니잖아요….

안 나야 네 해명을 들을 수 있어서 이해하지만 시청자는 그럴 수 없잖아. 네가 일일이 붙들고 말할 수 없는 거니까. 정말 사소한 옷차림 하나가 극 몰입에 방해가 되기도 해. 아마 메마른 입술에 차분한 옷을 입었다면 네 연기는 더 돋보였을 거야.

패션에 시간(Time), 장소(Place), 상황(Occasion)의 TPO 법칙이 있다. 이를 반영해 옷을 입어야 매너를 갖춘 멋쟁이가 된다. 이는 배우에게 더욱 엄격히 요구되는 요소다. 시간과 장소와 상황에 맞게 옷을 입으면 캐릭터에서 윤기가 흐르기 때문이다. 즉 TPO에 맞게 옷을 입는 것이 연기의 출발이 된다.

U 알겠어요. 앞으로 옷 입는 것 하나도 신중히 할게요. 사실 저 요즘 촬영장 가면 고민이 많아요. 씬 순서대로 촬영하면 얼마나 좋을까요? 헷갈려 죽겠어요! '내가 지금 찍는 장면의 감정이 이게 맞나?' 할 때도 있어요. 감정 연결이 안 되니까 무슨 지킬 앤 하이드 같아요.

안 알아. 처음에는 다 그래. 그러니 씬에 대한 정보를 잘 정리해서 메모해

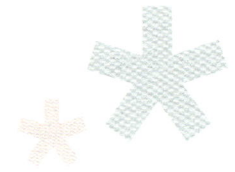

두어야 해. 그때마다 바로 확인할 수 있도록 말이야. 머릿속에 씬의 정보를 완벽하게 그려넣으면 더 좋고.

U   씬에 대한 정보요? 어떤 정보요?

패션에 시간, 장소, 상황에 따라 옷을 입는 기본 원칙이 있듯이 연기에도 세 가지 기본 원칙이 있다. 바로 'SRC 법칙'이다.

S(Situation)-상황 : 지금 어떤 상황에 들어와 있나?

R(Relation)-관계 : 지금 어떤 인물과 만나고 있나?

C(Character)-성격 : 지금 어떤 성격을 가지고 있나?

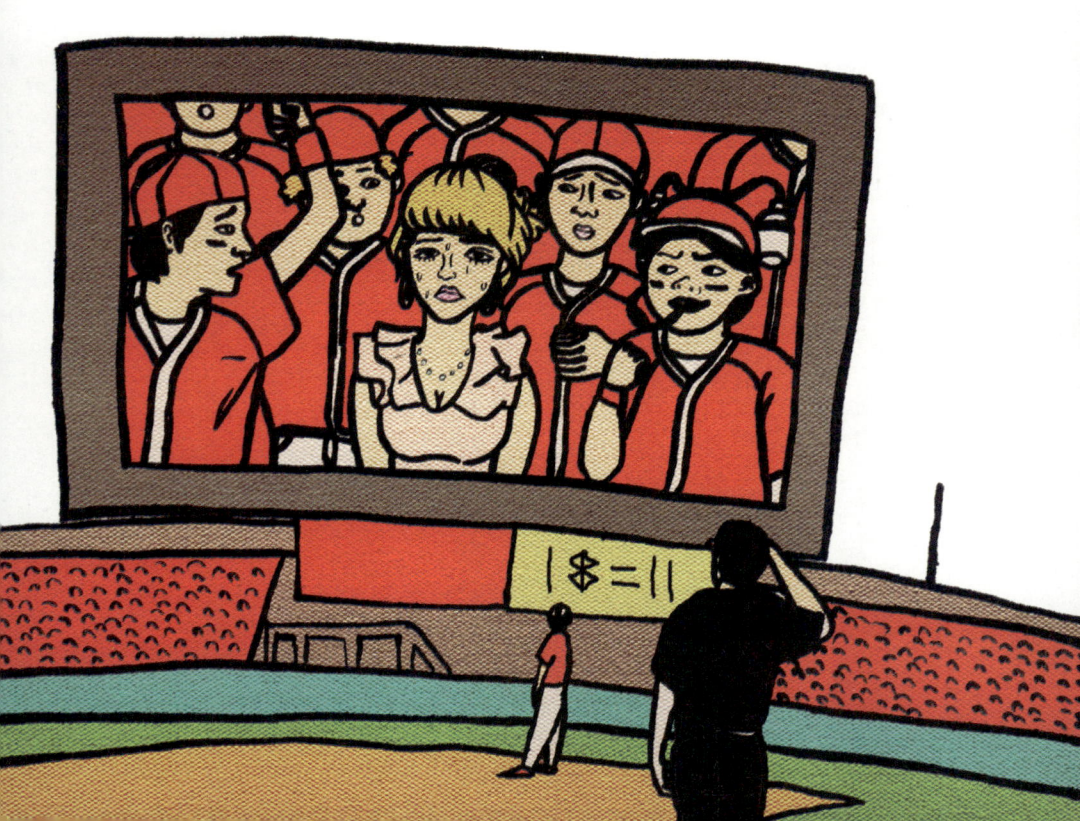

씬의 상황, 인물의 관계, 나의 캐릭터. 이렇게 세 가지면 족하다. 집중하기 위해 머릿속을 심플하게 만들자. 그럼 씬의 순서가 복잡하게 바뀌어도 두려울 게 없다. 어차피 연기는 순간의 진실에 달려 있다. 지금 상황에 대한 이해, 지금 인물 관계에 대한 연구, 지금 연기하는 캐릭터의 설정. 이 삼각형만 남기고 모두 지워라. SRC 법칙은 배우가 그 역할로 가장 빠르면서도 편하게 몰입할 수 있는 일종의 왕도라고 할 수 있다.

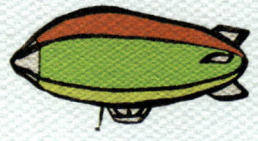

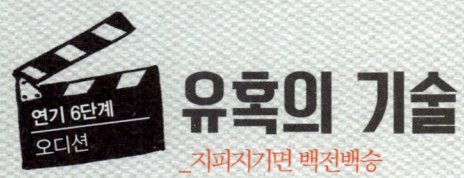

유혹의 기술

_지피지기면 백전백승

"요즘 드라마 뭐 봐요? 최근에 본 영화가 뭐예요?"

배우와의 첫 만남에서 꼭 하게 되는 질문이다. 배우가 대답하면 이야기의 물꼬가 트인다. 스토리, 배우, 음악 등등 다양한 정보로 배우 성향을 가늠할 수 있고 덤으로 배우의 목소리와 언어습관도 파악한다. 사실 이게 말을 거는 진짜 이유다.

착실히 노래와 춤을 연습하며 음반을 준비했던 B는 팀이 해체되면서 가수활동 준비를 중단했다. 다행히 연기자 매니지먼트와 인연이 닿아 연기자가 되기 위한 준비를 하고 있다. 대학에서 연기를 전공한 B는 리딩을 곧잘 한다. 귀공자 같은 외모에 목소리까지 좋다.

B　제가 평소 즐겨 연습했던 연기가 있는데 보여드려도 될까요?

안　아, 그래? 뭔데?

B　제가 나중에 꼭 해보고 싶은 캐릭터거든요. 영화「올드보이」아시죠?

안 헉! 설마 그거 아니지? 불편해… 다음에 하자.

B 아…, 무엇을 상상하시는지 알겠어요. 바닥을 기며 '멍멍' 하는 그 장면 아니에요. 유지태 선배님 연기예요.

그러고는 벌떡 일어선다. 장면을 재현한다. 즐겨 연습했던 티가 난다. 그럭저럭 잘한다. 얼마나 반복했는지 그의 노력이 고스란히 드러난다. 자신의 장점을 잘 살려냈다. 처음 보는 자리에서 자신 있게 시연하는 모습이 인상적이다. 앞으로 있을 연기수업이 기대된다.

일주일이 지났다.

안 저번에 했던 자유연기 말이야. 자신 있게 보여줘서 놀랐어. 그 감독님 작품 또 뭐 봤어?

B 그 감독님 다른 작품이요? 뭐 또 만드셨어요?

안 잘못 들은 거 아니지? 왜 몰라, 유명한 작품이 그렇게 많은데.

눈빛이 맹하다. 다소 불길한 예감이 엄습한다. 당황한 가운데 말 돌리기를 여러 차례. 갈수록 미로였다.

안 최근에 무슨 영화 봤어? 그 영화의 감독님은 누구지? 그 감독님의 작품은 뭐가 있고 어떤 배우들이 출연했지?

내 말에 눈만 연신 껌벅인다. 유명한 작가, 감독, 작품 성향, 배우들…

그 어떤 질문에도 꿀 먹은 벙어리다.

안　너무했다. 적어도 네 자유연기 작품 감독님에 대해선 알고 있어야지.

B　그저 연기를 잘해야 한다는 생각만 해서 연기연습만 했어요. 작품 관련 지식은 연출전공 학생들만 공부하는 건 줄 알았어요.

안　적어도 오디션 자리에서 만나는 감독님에 관한 기초 지식은 있어야 해. 그건 기본 예의야.

B　알겠습니다. 이제부터 작품에 관한 지식도 쌓겠습니다.

소개팅에 나갔는데 상대방이 나에 대해 아무것도 모르면 어떨까? 난 상대방에게 이렇게 묻고 싶을 거다.

"여기 왜 왔어요?"

이는 오디션에 아무것도 모른 채 온 배우를 보며 감독님이 속으로 생각할 법한 말이기도 하다. 배역은 연기만 잘한다고 저절로 얻어지는 게 아니다. 오디션이라는 관문을 거쳐야만 얻을 수 있다. 오디션을 통과한다는 건 감독님을 통과한다는 것과 상통한다. 전작은 무슨 작품이었는지. 이번 작품 장르는 무엇인지. 감독님이 캐스팅한 배우들 성향은 어땠는지. 이런 정보는 기본 중 기본이다. 생각 외로 이를 가볍게 여기는 배우들이 적지 않다. 연기보다 더 중요하다고 말한다면 좀 과한가? 식상하지만 말해주고 싶다. '백전백승'하기 위해서는 '지피지기'해야 한다고 말이다.

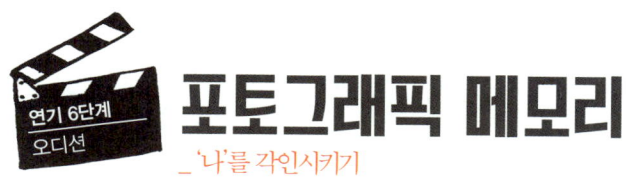

포토그래픽 메모리
_ '나'를 각인시키기

　N에게 대본을 건네고 연습할 시간을 준다. 이때 난 일부러 딴짓을 한다. 쳐다보고 있으면 부담스러울 테니 배려하는 거다. 다른 데를 보려는데 자꾸 N에게 눈이 간다. 대본 연습하는 N의 표정 때문이다. 대본을 속으로 읽는데도 시시각각 표정이 달라진다. 저렇게 표정이 살아 있으니 완성된 연기는 얼마나 훌륭할지 기대된다.

안　자, 준비됐으면 해볼까?

N　네.

　내 대사가 먼저다. 나는 대사를 N에게 준다. 자, 이젠 N 차례. 대본을 보면서 열심히 연기한다. 표정이 살아 있다. 어? 그런데 이상하다. 대사가 끝날 무렵 급하게 표정이 사라진다. 눈도 이미 다음 대사로 가 있다. 눈이 다음 대사를 보고 있으니 표정이 끝까지 살아 있을 리 없다.

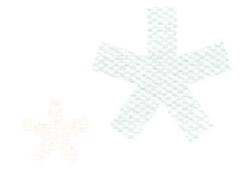

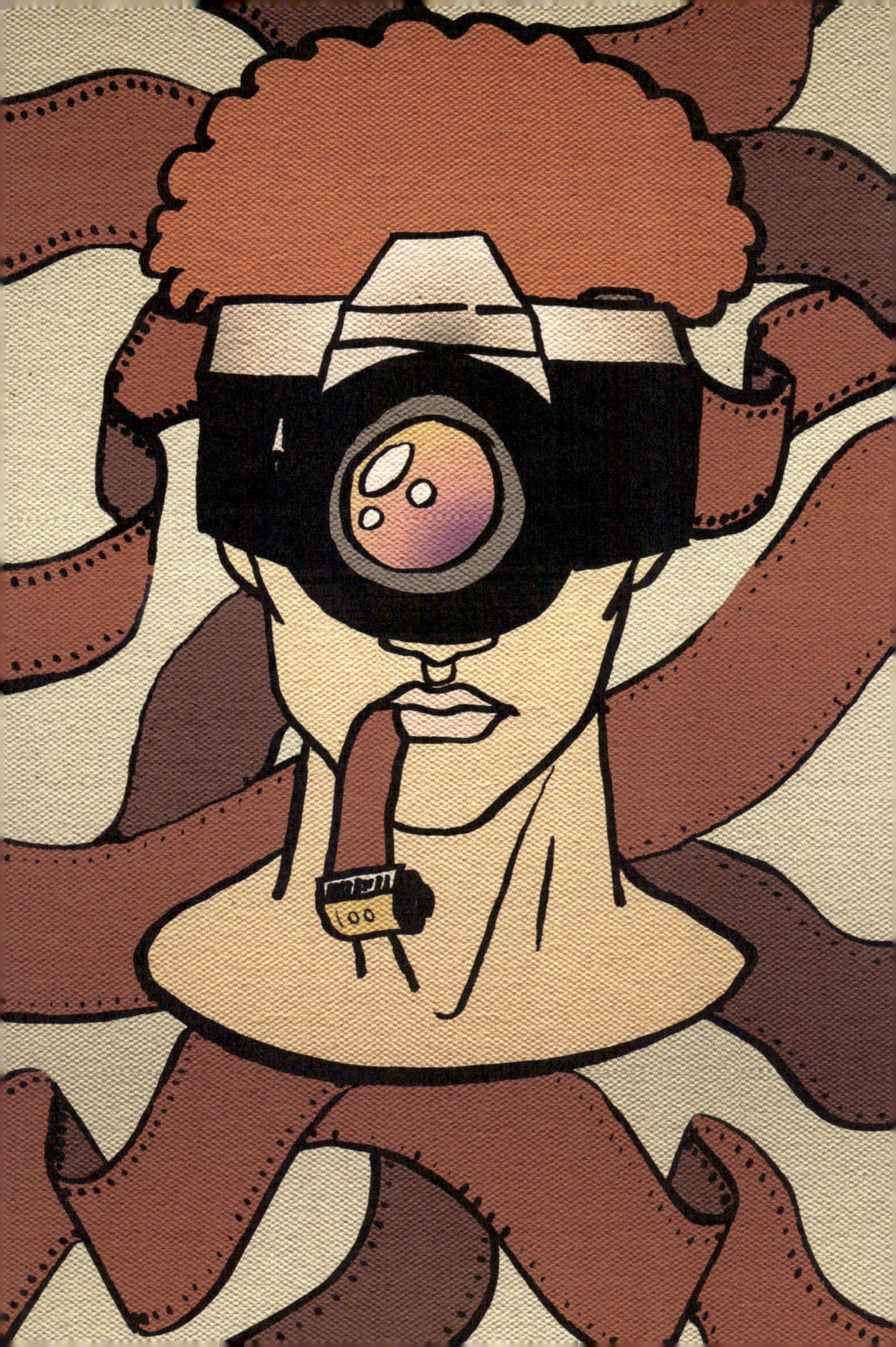

안 N, '드라마를 듣는다'는 말 어때? 이상하지? 그렇다면 드라마를….

N '본다!'라고 해야죠.

안 극장에 영화를….

N 보러 가죠!

안 오디션을….

N 본다?

안 그래. 드라마도, 영화도, 오디션도 모두 '본다'야. 그러니 배우는 보여
주는 사람이고. 최근에 본 영화 뭐 있어?

N 「늑대소년」이요.

안 기억에 남는 대사 있어?

N 어….

안 딱 안 떠오르지? 기억에 남는 장면은 있어? 난 소녀가 늑대소년을 위
해서 돌 던지면서 가라고 막 울던 장면이랑 늑대소년이 무거운 쇳덩이
를 맞았는데 아무렇지도 않은 표정이 아직도 생생해. 넌?

N 저는 늑대소년이 시간이 지나도 침대에 앉아서 동화책을 가지고 기다
리던 장면이요. 슬펐어요. 그리고 늑대로 변하는 장면에서 실감 나는
CG에 "와~" 하고 감탄사가 절로 터졌어요.

안 그것 봐. 대사보다 어떤 장면이나 배우들의 표정이 기억에 오래 남지?
이걸 이용해야지. 네가 오디션을 보고 나간 후 너의 목소리보다 표정
이 기억에 남을 확률이 높다는 사실 말이야.

N 제가 표정이 없나요?

안 아니, 표정 좋아. 그런데 그 좋은 표정을 상대방에게 보여주지를 않아.

'얼굴 도장 찍는다'는 말 들어봤지? 감정이 바뀔 때마다 얼굴 도장 좀 '쾅!' 찍어줘. 너의 좋은 표정이 지워지면 아깝잖아.

　오디션에서는 순발력이 중요하다. 짧은 시간에 대본을 분석해 연기로 표현해야 한다. 연기에 정해진 답은 없기에 나만의 답을 내놓아도 된다. 수많은 배우 중 나를 기억나게 하는 방법은 무엇일까? 그 방법만 알고 있다면 오디션에서 성공할 확률이 매우 높아진다.

　그 방법은 바로 '포토그래픽 메모리'를 이용하는 거다. 이는 무엇이든 한 장의 사진으로 찍어 뇌에 저장하는 사진 기억술이다. 연기를 할 때 '이 대사는 이런 감정입니다' 하고 한 장의 사진을 찍어주듯 고개를 들어 내 표정을 상대에게 보여주는 방법이다. <u>내 연기를 한 장의 스틸 컷으로 만들어라.</u> 내 연기를 감상하는 사람에게 선물로 줄 수 있도록 말이다.

PHOTOGRAPHIC MEMORY

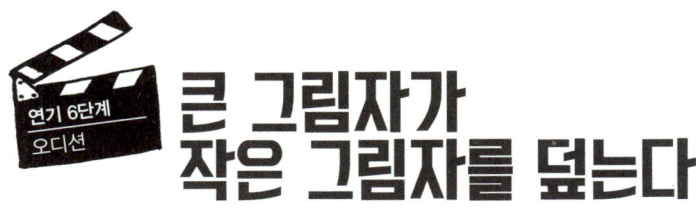

큰 그림자가 작은 그림자를 덮는다

연기 6단계 오디션

_아홉 개의 단점을 무색케 하는 강력한 장점

어느 봄. 얼굴도 동글, 눈도 동글, 성격도 동글동글한 여자 신인배우를 만났다. 곱게 자란 막내딸 같은 인상에 예의 바르고 얌전한 그녀를 보고 내 첫 느낌은 이랬다. '연예인 감은 아니다!' 이유는 끼가 없어 보여서다. 심지어 머리끝에서 발끝까지 시선을 옮겨 봐도 시선을 확 잡아끄는 곳이 없었다. 그래도 혹시 그녀 안에 어마어마한 에너지가 숨어 있을지 모른다. "우리 같이 찾아보자!" 각오를 다지면서 우리의 만남은 시작되었다. 어느 날이었다.

안   뭐야? 대낮부터 왜 이리 힘이 없어? 어디 아파?

S   아픈 게 아니고 졸려서요.

안   간밤에 친구들이랑 클럽 갔어? 드디어 술이라도 마신 거야? 응?

난 그녀의 탈선(?)을 은근히 기대하며 질문을 쏟아낸다. 건조한 그녀의 삶에 촉촉한 이벤트가 생기길 내심 기다렸기 때문이다.

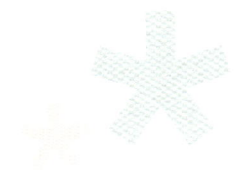

S 아니요. 아침 7시 반부터 오후 1시까지 빵집에서 아르바이트하고 바로 왔더니 피곤해요.

안 갑자기 웬 알바?

S 회사 대표님이 권하셔서요. 제가 몸도 약한데다 숫기도 없다고요. 기왕이면 아침 일찍 하는 아르바이트가 좋겠다고 하셨어요. 사람들을 상대하다 보면 깡이 길러진다고 반강제로 하게 됐어요.

안 그럼 집에서 나오려면 적어도 새벽 6시에는 일어나야겠네? 너 잠이 많아 5분씩 지각하더니 쌤통이다. 넌 동작이 좀 굼뜨니까 일하면서 순발력을 좀 길러봐.

새로운 장소는 배우에게 훌륭한 연습실이자 유능한 선생님이 된다. 그렇게 그녀는 몸과 마음을 단련시켜가고 있었다.

계절이 바뀔 무렵 그녀에게 드디어 기회가 왔다. 사극 오디션을 보게 된 것이다. S는 신인 치고 제법 오디션을 잘 보았다. 연기 참 잘한다는 얘기를 들은 걸 보면 말이다. 그럼에도 역할은 따내지 못했다. 문제는 연기가 아니었다. 살인적인 촬영스케줄과 기라성 같은 선배 연기자들의 기를 감당 못할 것 같다는 평가 때문이었다. S도 나도 아무 말이 없었다. 솔직히 부당하다는 생각보다 그렇게 보일 수도 있겠다는 생각이 앞서서였다. 우린 그 원인부터 성찰하기 시작했다. 해결책은 그다음 문제였다.

S 선생님, 제가 약해 보여요? 감독님께서 그러셨어요. 제가 촬영하다 힘

들면 울다가 결국 잠수 탈 것 같다고요. 저 진짜 튼튼한데… 책임감도 강하고요.

안 몸이 약해 보여 하신 말씀이 아니야. 아마 정신력이 약해 보여서인 것 같아. 못한다고 뭐라 하면 당장 울어버릴 것 같은 느낌이랄까? 사실 나도 너 처음 볼 때 그런 느낌이었어. 이제는 많이 좋아졌지만 좀 더 강한 믿음을 줘야 해. 배우만 감독님을 믿고 작품을 시작하는 게 아니야. 감독님도 배우들을 믿어야 작품을 시작할 수 있거든.

S 네…. '자신 있어요! 시켜만 주세요!'라고 큰 소리로 말하고 싶었는데 결국 못했어요.

안 지금 와서 후회하면 뭐해? 표현 안 해도 남들이 알아주길 바라는 건 신인에게 무책임한 일일 수 있어. '내 맘 알아주겠지' 하고 가만있는 건 심지어 의지도 없어 보여. 그게 네 치명적 단점이야.

그렇게 오디션 후폭풍을 겪은 후, S는 연기 실력과 함께 뻔뻔함도 조금씩 키워가고 있었다. 단풍이 만연할 무렵, 그녀에게 다시 사극 오디션 기회가 왔다. 예전과 같은 실수를 반복하지 않기 위해 우리는 만반의 작전을 세워야 했다.

오디션 대본을 연습하던 S가 울상을 짓는다.

S 선생님, 어떡해요! 제가 제일 못하는 긴 대사예요. 힘 있게 쭈욱~ 뽑아내야 하는 거요.

안 그러네. 배에 힘이 없는 너에게 하필…. 단점을 들킬지 몰라.

S는 다행히 자신의 단점을 정확히 알고 있다. 남들에 비해 다소 힘없는 발성. 그것이 자신감 없는 목소리로 들리고 의지마저 약해 보인다는 걸 말이다. 어떻게든 이겨내야 한다. 이번 역할은 그녀에게 매우 잘 어울리는 역할이다. 좋은 대본, 적합한 연령대와 이미지, 배우의 의지까지 삼박자를 고루 갖춘 역할이다. 이에 S는 더욱 간절해졌다. 연습하고 또 연습했다. 자다가 잠꼬대로 대사를 말할 정도였다.

안 '이가 없으면 잇몸으로 씹는다'는 얘기 들어봤어?

S 그럼요, 어른들이 잘 쓰시는 말이잖아요.

안 너에게 이가 발성이라면, 잇몸은 뭘까? 단점을 대신할 무언가 말이야. 만일 말을 못하는 상황이 왔어. 그런 상황에선 무엇으로 대체하지?

S 손짓 발짓 다하겠죠. 보디랭귀지요.

안 맞아. 근데 카메라테스트에서 보디랭귀지는 부적합해. 만일 몸을 움직이지 못한다면?

S 표정으로 말하겠죠. 눈으로.

안 맞아! 눈! '네 얼굴 중에 그래도 가장 예쁜 건?' 하고 묻는다면 커다란 눈이야.

S 으흐흐. 그나마 눈이 가장 괜찮죠?

안 연기를 다시 해보자. 네가 좀 더 강하게 연기하고 싶은 부분에서 소리 대신 눈에 감정을 더 넣어보는 거야. 사실 우리가 화나면 말소리도 거칠어지지만 눈빛도 강해지거든.

S 눈을 좀 더 크게 뜨면 되는 걸까요? 이렇게?

안 아니. 그렇게 하는 게 아니야! 너처럼 "이렇게요?" 하면서 갑자기 눈을 크게 뜨면 이유 없이 눈만 동그래지지. 감정을 하나하나 쌓아올려. 결정적인 순간에 큰소리보다 너의 최대 장점인 눈을 통해서 연기를 해보는 거야. 예를 들어 좀 더 강한 감정으로 크게 지르고 싶을 때 턱을 당기고 눈에 감정을 넣는 거야. 눈의 크기나 모양이 중요한 게 아니야. 눈의 깊이가 중요한 거지.

음성보다 비주얼이 더 강렬한 이미지를 만들려면 어떻게 해야 할까? 자신의 단점을 노트에 차분히 적어보자. 거짓 없이 적나라하게 말이다. 외모, 연기, 성격, 트라우마 등등 뭐든 적어라. 그리고 단점 옆에 장점을 나열하라. 강한 장점은 여러 단점과 맞바꾸고도 남는다.

키가 작다.	대신 다리가 길다.
얼굴이 동그랗다.	피부가 매끈하다.
목소리가 허스키하다.	섹시한 캐릭터는 자신 있다.
집중력이 부족하다.	순발력은 최고다.
발음이 잘 안 들린다.	표정연기가 좋다.
분석력이 부족하다.	표현은 자신 있다.
몸매가 별로다.	연기는 자신 있다.
개성 없는 얼굴이다.	연기 변신이 가능하다.
경력이 없다.	신선한 캐릭터로 어필할 수 있다.

결국 S는 오디션 최종단계까지 올랐다. 그리고 그 후 감독님께 "신인 배우를 기용하실 거면 저를 쓰세요. 감독님의 선택을 후회하지 않게 해 드릴게요!"라고 당당하게 말했단다. 눈빛연기가 좋다는 평을 들었고, 신 인답지 않은 당돌함이 눈에 띄어 S는 결국 역할을 따내는 데 성공했다.

배우에게 이 같은 성공은 중요하다. 자신감으로 간직되기 때문이다. S는 지금도 작품을 할 때마다 애잔한 눈빛연기에서 호평을 받고 있다. 콤플렉스는 없애는 게 아니라 가리는 것이다. 아주 근사하고 큰 그림 자로 말이다.

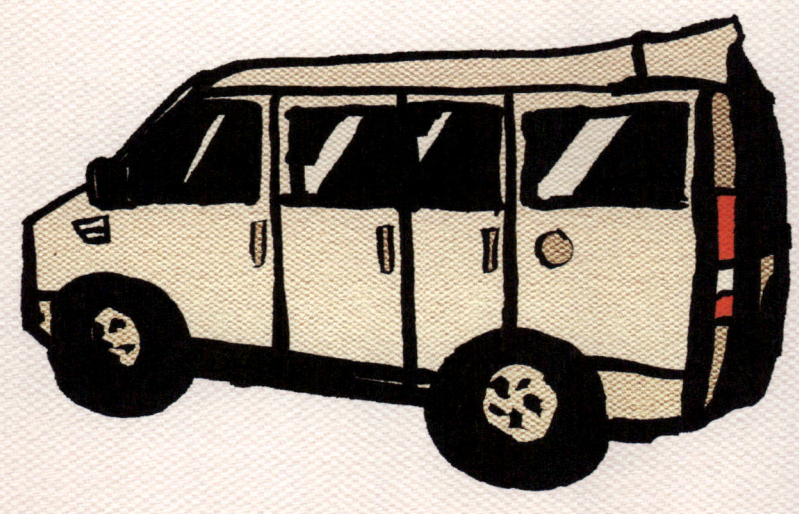

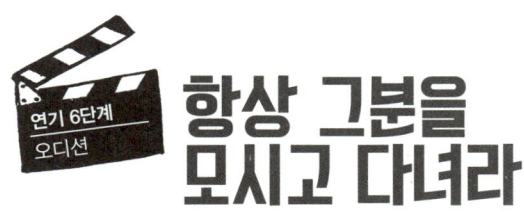

연기 6단계
오디션

항상 그분을
모시고 다녀라

_나만의 연기 파트너

오디션 대본을 한참 연습하다 보면 신인배우 90퍼센트 이상이 내게 던지는 질문이 있다.

> K 선생님! 오디션 볼 때 시선은 어디를 향해야 해요?
>
> 안 어디를 보고 싶은데?
>
> K 잘 모르겠어요. 카메라를 봐야 할지, 아니면 감독님을 봐야 할지….
>
> 안 고민하지 마.
>
> K 네? 왜요?
>
> 안 둘 다 아니니까.
>
> K 네…? 그럼요?

오디션을 볼 때 시선 처리는 어떻게 해야 할까? 사소한 것 같지만 상당히 중요한 문제다. 오디션 현장에는 상대 배역의 대사를 읽어주는 사람이 있다. 무조건 그 사람을 봐야 한다. 이때 상대 배역을 누가 해주느

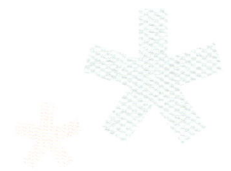

냐에 따라 여러 가지 경우가 있다.

1. 오디션 현장에 감독님과 나만 있는 경우

감독님이 상대 배역 리딩 ⇨ **시선은 감독님**

2. 오디션 현장에 2인 이상의 배우가 함께 들어가는 경우

함께 들어간 배우가 상대 배역 리딩 ⇨ **시선은 리딩해주는 배우**

3. 여러 명의 심사위원 앞에 단독으로 서 있는 경우

심사위원 중 한 명이 리딩 ⇨ **시선은 리딩해주는 심사위원**

4. 위의 모든 경우에 카메라가 있는 경우

그중 누군가가 리딩 ⇨ **시선은 리딩해주는 사람(단, 카메라를 보지 말 것)**

★ 예외) 카메라의 위치와 상대 배역 리딩해주는 사람의 위치가 반대일 경우에는 관계자에게 어디를 보고 연기할지 물어볼 것.

5. 자유연기를 하는 경우

사람들이 나의 자유연기를 마음껏 감상할 수 있도록 누구와도 눈을 마주치지 않는 것이 좋다. ⇨ **시선은 가상의 상대를 만들어 그 상대를 볼 것.**

   안 리딩을 할 때는 무조건 상대 배역을 연기해주는 사람을 보도록 해. 그게 원칙이야.

K   네, 알겠습니다. 카메라나 감독님은 의식하지 않아도 된다는 거죠?

안   당연하지! 의식할수록 부자연스러워지거든.

K   자유연기를 할 때 막막해요. 가상의 연기 상대를 만들고 시선을 정하는 거요. 결국 허공을 보는 거 아닌가요?

안   그래, 물리적으론 허공을 보는 거지. 아무도 없는 허공이지만 나와 연기할 상대가 진짜 그곳에 있다고 생각하고 구체적으로 봐야 해. 너의 연기를 보는 사람이 너의 시선을 따라서 '정말 누가 있나?' 뒤돌아볼 정도로 말이야. 그래야 성공한 시선연기라고 할 수 있어.

당신은 충실한 연기 파트너가 돼주는 '그분'을 잘 모시고 있는가. 그분은 착한 배우에게 잘 보인다. 일종의 벌거벗은 임금님이다. 착한 배우란 상상훈련을 성실히 즐기는 자다. 훈련은 별게 없다. 바로 상상 속의 상대 배역을 구체적인 형상으로 구현하는 일이다. 훈련에 성실히 임하여 착한 배우가 되었다면 그분이 앉아 있는지 서 있는지, 심지어 내게 무슨 말을 하는지, 내 말에 어떻게 리액션을 하는지까지 보이게 된다.

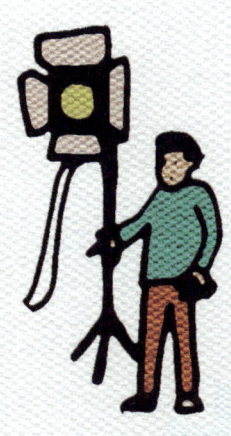

짧은 인사로
나를 각인시킬 수 있다

_ 이광수

군에서 제대한 후, 광고 에이전시를 열심히 돌아다녔다. 손에 든 건 프로필 사진 몇 장뿐이었다. 연기를 하고 싶지만 내가 할 수 있는 거라곤 그게 전부였다. 우선 15초인 짧은 광고에서 먼저 연기력을 인정받아야겠다는 생각이었다. 얼마나 많은 광고 오디션을 보고 떨어졌는지 셀 수도 없다.

그러다 눈에 띌 수 있는 기회가 왔다. 신기하게도 그 기회는 내가 뭔가를 특별히 잘해서 얻은 게 아니었다. 그저 내가 가장 막내라는 생각에 마음을 비우고 현장에 있는 모든 사람에게 큰 소리로 열심히 인사를 한 것뿐. 그리고 감독님이 지시하신 대로 열심히 상황에 집중해 연기한 것 외에는 이렇다 할 게 없었다. 그 무렵만 해도 내가 다른 사람들과 뭐가 다르고 무엇이 특별한지 잘 모를 때였다. 그저 남들보다 키 크고 열정만 가득한 신인모델이었다. 하지만 이후 비슷한 두 차례의 경험으로 다른 사람과 다른 나의 특별함을 알게 되었다. 그리고 그 특별함은 나의 인생을 바꿔놓았다.

시트콤 「지붕 뚫고 하이킥」 오디션 현장에서 감독님은 나에게 대사 한마디 시켜보지 않으셨다. 밝은 기운으로 웃으며 인사하는 모습이 마음에 든다며, 어떤 역할이 될지는 모르겠지만 일단 함께해보고 싶다고 하셨다. 감독님과의 짧은 미팅 후, 시트콤에서의 역할 이름도 '이광수'로 출연하게 되었고, 이는 내 이름 석 자를 알리는 계기가 되었다.

또 한 번의 기회는 방송국 복도에서 이병훈 감독님을 우연히 만나 뵈었을 때 찾아왔다. 마침 그 즈음 방송에 출연하신 모습을 본 적이 있어 존경스러운 마음을 담아 큰 소리로 "감독님, 안녕하세요!" 인사를 드렸다. 감독님은 인사성이 밝아 좋다며 드라마 「동이」에 나를 캐스팅하셨다. 이 인연으로 사극연기를 할 기회를 얻게 됐고, 곧이어 영화 「평양성」에도 캐스팅될 수 있었다.

부끄럽지만 나의 특별함은 '기분 좋은 미소'와 '공손한 인사'다. 인사는 너무나 기본적이고 당연해서 오히려 가볍게 여기는 실수를 저지를 수 있다. 짧은 방송생활을 통해 느낀 것은 사람과 사람의 첫인상을 결정짓는 데 어떻게 인사하느냐가 80퍼센트 이상을 차지한다는 점이다. 이젠 내게 습관처럼 되어버린 인사하기는 사실 그리 어려운 것이 아닌데 말이다.

나도 인사하는 것이 불편할 때가 있었다. 첫 만남이 아닐 경우 더더욱 그렇다. 인사를 하기 전 짧은 순간 여러 생각이 머리를 스친다. '저 사람이 나를 알까?', '내가 인사하면 저 사람이 나를 어떻게 생각할까?' 하는 망설임이 내게도 있었다. 하지만 오래 지나지 않아 깨달았다. 고민하는 것보다 그냥 인사를 하는 편이 현명하다는 것을. 어렸을 적 기억을 되짚어보면 "인사를 잘해야 한다"는 부모님의 가르침이 틀에 박힌 잔소리처럼 들렸는데, 이젠 내가 부모님의 그 말씀을 고스란히 이어받아 배우가 되려는 후배들에게 들려주고 싶다.

"상대방보다 먼저 인사를 하는 것은 자존심 상하는 일이 아니다."

"기분 좋은 얼굴로 건네는 짧은 인사 한마디에 많은 것을 전할 수 있다."

이 가르침의 산증인이 바로 나다. 무심결에 지나칠 수도 있었던 나의 인사성을 좋게 봐주신 감독님들과 선배님들 덕분에 나는 기억에 남는 사람이 되었고, 그토록 꿈꾸던 배우가 될 기회를 잡을 수 있었다.

연기 7단계

촬영

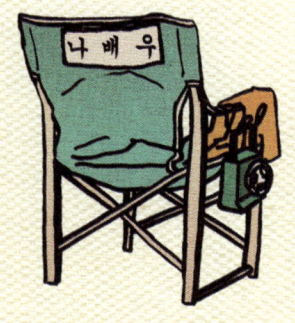

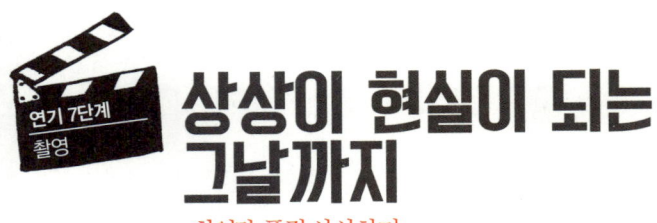

상상이 현실이 되는 그날까지

연기 7단계
촬영

_촬영장 풍경 상상하기

'저 대사는 대본에 쓰여 있는 대사일까? 애드리브일까?'

'저 표정은 어떻게 나오게 된 거지? 지문에 뭐라고 쓰여 있었을까?'

'저 감정을 연기하는 데 시간은 얼마나 걸렸을까? 무슨 생각을 하며 연기했을까?'

'저 장면은 어떻게 찍은 거지? 컴퓨터그래픽인가?'

언제부터인가 드라마를 볼 때마다 이런 호기심을 갖게 됐다. 이제는 신인배우들이 내게 자주 하는 질문들이 됐다. 이 질문들은 언제 들어도 반갑다. 연기에 관한 학구열과 호기심을 확인하면 내 기분도 좋아진다. 직업이 준 본능이다. 특히 대본에 쓰인 모든 게 궁금하다고 말하는 배우를 만날 때면 참 흐뭇하고 힘껏 도와주고 싶다. 이런 호기심을 갖는 자세는 분명 좋은 배우가 되려고 하는 전조다. 나는 온갖 대본을 구해서라도 질문에 답을 해주고야 만다.

O 선생님, 세 시간도 더 걸려서 찍었다는 장면 있었잖아요? 그 장면 어제

방송됐어요.

안 그래? 어땠어?

O 실제 촬영한 시간과 달리 엄청 빠르게 훅 지나갔어요. 음악이 깔린 이미지 컷으로요. 제가 상상한 거랑 많이 달랐어요.

안 그 장면은 출연 배우들이 많아 촬영 시간이 오래 걸린 거야. 실제 촬영 시간과 실제 방송되는 시간이 꼭 비례하진 않지.

O 네, 직접 촬영하고 촬영한 장면들을 보니까 이제 좀 알겠어요. 저는 손을 어떻게 처리해야 할지 가장 고민이었거든요. 손을 어디까지 올려야 카메라에 잡히는지 이젠 확실히 알겠어요. 아! 그리고 직접 촬영해보니까 움직임이 크면 안 되겠더라고요. 어제 그 장면 보고 깜짝 놀랐어요. 카메라가 저를 그렇게 가까이 잡는 줄은 몰랐거든요. 꽉꽉 움직였다가 여러 번 NG 나서 진땀 좀 흘렸어요.

O는 촬영한 장면을 TV에서 모니터한 후 배우고 느낀 점을 쉴 새 없이 쏟아내곤 한다. 역시 백문이 불여일견! 현장 경험이야말로 배우에게 최고의 자산이다. O는 다음 드라마 촬영에서는 정말 잘할 수 있다며 잔뜩 기대하고 있다.

배우 지망생들은 드라마를 다른 시선으로 바라봐야 한다. 드라마는 엄청난 자산이 될 수 있다. 드라마를 그저 멍하게 즐기면 안 된다. 능동적으로 시청하려는 태도를 지녀야 한다. '저 장면에 저 배우 대신 내가 들어간다면 어떨까?'라는 상상의 나래를 펼 때 비로소 드라마 공부가 시작된다. "액션!"이 외쳐진 후 어느 타이밍에 연기를 시작한 것인지, 상대 배우와의 액션은 어떻게 맞추어 봤을지, 카메라 각도는 몇 번 바뀌었는지 등등. 이런 적극적인 호기심이 드라마를 좋은 공부거리로 만든다. 상상이 현실이 된 그날이 오면, 그건 상상의 나래가 이끈 공부가 바탕이 된 덕이라고 봐도 무방하다.

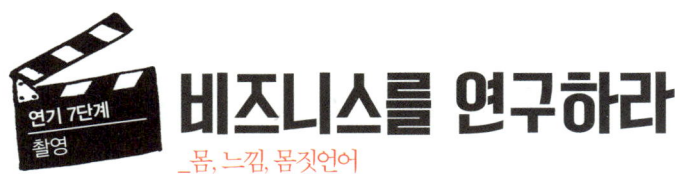

비즈니스를 연구하라
_몸, 느낌, 몸짓언어

이곳은 드라마 촬영 현장. 스튜디오에서 신인여배우 S가 한창 녹화를 하고 있다.

(S는 점심시간에 혼자 사무실에 앉아 음료수와 삼각김밥으로 점심을 때운다. 그때 S가 짝사랑하는 실장님이 들어온다.)

실장님   아니 왜 혼자 그런 걸 먹고 있어요?

S   (삼각김밥을 들어 보이며) 아, 이거요? 그냥 해야 할 일이 좀 남아서요.

실장님   그래도 식사는 제대로 해야죠. 수고해요, 그럼…. (사무실로 들어가려는데)

S   저기, 실장님! 어제 제가 술 먹고 전화한 거 죄송해요.

실장님   (그녀를 본다)

S   하지만 어제 얘긴 진심이에요. 실장님이 저 안 좋아하시는 거 알지만 제 마음만은….

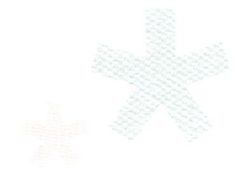

"CUT! NG!"

감독님의 벼락같은 목소리에 다들 잠잠해진다. S의 머릿속은 새하얗다. '나 때문인가?' 역시 예감은 적중한다. 이번 씬의 NG는 오로지 S 때문이다. 물론 S는 지문에 충실했다. 삼각김밥을 먹고 있었고, 실장님에게 삼각김밥도 잘 들어 보였다. 하지만 그다음이 문제였다. 진지한 사랑고백을 하는 장면에서 먹다 만 삼각김밥과 촉촉한 S의 눈빛이 동시에 화면에 잡혔기 때문이다.

다음 날, 감독님께 꾸중을 제법 많이 들어서인지 S는 아직도 시무룩한 표정이다. 다독여주고 싶은 마음은 굴뚝같지만 억지로 참는다. 진지한 표정과 대사가 먹다 만 삼각김밥과 동시에 등장하는 일은 다시 없어야 하기 때문이다.

S 선생님, 어떻게 했어야 하죠? 저는 지문대로 충실히 연기했거든요.

안 지문은 말이야. (커피를 마시며), (서류를 보면서)처럼 보통 무언가를 하라는 지시만 있어. (커피를 그만 마시고), (보던 서류에서 눈을 떼고)처럼 하던 일을 그만하라는 지문은 없지. 어제 네가 실수한 장면의 대본을 보아도 (삼각김밥을 들어 보이며)는 있지만 (삼각김밥을 이제 내려놓고)라는 지문은 없는 것처

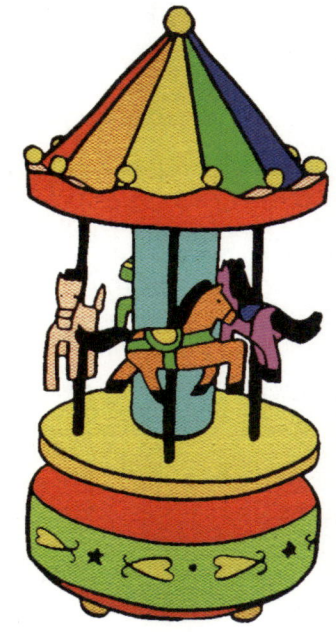

럼.

S 생각해보니 그만하라는 지문은 없네요. 이건 알아서 하라는 거죠?

안 당연하지. 잘 생각해봐. 어제 촬영한 장면에서 실장님이 들어올 때 (일어나며)라는 지문이 있던? 없었는데 넌 일어나서 연기했지. 그건 왜 그런 거야? 지문에도 없는데.

S 아, 지문에 없었나요? 대본 없이 리허설할 때 저절로 일어나지던데요?

안 그래, 바로 그거야! 지문에 없어도 연기를 하다 보면 저절로 되는 경우가 많아. 행동은 억지로 만드는 게 아냐. 그 상황에 그런 행동이 저절로 나오는 거지. 방금 네가 말한 대로 저절로 말이야.

카페에 앉아 초조한 심리상태를 드러내야 한다. 뭐가 있을까? (문 쪽을 자꾸 바라본다) (물을 들이킨다) (시계를 본다) (다리를 떤다) 이 모든 게 배우가 자유롭게 설정할 수 있는 행동이다. 이를 '비즈니스'라고 한다.

연기자는 자판기 기계가 아니다. 명령한 단추에 기계처럼 정확히 반응하는 게 아니란 말이다. **배우는 늘 다양한 경우의 수로 느끼고 판단하는 인간이다.** 배우는 누구보다도 감수성이 유별난 인간이다. 풍성한 감정은 살아 있는 캐릭터로 보답한다. 비즈니스 설정은 풍성한 감정을 위해 편리하게 사용할 수 있는 유용한 도구 중의 도구다. 비즈니스 연구는 그래서 배우에게 절실한 덕목이다.

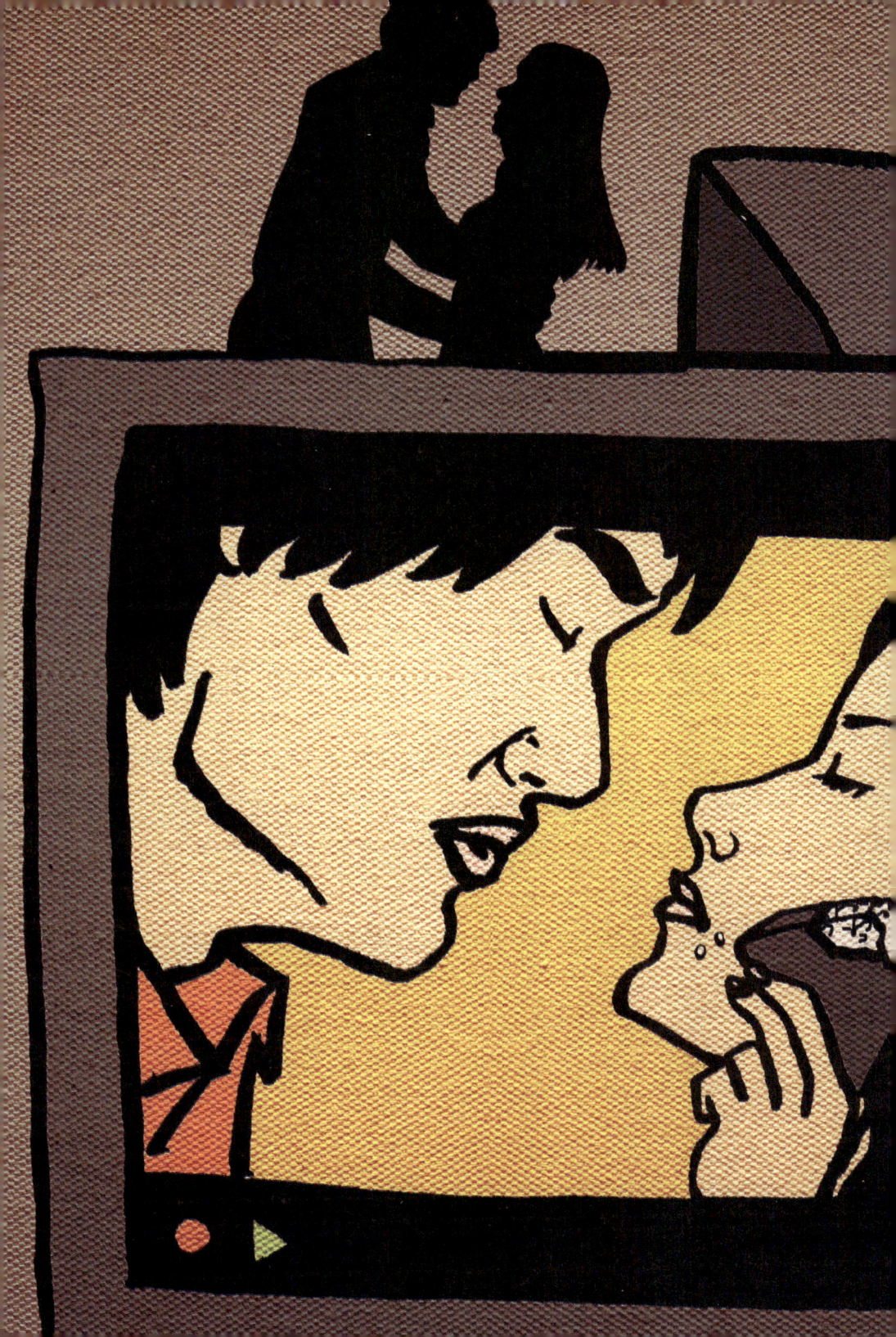

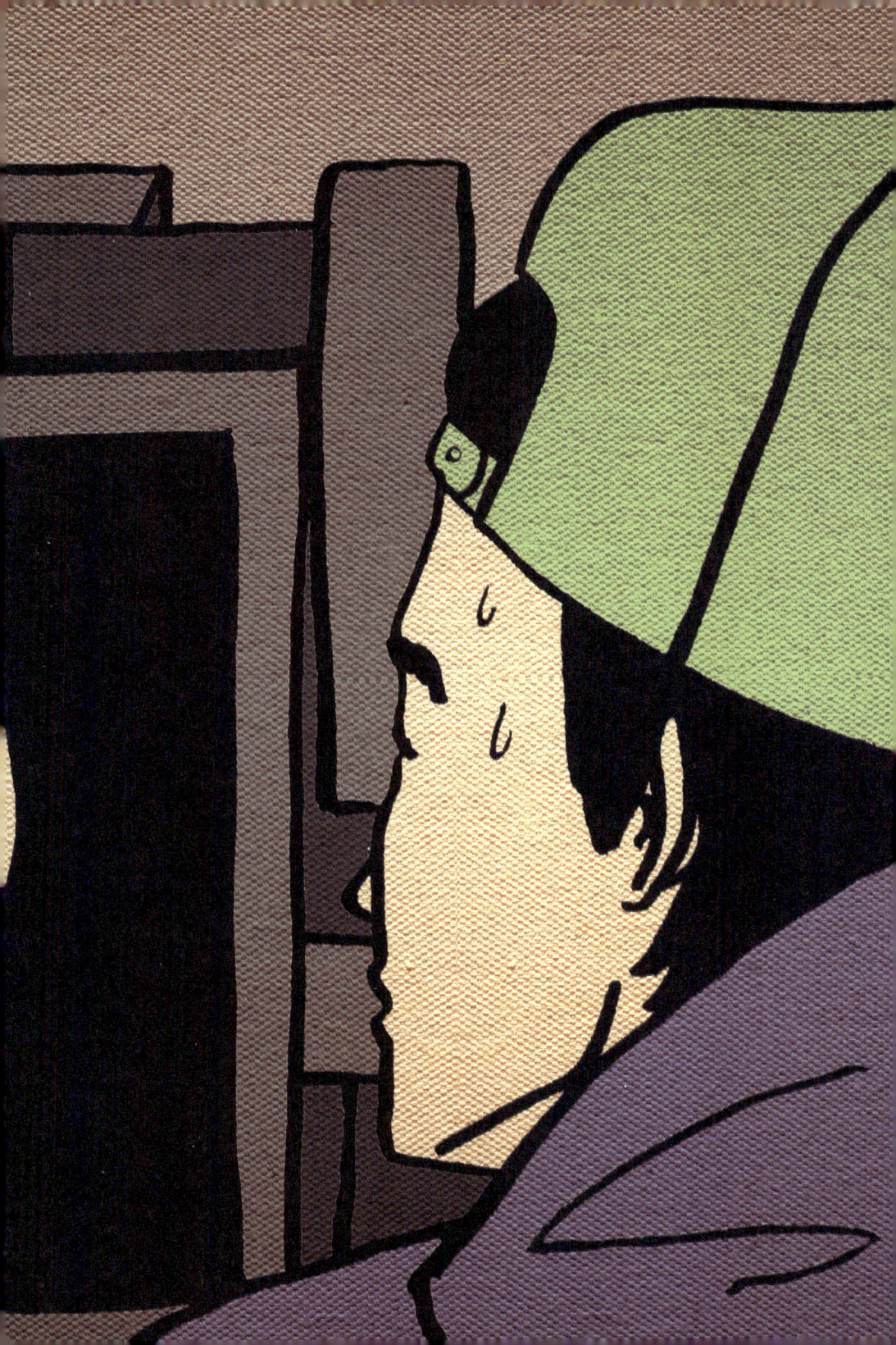

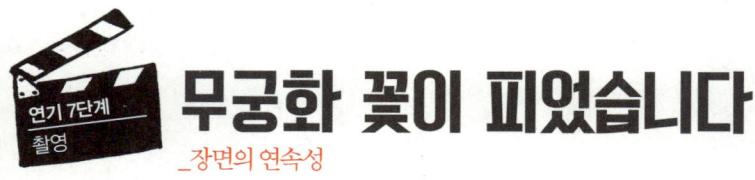

무궁화 꽃이 피었습니다

_장면의 연속성

"무궁화 꽃이 피었습니다." 멈춤! "무궁화 꽃이 피었습니다." 멈춤!

놀 거리가 부족했던 시절, 골목 여기저기서 아이들이 즐겨 하던 놀이다. 술래가 "무궁화 꽃이 피었습니다"라고 외치면 경쟁하듯 다가서며 동작을 크게 바꾼다. 술래가 뒤돌아봤을 때는 반대다. 조금이라도 움직이면 바로 술래가 된다. 움직이다 멈추고, 멈춘 포즈에서 그대로 기다렸다가 다시 움직이고…. 어린 시절에 했던 이 놀이가 촬영장에서도 그대로 재현된다.

안　움직이지 마. 쫌! 묶어놓는다, 너?
K　…….

촬영이 코앞인 K는 톡톡 튀는 캐릭터로 캐스팅되어 열심히 준비 중이다. 본인이 가장 자신 있어 하는 캐릭터를 만나 다시없는 기회라고 생각한다.

안   네 캐릭터가 톡톡 튀는 건 알겠는데 그래도 내가 대사하는 동안엔 가만히 있어야지. 네 연기 끝났다고 상대방 대사하는데 그렇게 톡톡 움직이면 안 돼. 예의가 아니야.

K   선생님, 억울해요! 저는 상대방 대사를 듣고 열심히 리액션 한 건데요?

안   미안하지만 카메라는 네가 아닌 대사하는 배우를 찍고 있어. 무엇보다 시청자들은 네 대사가 끝난 그 순간의 장면을 기억하고 있다는 걸 명심해. 그 사이 움직여버리면 시청자는 아까와는 달라진 장면을 보고 '내가 뭘 놓치고 못 봤나?' 하며 당혹스러워할 거야.

K   그럼 제 연기가 끝나면 그 끝난 표정으로 가만히 있어요? 상대방의 대사가 길 때는요? 그때도 긴 시간 동안 가만히 얼음이 된 채로 있나요?

안   리액션을 하더라도 상대방 대사를 '듣고 있다'라는 정도로만 표현해. 동작이 큰 리액션은 상대방 대사가 완전히 끝나고 카메라가 나한테 넘어왔다는 게 감지될 때 하는 거야. 상대방 대사가 끝나면 시청자들은 너의 반응을 궁금하겠지? 바로 그때 제대로 리액션 하라는 말이야.

배우는 술래가 되면 안 된다. 상대 배우가 연기하고 있을 때 방금 연기한 지점에서 계속 멈춰 있어야 한다. 여기에서 멈춤의 의미를 오해하면 안 된다. 멈춤은 '끝'의 의미가 아니라 감정을 유지하는 순간이며 다음으로 이어질 내 연기의 '시작'이다. 즉, 방금 전 연기에 꼬리를 물어야 한다. 다음 연기로 가는 과정들이 '장면의 연속성'으로 이어질 때 온전한 하나의 장면이 완성된다.

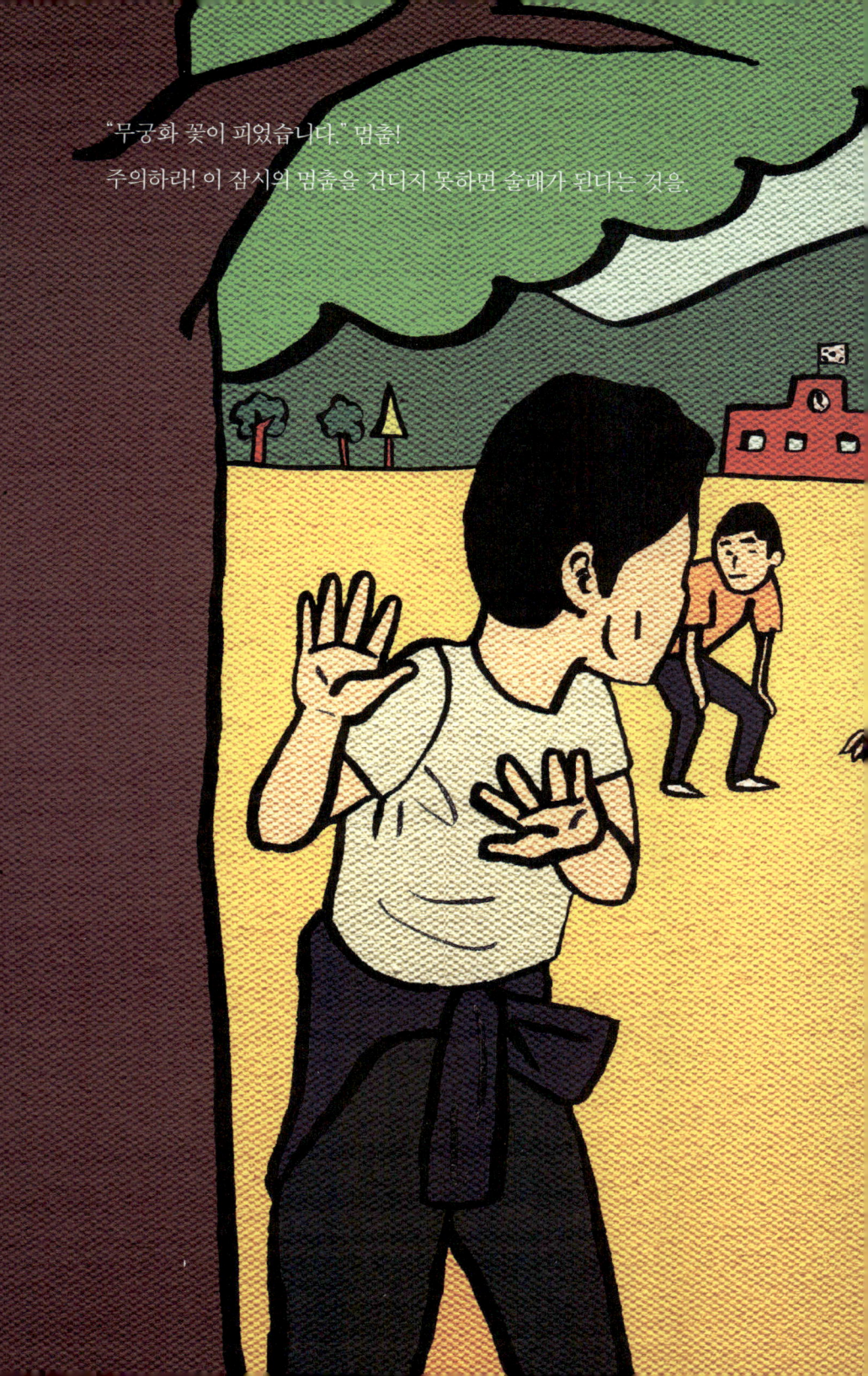

"무궁화 꽃이 피었습니다." 멈춤!
주의하라! 이 잠시의 멈춤을 견디지 못하면 술래가 된다는 것을.

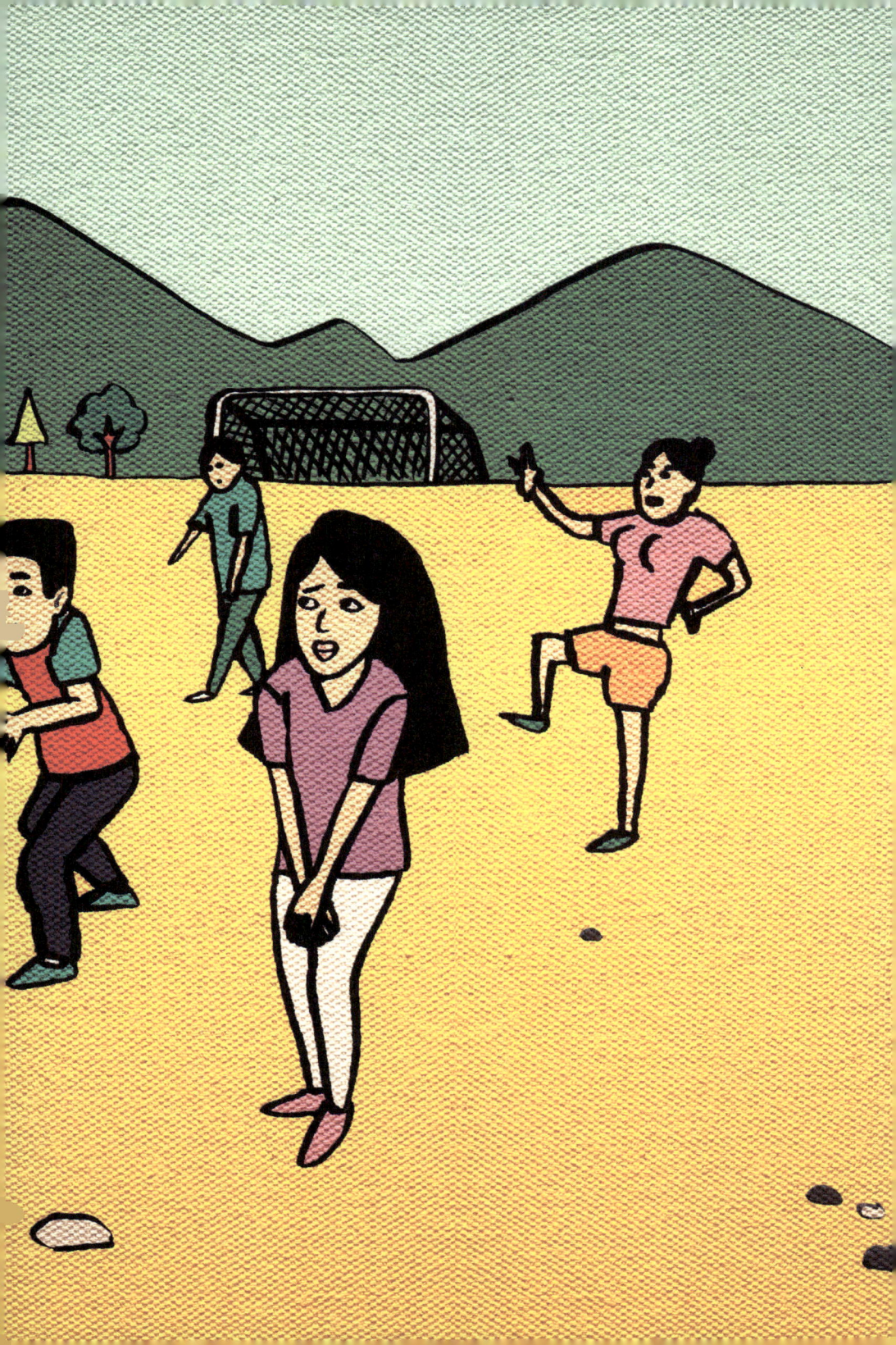

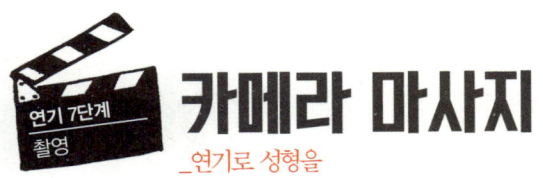

카메라 마사지

_연기로 성형을

휴대전화의 카메라 기능은 이제 낯설지 않다. 화질도 점점 좋아진다. 값비싼 카메라가 부럽지 않을 정도다. 한창 미니홈피가 화제를 모으던 시절, 배우들이 너도나도 셀프사진을 올릴 때가 있었다. 난 그럴 때마다 쓴소리하기에 바빴다. 예쁜 척하며 사진 찍을 시간에 대본 연습에 충실하라고 말이다. 하지만 곧 내 생각이 짧았음을 깨달았다. 셀프사진을 많이 찍어본 친구들이 유독 화면에 예쁘게 나온다는 걸 실감했기 때문이다.

이제 막 연기를 시작한 J는 첫 만남부터 요란했다. 머리에 무엇을 발랐는지 머리카락 한 올까지 빈틈없이 넘긴 올백이었다. 목걸이에는 엄청 큰 메달이 요란하게 달려 있고, 향수도 진하게 뿌렸다. 하지만 그 나이에 부릴 수 있는 멋인지라 참 귀여웠다.

간단한 연기 테스트를 마친 후, 피드백을 하는 차원에서 그에게 몇 가지 질문을 한다.

안 운동은 하니?

J 그럼요. 배우에게 운동은 필수죠. 헬스 열심히 하고 있습니다.

안 좀 더 해야겠는데?

J 네? 제가 뚱뚱한가요?

안 아니, 뚱뚱하진 않아. 다만 얼굴 크기에 비해 어깨가 좁아. 다시 말해 얼굴이 커 보인다는 얘기지. 운동을 더 해서 어깨를 넓게 만드는 게 좋겠어. 얼굴 살은 좀 더 빼야겠고. 운동 선생님과 상의해 봐. 나보단 그쪽으로 전문가일 테니까. 그리고 눈이 남들보다 작은 건 인정하지?

J 네. 크지는 않죠.

안 평소엔 눈이 아주 작다는 느낌은 안 들어. 그런데 연기를 하면 턱을 드는 습관이 있네. 그 때문에 눈이 상대적으로 작아 보이지. 자, 내가 이렇게 턱을 드니까 어때? 눈이 아래로 떠지면서 작아지지?

지적을 당할 때 눈으로 직접 확인하지 않으면 쉽게 인정하기 어렵다. "아, 그래요?" 하며 인정하더라도 직접 본 게 아니니 진심이 아니다. 하지만 촬영한 후 촬영한 영상을 보여주면 태도는 급변한다. 처음엔 카메라에 적나라하게 찍힌 자신의 모습에 매우 괴로워한다. 자기가 정말 저렇게 생겼냐며 놀라워한다. 그럴 때마다 나는 연기를 잘하면 잘생겨질 수 있다고 위로한다. 당연히 믿지 않는다. 연기로 어떻게 잘생겨질 수 있냐고 의심의 눈초리를 보내며 경계할 뿐이다.

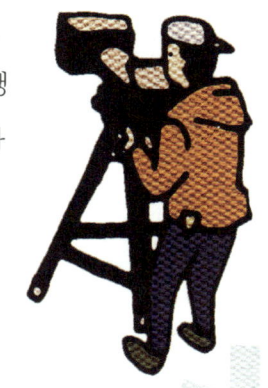

안 우리 맨 처음 찍었던 영상부터 쭉 한번 볼까? 무엇이 나아졌고 무엇을 더 고치면 좋을지 중간 점검 한번 해보자. 이제 오디션 준비도 해야 하니까.

J 윽! 옛날 영상은 좀 지워주시지…. 밥 살게요. 선생님. 제발 지워주세요!

안 흐흐흐~ 봐서. 일단 한번 보자.

맨 처음 찍었던 동영상을 보고 누가 먼저랄 것도 없이 박장대소한다. 얼굴은 통통하고 턱은 잔뜩 들려 있다. 잇몸도 많이 보인다. 눈은 몽롱하고 발음마저 어눌하다. 그다음 영상, 그다음 영상, 그다음, 다음, 다음… 지난 시간에 찍은 마지막 동영상까지 다 모니터한 우리는 제법 상기되었다. 첫 영상과 마지막 영상의 차이가 엄청났다. J도 나도 놀랐다. 마치 성형외과에 붙어 있는 성형 '비포 앤 애프터' 광고 같았다.

이제 J는 대사할 때 턱을 내린다. 얼굴축소 수술을 한 것처럼 턱 선이 날렵하다. 눈도 마치 쌍꺼풀 수술을 한 것처럼 크고 선명해 보인다. 입도 치아 교정을 한 것처럼 깔끔하게 다물어져 있다. 모든 것이 단점을 고치기 위해 본인이 노력한 결과다. 또 어떻게 할 때 멋있어 보이는지 연구한 결과다. 왼쪽, 오른쪽 얼굴 중 어디가 더 나은지, 눈은 얼마나 크게 떠야 적당한지, 입술은 얼마나 다물어야 자연스러울지 말이다.

이제 J는 어깨도 한층 넓어져 남자답다. 머리도 자연스럽게 흘러내려와 얼굴형과 잘 어울린다. 이 모든 건 카메라를 통해 연기로 성형한 결과다.

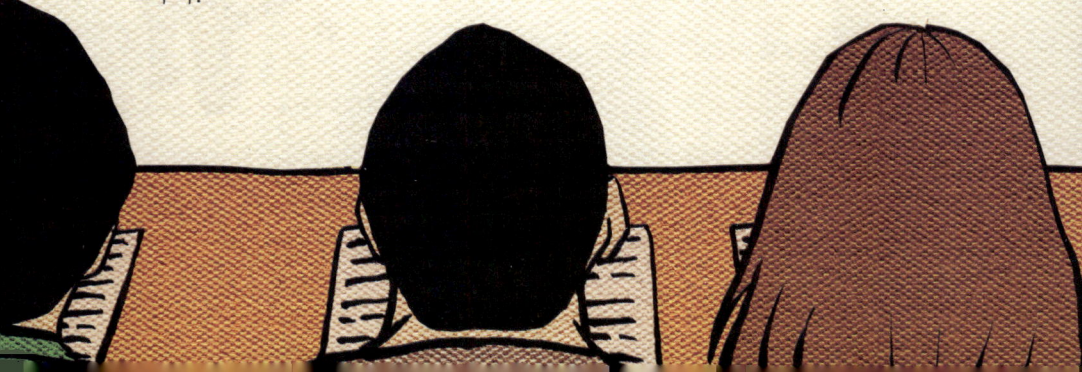

<u>배우는 많이 찍어보고 연구해야 한다.</u> 물론 다른 사람의 의견도 경청하면서 말이다. 본인이 마음에 든다고 늘 같은 각도와 표정을 고집하면 곤란하다. 새로운 시도를 많이 해봐야 한다. 연기할 때 안 좋은 습관은 없는지 확인하는 것 역시 중요한 과정이다.

자꾸 찍어보면 잘생겨 보이는 방법을 알게 된다. 흔히 '카메라 마사지'라고 하는 것처럼, 카메라 앞에서 얼굴이 잘생기고 갸름하게 변하는 것이 다 그 때문이다. 마치 성형한 것처럼 말이다. 돈 들고 얼굴 고치겠다며 병원에 가는 것보다 백번 남는 장사다. 시간과 꾸준한 노력이 필요하겠지만 절대 부작용은 없다는 사실!

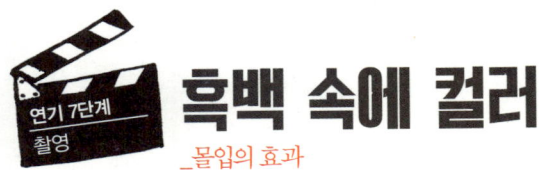

흑백 속에 컬러

_몰입의 효과

"혹시 천식 있어요?"

벌써 13년 전 이야기다. 영화 오디션에서 연기를 마치고 내가 들은 첫마디다.

"예? 천식이요? 그런 거 없는데요…. 왜요?"

"연기할 때 숨소리가 좀 크게 들려서요."

숨소리가 크다니 무슨 말이지? 숨을 쉬지 말라는 건가? 그럼 배우들은 언제 숨을 쉬는데? 의아할 뿐이었다. 그날 이후로 드라마를 볼 때면 배우들의 입만 보였다. 배우들이 언제 숨을 쉬는지 확인하기 위해서였다. 잘생긴 남자배우가 나와도 예쁜 옷이 나와도 오로지 배우들 입만 봤다. 얼마나 집중해서 연구했는지 배우들 입은 모두 컬러로 보이고 나머지는 모두 흑백으로 보였다. 결국 깨닫게 됐다. '어? 정말 배우들이 연기할 때 숨을 안 쉬네!' 숨을 쉬지 않고도 대사를 한다. 정확히 말해 숨을 크게 들이마시는 습관이 없는 거다. 자연스러운 연기와 멀어지기 때문이다.

그런데 잊었던 이 옛 경험을 다시 살려준 여배우가 있다.

E는 백옥 같은 피부에 세련된 목소리를 지닌 아주 예쁜 신인여배우다. 톱 여배우와 나란히 의류 모델을 할 정도로 주목받는 그녀에게는 남들이 모르는 고민이 있었다.

안　어제 의류 화보 촬영 힘들었니? 왜 그렇게 눈이 퉁퉁 부었어?

E　힘들긴요. 몸이 힘든 건 얼마든지 참을 수 있어요. 그런데….

안　뭐야, 우는 거야? 눈물이 그렁그렁하네. 울어서 눈이 부은 거구나?

E　저 이쪽 일 그만둘까 봐요, 선생님.

안　아니 왜? 어제 화보 촬영하면서 무슨 일 있었어? 왜 이렇게 자신감이 없어졌어, 하루 사이에…?

E　남들한테 얘기하면 별거 아니라고 생각할까 봐 창피해서 말도 못했는데요. 사실 제가 다른 곳에 비해 하체가 비만이거든요. 저번 가을겨울 시즌 촬영 때는 의상이 몸을 가리니까 안 보였나 봐요. 그때는 관계자 분들이 저를 너무 좋아했거든요. 그러던 분들이 어제 여름옷 입은 걸 보고 몸 관리 안 했냐고 하시더라고요.

안　글쎄, 솔직하게 한마디 할 수도 있겠지. 그 사람들 입장에서는. 그게 그렇게 많이 울 일인가? 혹시 촬영 못하겠다고 하던?

E　아니요. 촬영은 진행됐어요. 그런데 관계자들이 모여서 속닥속닥 얘기하고 있는 게 자꾸 제 눈에 보이는 거예요. 제 다리 얘기를 하는 것만 같아서 집중도 안 되고 너무 창피하고….

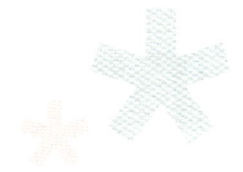

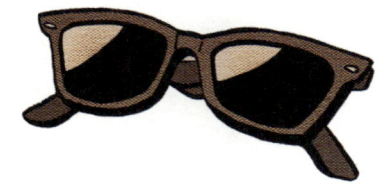

급기야 엉엉 울어버린다. 마음이 아프다. 아마 그 관계자들은 촬영 내내 그녀의 다리 얘기를 한 게 아닐 거다. 그녀의 자의식이 그녀를 괴롭혔을 뿐이다. 그런 단점은 후반 작업을 통해 수정이 가능하다는 것을 그녀가 모를 리 없다. 하지만 모든 것이 흑백으로 보이고 사람들이 자기 얘기하는 모습만 컬러로 보인 거다.

안   어떤 촬영 현장에 가도 수많은 사람이 모여 있을 거야. 그중 너를 좋아하는 사람도 있고 째려보는 사람도 있을 거야. 그때마다 눈과 신경이 그쪽으로 돌아간다면 넌 현장에서 아무것도 할 수 없어. 근데 다행히도 우리 눈은 특별한 능력을 갖고 있어. 보고 싶은 것만 볼 수 있는 능력. 네가 보고 싶은 것 외에 다른 모든 것은 흑백으로 만들어버려. 너랑 연기하고 있는 상대방만 컬러로 남기고.

배우에게 자신감은 중요한 요소다. 자신감은 특별한 눈을 통해 높아질 수 있다. 흑백 속에 오로지 나만 컬러가 되는 방식으로 말이다.

E는 그 후 여러 편의 드라마에 출연했다. 지금은 당당한 자신감으로 그녀의 색깔을 잘 내고 있다. 이제 그녀는 스스로 컬러가 되는 법을 잘 알고 있다.

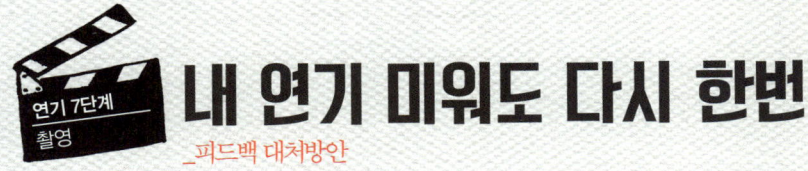

내 연기 미워도 다시 한번

_피드백 대처방안

*

안 대사가 너무 빨라! 말을 하나하나 살려야 너의 감정이 표현되는 거야.

토끼 알겠습니다, 선생님. '감정이 표현되게, 대사는 느리게!' 명심할게요.

안 대사가 너무 느려! 리얼리티가 중요해. 그냥 친구와 대화하는 속도로.

거북이 알겠습니다, 선생님. '리얼하게, 대사는 빠르게!' 명심할게요.

어느 날 토끼와 거북이가 만났다. 서로 언성이 높다.

토끼 아니야! 선생님이 대사는 느리게 하는 거라고 가르쳐주셨어!

거북이 아니야! 선생님이 대사는 빠르게 하는 거라고 가르쳐주셨어!

토끼와 거북이 (입을 모아) 선생님이 이상하다!!

토끼와 거북이에게 전혀 다른 피드백을 했다. 나는 이상한 사람인가? 아니다. 중요한 포인트는 따로 있다. 왜 그런 피드백을 했는지를 살펴야 한다. 토끼는 너무 빠르게, 거북이는 너무 느리게 연기했기 때문이다. 그게 이유의 전부다.

> **안** 너 오늘 목소리가 왜 그래? 감기 걸렸어? 왜 모기처럼 얇은 목소리를 내고 그래? 안 어울리게. 입술은 왜 뽀뽀할 것같이 내미는 건데?
>
> **G** 어제 촬영했는데요. 감독님께서 좀 여성스럽게 하라고 지시하셔서요. <u>흐흐흐</u>. 이상해요?
>
> **안** 이상하고 말고! 너답지도 않고 무엇보다 연기하는 네가 너무 불편해 보여. 힘들어 보인다고. 여성스럽게 연기하라는 감독님의 그 한마디에 완전 내숭 떠는 여자 캐릭터로 바꿨단 말이야?
>
> **G** 그럼 어떡해요. 여성스럽게 하라고 하시는데….
>
> **안** 감독님이 촬영하기 직전에 말씀하셨다면 그건 디렉션이야. 여성스러운 캐릭터였으면 좋겠다고 지시를 해주신 거라고. 하지만 이미 촬영에 들어간 뒤 말씀하신 건 너의 연기에 대한 피드백이야. 감독님 말씀을 곧이곧대로 받아들이기 전에 '나의 연기 어느 부분 때문에 감독님이 여성스럽게 하라고 하신 걸까?' 너의 연기를 돌아보는 게 중요해.
>
> **G** 음… 생각해보니까 제가 너무 대사를 툭툭 던지듯 해서 털털해 보였나 봐요.
>
> **안** 그래, 그러면 툭툭 던지는 그 말투만 고치면 되는 거야. 너의 연기와 캐릭터를 송두리째 뒤엎고 '여성스럽게' 전면 교체하는 건 곤란해.

감독님의 피드백을 지적으로 받아들이지 말아야 한다. 틀린 것이 아

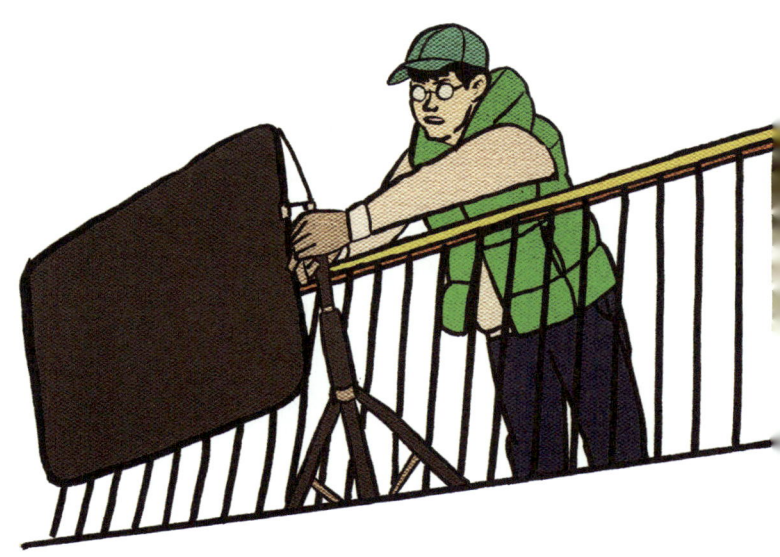

니다. 배우가 준비한 연기와 감독님의 의도가 달랐던 것뿐이다. 다음은 자신의 연기를 분석하지 않은 채 감독님의 지시만 무작정 따르는 '안 좋은 예'다.

"좀 남자답게 연기해 봐."　　　　다음 날 깡패처럼 말한다.
"너무 어두워. 밝게 해야지."　　　다음 날 시도 때도 없이 실실 웃는다.
"넌 장녀야. 의젓해 보여야지."　　다음 날 연기 나이 10년은 늙었다.

'틀리다'와 '다르다'는 다르다. 연기에 대해 나와 감독님의 해석이 다르다면, 방금 자신이 어떻게 연기했는지 빠르게 떠올려야 한다. 감독님의 피드백을 잘못 인식하면 위험하다. 내 연기에 약간의 컴플레인이 들어왔다고 극단적으로 변해버리는 우를 범하기 때문이다.

　　과유불급! 지나친 것은 모자란 것과 같다. 신중히 조금씩 수정해 나가라.

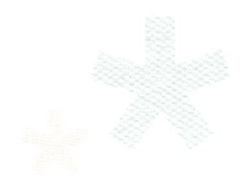

'나'에게로 돌아오는 방법

_ 박신혜

2009년, 나와 참 많이 닮은 캐릭터를 연기한 적이 있다. 털털하고 명랑한 성격이 나와 많이 비슷했다. 드라마 속 인물로 희로애락을 느끼며 4개월이라는 시간이 흘렀다. 시작이 있으면 끝이 있듯이 내가 4개월간 연기한 인물과 헤어질 시간이 왔다.

마지막 촬영을 하고 나서 다음 날 아침 눈을 떴을 때 나도 모르게 눈물이 흘러내렸다. 어제까지 존재했던 '나'가 갑자기 사라진 느낌. 나는 더 이상 드라마 속 그 인물이 아니었다. 4개월이라는 시간을 함께했던 상대 배역의 인물들도 내 곁에 더는 존재하지 않았다. 함께했던 시간은 아름다운 추억이 되고 그 시간을 뒤로한 채 나만 덩그러니 다른 세계로 넘어온 듯한 느낌이었다.

하지만 나는 다른 세계로 넘어온 것이 아니다. 원래의 내 삶으로 돌아왔을 뿐이다. 그걸 알면서도 '드라마 속 인물'과 '현실 속의 나' 사이에서 그토록 힘들었던 기억은 처음이었다. '바로 이 감정이 선배님들이 얘기했던 후유증이라는 거구나…' 아프지만 나를 성장시킨 경험이었다.

나 아닌 다른 사람의 삶을 산다는 건 배우의 특권이다. 내겐 힘들면서도 참 재미있는 지점이다. 새롭고 어색하고, 설레면서 한편으로는 낯설기도 하다. 그럼에도 새로운 인물을 내 속에서 만들어내고 또 표현해낸다는 것은 참 매력적이다. 그 매력은 끝이 없다. 그 매력에 빠져 살다 보면 내가 모르고 있던 새로운 내 모습도 발견하게 된다. 그래서 나는 연기가 참 재미있다. 이렇게 내겐 너무나 매력적인 작업인데 후유증으로 한동안 힘들고 보니 대책 마련이 필요했다. 그것은 바로 '나'를 잃지 않는 거다.

새로운 작품을 만나면 나와 닮은 인물을 만나기도 하고, 나와 정반대의 성격을 가진 인물을 만나기도 한다. 처음엔 모든 게 낯설고 어색하지만 시간이 점점 지나면서 어느덧 박신혜가 아닌 새로운 인물로 살아가게 된다. 하지만 그 인물로 살 수 있는 시간은 정해져 있다는 것을 놓치지 말아야 한다. 정해진 시간이 지나면 마법에서 풀리듯 다시 '나'로 돌아와야 한다.

작품 이력을 쌓으면서 마지막 촬영이 끝난 후 박신혜의 삶으로 돌아오는 방법을 이제는 안다. 나는 뭐든 배운다. 레저, 스포츠, 악기, 춤, 노래, 요리, 꽃꽂이 등. 새로운 것을 배우고 집중하는 시간은 작품 속 인물과 헤어지는 것을 도와주며, 방전된 나를 충전해주고 비로소 '나'로 돌려놓는 역할을 한다. 혹여 내가 그랬던 것처럼 누군가 작품에 푹 빠져서 헤어 나오지 못해 힘들어한다면 '나 자신'을 위해 배움에 투자하라고 조언해주고 싶다.

배우라면 누구나 자신이 연기한 작품 속 인물을 추억으로 간직하고, 앞으로의 새로운 만남을 준비해야 한다. 그것이 바로 우리 연기자들의 숙명이기 때문이다.

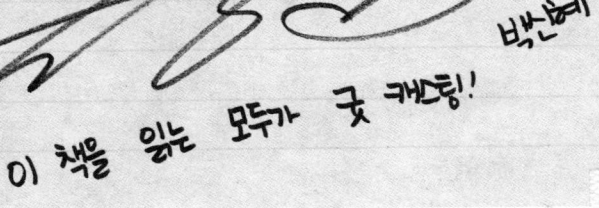

Part 2

Point
Check up

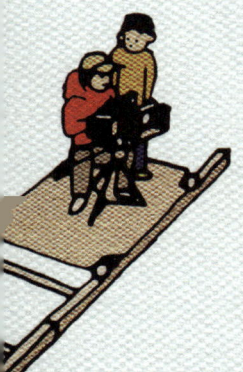

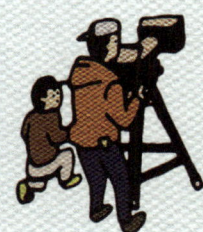

오디션 체크포인트

오디션 가는 길
캐스팅 되는 길
꼭 확인하길

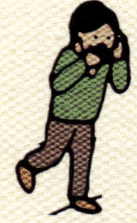

"나 이런 사람이야"

오디션장에서 처음 인사를 할 때, 최대한 공손한 태도로 예의를 갖춰 '착한 사람'인 척하자. 앞으로 내가 얼마나 불온한 감성을 가졌으며, 얼마나 재밌는 상상을 하는 인물인지를 알려줄 것이기 때문이다.

'착하게만 보이는' 사람은 말도, 연기도, 행동도 밋밋해 재미가 없다. 예술가가 재밌는 건 늘 '파격(破格)'하는 '나쁜 사람'이기 때문이다. 감독이 상상한 것보다 인물을 더욱 참신하고 입체적으로 표현하기 위해 '나쁜 마음'을 먹을 줄 아는 용기가 있어야 한다. 인간의 삶에 연기가 존재하기 시작한 이래, 역사와 전통이 있는 상투적이고 기계적인 캐릭터 묘사에 머물지 않기 위해서다. 그 순간만큼은 감독도 미처 생각지 못한 신선한 캐릭터의 맛을 보여주겠다는 오만한 생각이 필요하다.

감독이 신인에게 기대하는 건 선배 연기자의 '답습'이 아닌 신인만이 할 수 있는 '도발'일지도 모른다. 기회는 '감독님도 잘 모르는 나만의 연기 세계가 있다'는 오만함과 바로 '내가 알려주지'라는 근거 없는 자신감에서 비롯된다. 이것이 바로 스타가 탄생한 방식이었다.

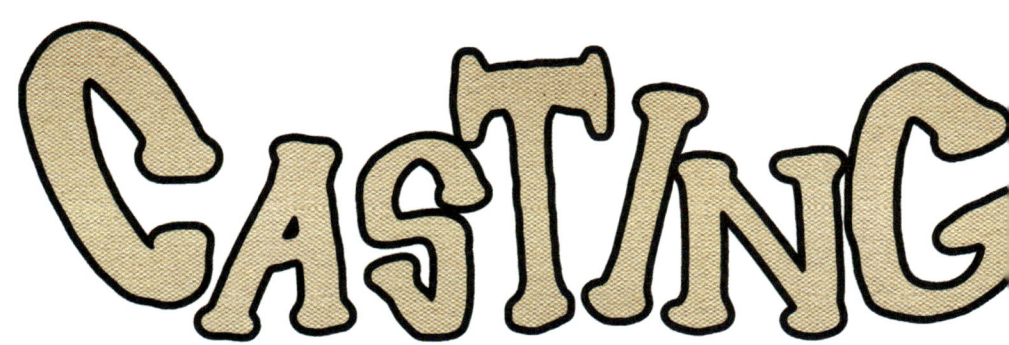

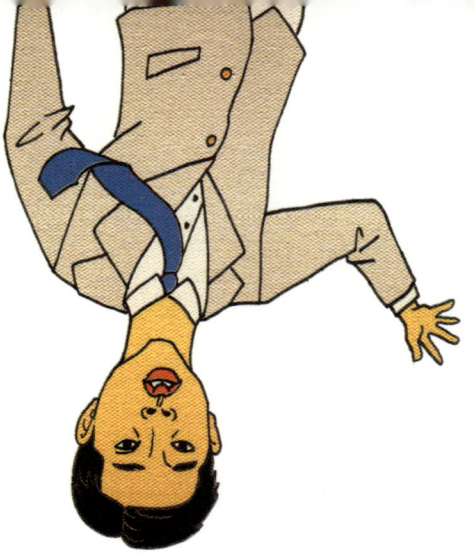

"회사원은 회사를 가야지"

딱 떨어지는 정장을 입는 순간, 생
각마저 가지런히 정돈된 사회인이라
는 이미지를 준다. 오디션장은 남들
과 잘 융화되고 조직의 구성원으로서
모나지 않는 사회인을 뽑는 현장이 아니
다. 남들과 잘 섞이기보다는 홀로 드러나 보이는 개성 강한 인물을 원
한다. 왜 정장을 입으면서까지 자신이 순응적인 인물임을 광고하려 하
는가?

당장 정장을 벗어라. 자신에게 가장 잘 어울리는 옷을 입어야 한다.
가장 이상적인 것은 오디션 배역에 적합한 옷을 선택해 자신에게 가장
잘 어울리도록 연출하는 것이다.

사람을 볼 때 가장 쉽고 직관적으로 평가할 수 있게 해주는 잣대가
바로 옷차림이다. 그만큼 옷차림은 오디션에서 절대적으로 중요한 기
준 가운데 하나다. 평소에 자신에게 가장 잘 어울렸던 옷을 최대한 수
집하고 있어야 한다. 어떤 배역의 오디션이 있을지 모르기 때문이다.

셋째, 옷차림 II

"명품이 명품인 데는 이유가 있다"

오디션장에 갈 때 무조건 잘생기고 예쁘게만 보이도록 꾸미는 건 손해 보는 행동이다. 혹은 외모가 부족하다 여겨 과한 복장과 머리스타일을 연출하는 것은 안 하느니만 못하다. 튀는 외모에 어울리는 캐릭터는 사실상 그다지 많지가 않다. 튀는 외모란 너무 예쁘고 잘생긴 것은 물론이고 과하게 꾸민 복장과 화장 모두를 포함한다.

변장에 가까운 수준의 화장과 헤어스타일 및 옷차림은 특히 위험하다. 감독은 배우를 보고 이 캐릭터도 입혀보고 저 캐릭터도 입혀보느라 분주하다. 지나치게 과한 복장을 한 배우를 대상으로 이 작업을 하는 것은 감독에게 불편하고 머리가 아픈 일이다. 결국 머리가 복잡해지고 피곤해져 다른 배우에게 시선을 돌리게 된다. 그러니 외모를 가다듬을 때 과한 풀 메이크업은 절대 금물이다.

명품은 조잡한 화려함이 아닌 클래식한 심플함을 추구한다. 심플함이 격을 한층 높여준다. 명품처럼 어느 곳에나 잘 어울리는 심플함을 추구하도록 하자.

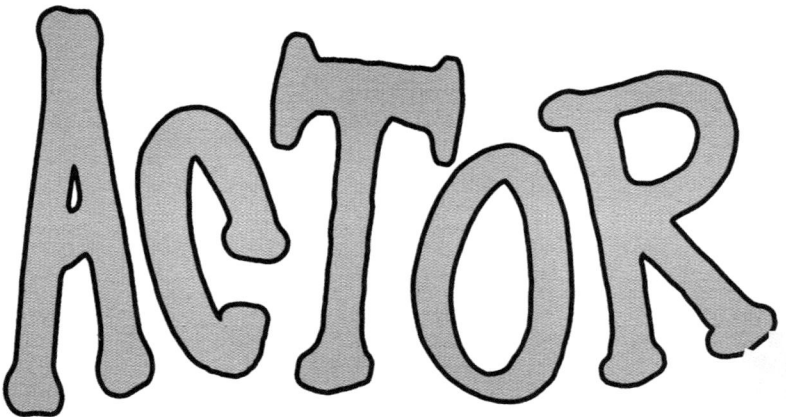

넷째, 대본

"기술이 아닌 요령"

오디션장에서 가장 중요한 물건은 대본이다. 대본을 어떻게 다루는 가에 따라 승패가 갈린다. 흔히 자동차 운전을 '기술'이 아닌 '요령'이라 말한다. 약간의 요령을 깨닫는 순간 운전학원에서 배운 까다로운 공식은 사라진다. 더 이상 도로에서 긴장도 실수도 하지 않게 된다. '요령'이란 참 위대하다.

대본을 보는 요령은 다음과 같다.

1. 감독님과 마주 앉아 있더라도 대본을 책상 바닥에 놓지 말고 손에 들고 읽으라. 얼굴을 보여주기 위해서다.

2. 손에 든 대본으로 얼굴을 가리면 안 된다. 늘 얼굴을 오픈하라.

3. 대사가 다음 장으로 넘어간다면 다음 장 대사를 앞장 밑 부분에 써놓아라. 대사를 완결한 뒤에 다음 장으로 넘어가라. 텍스트가 끊겨 있다고 해서 대사 호흡마저 끊기면 안 된다.

4. 대사를 외우지 못했더라도 문장 마지막 부분만큼은 감독님과 아이컨택을 하며 읽으라. 대화체로 자연스럽게 들리는 효과를 거둘 수 있을 뿐 아니라 감독님이 나에게 더 집중하게끔 유도할 수 있다.

5. 대본은 '오픈북'이 아닌 '컨닝 페이퍼'다. 대본에 의지하여 낭독하려는 생각은 버려라. 최대한 외워서 연기로 표현해야 한다(단, 영화오디션

대본은 컨닝페이퍼로 생각해서도 안 된다. 대본을 미리 주는 만큼 완벽히 외워서 연기로 표현해야 한다).

중요한 것은 대본을 잘못 읽는 실수를 저질러서는 안 된다는 점이다. 더구나 자신의 실수를 알아차리지 못한다면 더욱 낭패다. 어느 남자 신인배우와 연기 수업을 할 때 있던 일이다. 드라마 대본 중에 이런 대사가 있었다. "우리 엄마는 장님이셨어. 난 엄마 대신 여행을 많이 다녀서 엄마한테 많은 얘기를 들려드리고 싶었어. 근데…."

앞 못 보는 장애를 안고 힘겹게 살다 일찍 돌아가신 엄마를 회상하며 슬픔에 젖는 대사였다. 신인배우가 이 대본을 받아 들고는 연기를 시작했다.

"우리 엄마는 장남이셨어. 난 엄마 대신 여행을…."

엄마가 '장남'이라니? 그러나 본인은 자신의 어처구니없는 실수를 알아채지 못하고 진지하게 슬픈 연기를 이어가고 있었다. 그가 슬픈 감정에 빠져들수록 나는 터져 나오는 웃음을 참을 수 없었다. 글자 획하나 잘못 읽었을 뿐인데 분위기가 반전됐다. 물론 누구나 할 수 있는 실수다. 하지만 실수를 하지 않는 사람도 있다. 이것은 습관이다. 글자를 정확히 보지 않는 습관, 글자의 순서를 바꾸는 습관, 조사를 빼먹고 읽는 습관…. 배우에게는 위험한 습관이다.

단어를 잘못 발음하여 의미가 왜곡되는 실수를 하면서도 알아차리지 못한다면 배우로서 실격이라고 할 수밖에 없다. 그러니 대사 한 글자 틀리는 것에도 절대 자신을 용서하지 말길.

"네 자신을 알라. 정답은 네 안에 있다"

배우는 자신의 몸에 대해 완벽히 파악하고 있어야 한다. 어떤 성량과 빠르기로 말하고, 어떤 발음이 안 되고, 어떤 움직임이 둔하거나 어색하며, 어떤 무의식적인 버릇을 가지고 있는지 등을 말이다. 이런 작업을 위해 본인의 움직임을 직접 동영상으로 촬영하여 관찰해보면 도움이 된다. 자기의 단점을 알게 되면 마찬가지로 장점 또한 과장이나 왜곡 없이 알게 된다. 결국 자신이 해야 할 자유연기는 무엇인지 알게 된다.

자유연기는 자신의 장점을 자유롭게 홍보할 수 있는 기회다. 치열하게 연구한 끝에 자신의 장점을 알아냈으니 그만큼 신중하게 시연해야 한다.

이때 조심해야 할 것은 다른 사람의 특정 연기를 인상 깊었다는 이유로 흉내 내면 안 된다는 점이다. 개성 없는 연기는 오히려 마이너스가 된다. 창의력과 표현력이 부족한 배우로 보이기 십상이다. 오디션장은 성대모사 경연장이 아니다. 자신의 장점을 하나라도 더 보여주기에도 아까운 시간이다. 괜히 비교당하면서 웃음거리가 되기를 자처하지 말고 자신이 아주 잘할 수 있는 연기만 보여주도록 하자. 그러기 위해 알아야 할 것은 오직 나 자신이어야 한다.

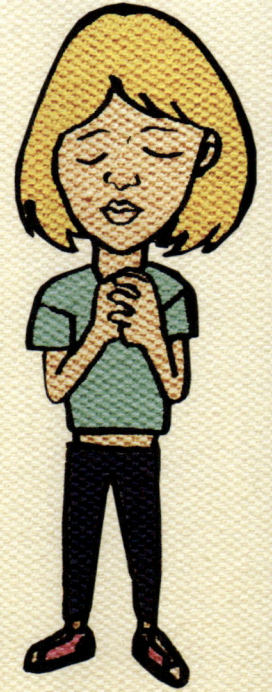

여섯째, 자유연기 II

"비극적인 연기를 고집하면 비극을 부른다"

자유연기를 선정할 때 어둡고 진지한 연기를 보여주려는 경향이 있다면 조심해야 한다. 특히 20대의 신인이라면 더욱 그렇다. 본인은 인생에 괴로움과 쓴맛을 잘 안다고 자부할지 몰라도 보는 사람들은 야속하게도 내가 기대한 만큼 진지하게 받아들이지 않는다.

보통 오디션을 보는 연출자들은 20대 연기자의 건강한 표정에서 색다른 무언가를 찾으려 한다. 그러니 아무리 본인이 산전수전 공중전까지 갖은 고생을 겪었다 하더라도 조금만 참고 활기차고 건강한 이미지의 연기를 준비하자.

자유연기는 울고, 소리 지르고, 괴로워하는 등 격한 표현을 해야 한다는 편견에서 벗어나야 한다. 밝은 연기로도 얼마든지 좋은 연기력을 보여줄 수 있다. 우는 연기보다 웃는 연기가 더 어렵다는 것을 안다면 꼭 비극적인 연기에 집착하지 않게 될 것이다.

"연기만 잘한다고 캐스팅되는 건 아니다"

요즘 오디션은 예전과 사뭇 분위기가 달라졌다. 가슴에 번호를 붙이고 무대에 올라 시연만 하고 내려가던 공개 오디션의 풍경은 벌써 옛말이 되었다. 요즘은 면 대 면으로 이야기하는 오디션이 대세다. 대화를 하는 중간에 갑자기 시연을 요구할 수 있다. 당황하지 말고 자연스레 분위기를 주도해야 한다. 시연을 마치고도 다시 이야기를 이어갈 수 있도록 매끄러운 분위기를 만들어야 하는 것도 능력이다.

특히 감독님의 질문에 자신을 과장하면 안 된다. 일단 본인이 거짓말하는 느낌이 들면 눈동자가 흔들리는 등 긴장된 모습을 보일 수밖에 없고, 질문과 답이 연결되지 않거나 할 말이 궁해질 때마다 당황하게 될 것이다. 솔직히 이야기를 했다면 다른 캐릭터를 연기할 기회를 얻을 수 있었을 텐데 자칫 신뢰를 잃어 이도저도 안 될 수 있다. 그러니 감독님의 질문에 있는 그대로 솔직하게 답변을 해야 한다. 진솔함만큼 사람을 매력 있게 만드는 건 없다.

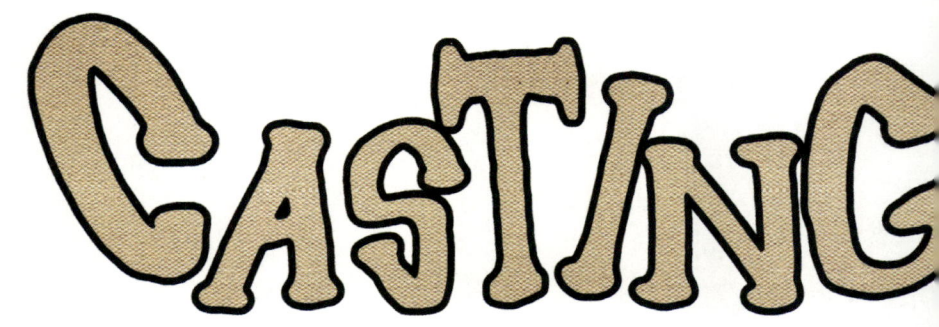

여덟째, 트렌드 II

"경쟁자가 아닌 페이스메이커"

오디션장에 다른 배우와 함께 들어가는 경우가 왕왕 있다. 대사를 할 때 상대 배우 역할을 서로 해주는 경우가 많은데, 이때 당황할 필요 없이 영리하게 대처해야 한다.

상대 배우가 자신보다 연기력이 약하면 페이스에 휘말리지 않도록 집중해야 한다. 자신의 호흡을 끝까지 잡고 꿋꿋이 해야 한다. 반대로 자신보다 연기력이 좋은 배우를 만난다고 해서 기가 죽어서도 안 된다. 오히려 자신의 연기를 잘 살려줄 파트너를 만났다고 생각해야 한다. 일종의 행운이라고 여기고 분발하는 계기로 삼을 수 있다.

상대방의 연기 실력과 상관없이 주의해야 할 사항이 있다. 상대방을 짓눌러 자신을 돋보이게 하면 안 된다. 무리수를 두고 연기할 확률이 높아지면서 과도한 감정과 표현이 발생할 수 있다. 둘 다 치명적 손해다. 둘은 어디까진 협력관계를 유지해야 한다.

육상 경기에서도 흔히 상대 선수에 따라 기록이 달라진다. 오디션장에 같이 들어가는 배우는 '페이스메이커'와도 같은 고마운 존재라 생각해야 한다.

아홉째, 후기

"경험한 게 진짜다"

바둑에서 실력을 높일 수 있는 유일한 방법은 '복기'라는 사실을 기억하자. 사유를 거슬러 올라가다 보면 자신의 실력을 객관적으로 알게 된다. 오디션도 마찬가지다. 오디션장에서 벌어진 모든 경험들을 생생히 복기하는 시간을 가져야 한다. 골치 아프고 거창하게 할 필요는 없다. 방법은 놀랍도록 간단하다.

우선 오디션장에 들어가 인사를 하고, 대본을 받고, 연기를 하고, 질문을 받고, 대화를 나누었던 모든 장면을 머릿속에 동영상으로 만들어두어야 한다. 그리고 복기는 오디션을 마치고 온 '바로 그날 즉시' 하는 게 핵심이다. 카페에 들러도 좋고 돌아오는 길 차 안에서도 좋다.

일단 눈을 감는다. 그리고 머릿속에서 동영상을 재생하는 것이다. 그 후 편안한 자세로 눈을 감는다. 오디션장에 도착한 순간부터 오디션장을 나서는 순간까지 한 순간도 놓치지 말고 동영상을 돌려보면서 감상하는 것이다. 몇 번이고 반복해서 여러 번 감상할수록 좋다. 머릿속에 풀 동영상을 만들어 반복 시청하는 작업이 현장에서의 생생한 감각을 머리에 아로새겨준다.

우선 자신이 어떤 연기를 잘하는지를 알게 된다. 어떤 연기를 했을 때 감독님의 반응이 좋았고, 어떤 말을 했을 때 고개를 끄덕이며 호감을 표현했는지를 기억해두자. 물론 그 반대의 상황 역시 가볍게 넘기면 안 된다.

　이러한 과정을 통해 자신의 장단점을 객관적으로 알 수 있으며, 이는 다음 오디션에서 곧바로 써먹을 수 있는 자산이 된다. 복기를 되풀이할수록 오디션을 운영하는 방식도 노련하게 바뀐다. 긴장을 덜 하기 때문이다. 시뮬레이션을 여러 번 한 효과를 톡톡히 누리게 될 것이다.

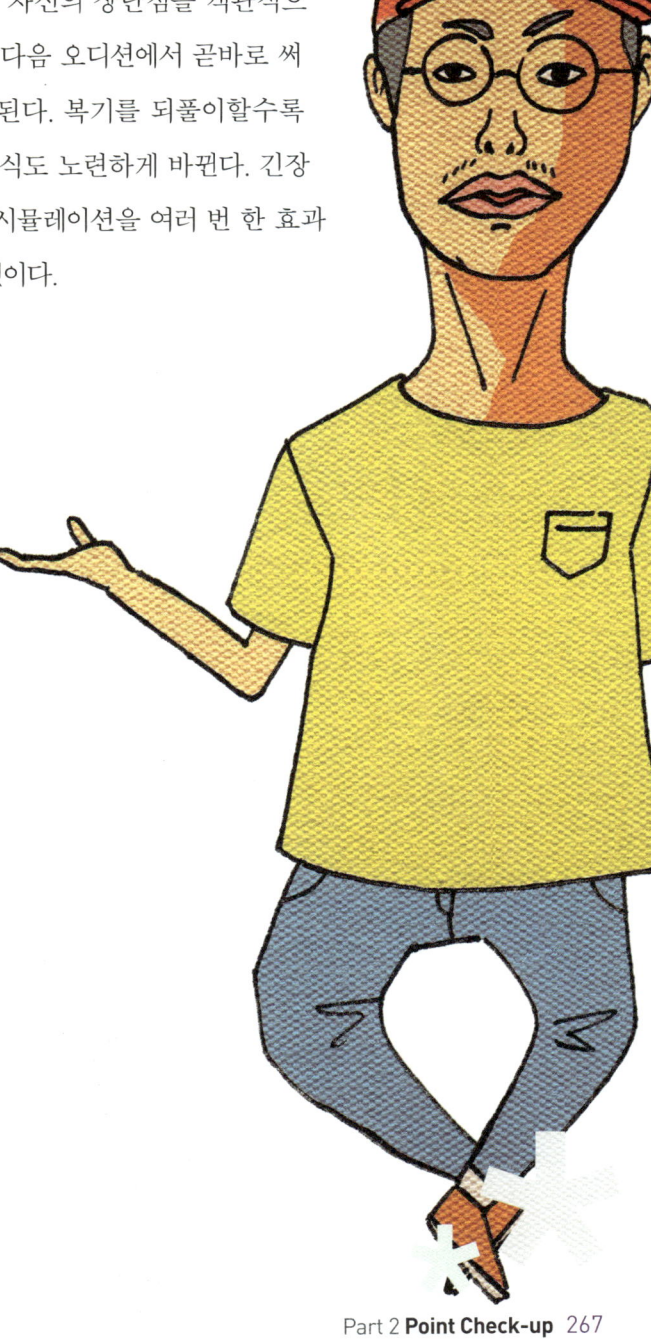

나쁜 연기습관 체크하는 10가지 방법

연기자의 발목을 잡는 치명적인 버릇 10가지

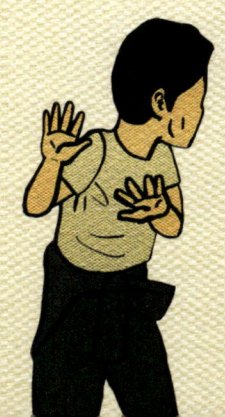

Q1. 대사하기 전에 숨을 `확` 들이마시는 버릇이 있는가?

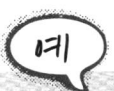

원인 : 대사를 하기 위해 숨이 필요하다는 고정관념을 갖고 있다.

호흡이 대사 끝에 가서 모자랄까 봐 지레 겁먹었기 때문이다.

발성이 달리고 발음이 불분명한 신인배우들에게 흔히 나타나는

현상이다.

부작용 : 과도한 호흡으로 인해 대사 톤이 높아진다. 대사 속도도 빨라

진다.

숨을 `혹` 들이마시는 소리가 다른 사람들 귀에 거슬릴 수 있다.

첫 대사가 안 들리기도 한다.

본인의 의도와 예상과는 다른 톤으로 연기가 흐를 수 있다.

해결책 : 일상적으로 사람들은 숨을 크게 들이마신 후 말하지 않는다.

잘 생각해보자. 숨이 부족하다고 느낄 땐 그냥 잠시 기다려라. 몸

안으로 저절로 숨이 차오른다. 그 숨이 진짜 감정으로 연결된다.

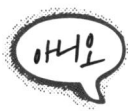

⇨ 의도한 감정과 정확한 톤으로 연기할 수 있다. 당신의 연기를 보는

사람도 그 감정을 오롯이 느낄 수 있다.

Q2. 대사할 때 턱을 드는 버릇이 있는가?

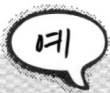

원인 : 대사를 크게 내뱉으려는 욕심 때문이다.

성격이 급한 탓이다.

경상도 사투리를 썼던 사람들에게 주로 나타난다. 첫 톤을 올리는 억양 때문이다.

부작용 : 턱을 드는 만큼 첫 톤도 높아진다.

첫 톤이 높은 만큼 포물선을 그리듯 대사 끝이 바닥으로 떨어진다.

해결책 : 무조건 턱이 들리지 않도록 얼굴을 고정시킨다.

대사를 강조하고 싶은 땐 턱을 드는 대신 눈을 강하게 떠보자.

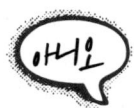

⇨ 대사의 톤이 흔들리지 않는다면 대사를 끝까지 정확하게 들리게 할 수 있다.

당신의 얼굴도 정확히 보여진다.

Q3. 연기할 때 불필요하게 몸을 움직이는 버릇이 있는가?

(발을 동동 구르거나 상체를 흔들거나, 고개를 끄덕이거나 손가락을 까딱거리는 등)

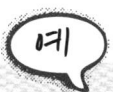

원인 : 온전히 집중을 하지 않아서다.

　　　연기하는 공간이 불편하거나, 상대배우가 부담스러울 때 나타난다.

　　　단순한 습관일 수 있다. 이건 배우에게 아주 나쁜 습관이다.

부작용 : 움직이는 만큼 감정은 흩어져버린다. 진정성도 함께 사라진다.

　　　연기자의 자질을 의심케 한다.

　　　본인은 물론 상대 연기자도 집중력이 깨진다.

해결책 : 몸의 움직임을 본인이 아는 게 먼저다. 온몸을 예민하게 감시

　　　하자. 연기에선 사소한 움직임도 중요한 감정언어가 된다. 차라

　　　리 움직일 부분을 미리 정해놓자.

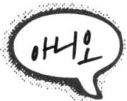

⇨ 군더더기가 없으므로 대사 하나, 표정 하나가 그대로 전달된다. 당
　신의 연기를 보는 순간 저절로 감정이입이 될 것이다.

Q4. 대사와 대사 사이의 침묵을 견디기 어려운가?

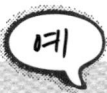

원인 : 자신의 감정에 집중하지 못하기 때문이다.

대사를 안 하면 연기를 하지 않는 줄로 착각해서다.

대사위주로만 연기를 연습하는 배우들의 특징이다.

부작용 : 앞 대사가 끝나자마자 다음 대사를 빨리 끌어와 해버린다.

감정변화 없이 일정한 톤으로 연기하게 된다.

표정연기보다는 대사를 하는 것에만 급급해 한다.

해결책 : 대사와 대사 사이에 숨겨진 감정이 있다. 찾아서 그 감정에 맞

는 대사를 마음속으로 해보자. 상상하는 대로 표정에 나온다.

시선의 변화를 구상해보자.

내가 할 수 있는 행동을 설정해보자.

대사 사이에 상대방의 리액션을 구체적으로 상상해보자.

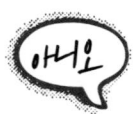

⇨ 온전히 당신 감정에 몰입 수 있다. 그때의 침묵은 강한 힘을 가진 연기다.

Q5. 어금니를 다문 모양으로 웅얼웅얼 대사를 하는가?

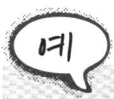

원인 : SNS의 발달로 문자메시지 소통방식에 익숙해졌다.

지적이 두려워 자신감이 없는 신인배우에게 많이 나타나는 현상이다.

감정을 대사로 표현하는 능력이 부족할 때 자신 있게 대사를 하지 못한다.

부작용 : 혼자 웅얼웅얼하는 화법으로는 효과적인 대사 전달이 안 된다.

자신감 없는 연기자로 보인다. 오디션에서 실패하는 주요 원인 중 하나다.

감정을 온전히 표현하지 못해 연기를 하고 나면 개운치 못하다.

해결책 : 입은 눈이 시키는 대로 한다. 눈을 또렷이 뜨자.

책을 읽을 때도 소리 내어 말하듯 읽는 습관을 들이자.

조급한 마음은 금물이다. 한 글자씩 정확한 발음을 해본 다음 리딩하자.

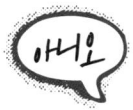

⇨ 당신의 정확한 대사 전달력은 연기할 때 큰 플러스 요인이 된다.

Q6. 대사할 때 목소리보다 호흡소리를 크게 내는가?

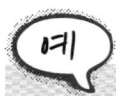

원인 : 연기를 잘하고 싶은 욕심이 지나쳐 과잉 감정을 잡아서다.

대사하기 전에 숨을 한껏 들이마셨기 때문이다.

극대화된 감정표현이 연기 실력을 보여주는 것으로 착각해서다.

부작용 : 호흡소리가 '갑'이 되고 대사는 '을'이 된다. 주객이 전도됐다.

가득 찬 숨소리에 목소리는 애매해진다.

과한 호흡을 하면 얼굴도 상기되고 어지러워져 정신이 산만해진다.

해결책 : 조용한 방 안에서 긴장을 풀고 대사를 읊조려보자. 그 순간

들었던 내 목소리가 진짜 내 목소리다. 숨소리 때문에 잃어버린

목소리를 찾을 수 있다.

대사의 첫 글자부터 좋은 음성을 내도록 반복 연습한다.

급한 성격을 다스리고 여유를 갖고 대사한다.

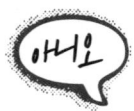

⇨ 자신의 목소리를 잘 알고 있다. 그 기본기로 깔끔한 연기에 도전해

보자.

Q7. 연기할 때 시선이 여기저기 분산되는가?

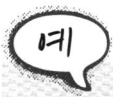

원인 : 구체적인 연기 대상을 정하지 않았기 때문이다.

연기에 온전히 집중하지 않은 탓이다.

부작용 : 시선이 흔들리는 만큼 대사도 흔들린다. 대사 끝도 흐려진다.

눈이 흔들리면 감정몰입이 어렵다. 눈물연기를 해야 할 때 눈물이

나지 않는 것도 이 때문이다.

연기를 보는 사람도 눈을 어디다 둘지 모르게 된다.

해결책 : 연기를 시작하면 어떤 지점을 정확히 정한다.

평소 연습할 때도 조그마한 인형을 앞에 놓고 대사를 해본다.

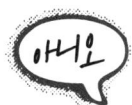

⇨ 정확한 시선이 정확한 대상을 만들었다. 좋은 연기가 기대된다.

Q8. 대사를 더듬거나 대사가 의도치 않게 끊어지는가?

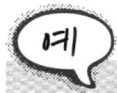

원인 : 대사를 더듬거나 연결해야 할 대사가 끊어지는 데는 평소의 언어

습관에서 원인을 찾을 수 있다.

대사의 내용을 이해하지 못해서다.

발음훈련이 부족할 때 나타날 수 있는 현상이다.

부작용 : 끊어지는 대사 연기는 감정연기를 방해한다.

기본기가 부족해 보이기 때문에 오디션에서 계속 실패하게 된다.

해결책 : 독서량을 늘린다. 한 글자도 틀리지 않고 끝까지 읽는 연습을

반복한다.

평소에 쓰지 않은 단어들이 대본에 보이면 그 단어를 집중적으로

반복 연습한다.

발음이 틀리고 대사가 끊어질 때마다 내 신체의 어느 일부분도 끊

어질거라 상상하자. 긴장하면 아무래도 덜 틀린다.

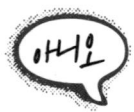

⇨ 당신은 언어적으로 문제없으며 어휘수준도 비교적 높은 배우일 것이

다. 남들보다 유리한 조건에서 연기를 시작하고 있다.

Q9. 오디션에서 연기할 때
대본에서 눈을 떼기가 무서운가?

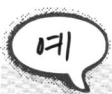

원인 : 대사를 완벽히 숙지하지 못해서다.

　　　틀릴까 봐 두려워하는 마음이 크기 때문이다.

　　　대사만 잘하면 연기도 잘할 거라 여기는 안일한 생각 탓이다.

부작용 : 자연스런 말하기가 아닌 글을 낭독하는 느낌을 주기 십상이다.

　　　오디션에서 대본만 들여다본다면 실력 없는 배우라고 광고하는

　　　꼴이 된다.

해결책 : 완벽히 외우지 않아도 괜찮다. 용기를 갖자. 글을 읽기보단 말

　　　을 하라.

　　　대사의 앞부분은 대본을 보더라도 대사의 뒷부분에 가서는 반드

　　　시 상대방을 보자.

　　　대본은 상대와 이야기할 때 필요한 커닝페이퍼 정도라고 여기자.

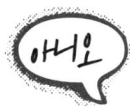

⇨ 당신은 자신감 넘치는 배우다. 연기할 때의 표정을 사람들이 오래

　　기억하게끔 하는 요령을 알고 있다.

Q10. 대사 사이사이에 '아', '어', '음' 같은 소리를 무의식중에 붙이지는 않는가?

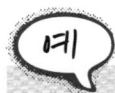

원인 : 혼자 대사 연습을 할 때 음성으로 모든 연기를 표현하기 때문이다. 대사와 대사 사이를 어색해하기 때문이다. 감정몰입이 부족하면 대본에 없는 소리를 덧붙이게 된다.

부작용 : 연기가 지저분하고 시끄러워지면서 정작 중요한 대사가 가려진다.

연기가 온통 음성으로 채워지면서 표정연기가 설 자리가 없게 된다.

해결책 : 음성을 넣는 대신 표정을 짓는 연습을 하자.

연기는 청각만 만족키는 게 아니다. 시각도 만족시켜야 한다.

거울을 보며 자신의 표정을 잘 기억하자.

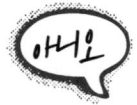

⇨ 당신은 항상 자신의 연기를 충실히 모니터했을 것이다. 예민한 감각을 지닌 배우로 거듭날 준비가 되었다.

촬영스케줄표 이해하기

드라마와 영화의 촬영스케줄표

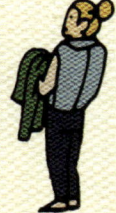

드라마 스케줄표

①연출	김연출	010-1234-5678
②극본	이대본	010-2345-6789
③조연출	조연출	010-3456-7890
④제작PD	나피디	010-4567-8901

ABC 주말드라마 〈배우들〉

⑤회	⑥S#	⑧D/⑨N	⑩장소	⑪L/⑫S	⑬내용
4	27	N	병원응급실	L	괜찮아? 너 쓰러졌었어
2	15	D	카페앞	L	뛰쳐나가는 선영 붙잡는
2	13	D	카페화장실	L	프러포즈 기대하며 설레어 하는 선영
3	5	N	대학가 거리	L	울며 거리를 걷는 선영
1	33	D	준호집 주방	S	너 결혼 언제할꺼야? 언제 철들래
1	34	D	준호방	S	핸드폰들고 고민하는 준호
2	29	N	준호방	S	침대에 누워 선영이 한 말을 떠올리는 준
2	31	D	준호방	S	출근 준비하는 준호

⑦

드라마 스케줄표 용어 정리

① **연출** - 드라마 촬영현장을 총괄하는 인물. 호칭은 '감독님'으로 부른다.

② **극본** - 드라마 대본을 집필한 인물. 호칭은 '작가님'.

③ **조연출** - 연출을 보좌하는 인물. 촬영 중 궁금한 사항이 생기면 조연출에게 문의하면 된다.

④ **제작PD** - 제작사를 대표하여 촬영의 순조로운 진행을 위해 전반적인 사항을 관리한다.

⑤ **회** - 드라마 회

⑥ **S#** - 씬 넘버

⑦ **5, 6 합쳐서** - 보다시피 1회 1씬부터 촬영하지 않는다. 촬영의 순서는 장소에 달려 있다.
   감정이 이어질 수 있도록 정확한 씬 정보를 파악해야 한다.

⑧ **D** - 'Day' 낮 씬. 해가 뜨고 질 무렵까지 촬영한다.

⑨ **N** - 'Night' 밤 씬. 해가 지고 뜰 무렵까지 촬영한다.

⑩ **장소** - 설정된 촬영장소

	⑲ 1월 15일 수요일	
	⑰FD	고충남 010-1234-5678
	⑱http://cafe.daum.net/1234	
⑭등장인물	⑮주요사항	
선영, 준호, 의사,간호사1	차트, 청진기	
선영, 준호		
선영, 여자1	선영 화장품 파우치	
선영, 취객남, 대학생1,2	휴지 또는 손수건	
준호, 준호 엄마, 준호 할머니, 준호동생		
준호	핸드폰, 준호폰(선영 문자메세지)	
준호	⑯선영off	
준호, 준호엄마	넥타이, 서류가방	

⑪ L – 'Location' 야외촬영(방송국 밖의 모든 실내ㆍ외 촬영)

⑫ S – 'Set' 세트 촬영(방송국 내부에 위치한 세트장 촬영)

⑬ **내용** – 촬영할 씬의 내용 요약.

⑭ **등장인물** – 씬의 등장인물(스케줄표를 받으면 가장 먼저 등장인물부터 확인하는 것이 표를 보는 요령이다. 내 배역이 나온 씬부터 체크하고 시작해야 한다.)

⑮ **주요사항** – 촬영 소품들. 특이사항(특수효과 및 목소리 녹음)

⑯ **선영 off** – 선영의 목소리만 들림.

⑰ **FD** – 'Floor Director' 촬영현장 진행. 촬영 스케줄을 총괄하는 인물. 스케줄 관련 사항은 FD 와 상담한다.

⑱ http://~ – 드라마 팀 카페 주소(촬영 중인 드라마와 관련된 자료를 공유하는 웹 공간)

⑲ **1월 15일 수요일** 촬영날짜

영화 스케줄표

감독: 김호중 프로듀서: 이종명

①촬영 회차		②7회차		1차 촬영지	놀이공
				2차 촬영지	놀이공원
촬영 날짜		3월 14일		3차 촬영지	
다음 촬영일		3월 16일		4차 촬영지	

⑦S#	⑧C#	⑨D/⑩N	⑪L/⑫O/⑬S	⑭설정공간	⑮촬영장소	⑯내용
49	3	D	L	놀이공원	매점 입구	담배피며 고민하는 동연
48	9	D	O	놀이공원	매점 안	진희, 동연 눈치보며 통화
47	35	D	L	놀이공원	놀이기구	동연,진희의 행복한 데이트
54	12	N	L	놀이공원	주차장	진희,동연 말다툼

연출		제작	
	촬영진행,촬영순서 공지,배우동선 체크		
촬영 / 장비		조명 / 장비	
	놀이기구 카메라 설치		
의상		분장 / 헤어	
	동연,진희 편한 외출복		

㉑배우 Call Time

이름	배역	도착시간	매니저	연락처	설정
이상운	동연	7:00	나중기	010-1234-5678	매점주인
김지은	진희	7:30	김주한	010-5678-9123	솜사탕남
					그 외 보조출연자

촬영진행

조감독	김한일010-***-****	제작부장	홍석원010-****-****
연출부	고진호010-****-****	제작부장	방현석010-****-****
연출부	전환희010-****-****	제작부	김원일010-****-****
연출부	고가은010-****-****	제작부	임철우010-****-****
스크립터	주인호010-****-****	제작부	최석중010-****-****

③ 일일 촬영계획표　제목 : 굿캐스팅

집합장소	놀이공원 정문 매표소 앞	일출	
④집합시간	6:30	날씨	
⑤촬영개시	7:30	기온	
⑥강수확률	오전0%/오후10%	일몰	

촬영스케줄

⑰CAST	⑱조,단역	⑲TIME TABLE	
동연		6:00	사당역 출발
동연,진희	매점주인	6:30	현장집합 및 촬영준비
동연,진희	솜사탕남,그외	7:30	촬영 시작
동연,진희		11:30	중식
		12:30	놀이공원 촬영
		15:00	매점 안 촬영
		18:00	주차장 집합 및 촬영준비

⑳CHECK LIST

미술 / 소품		차량소품	
	#47 솜사탕,놀이공원 소품들		#54동연 승용차
C.G		기타	
특효 / 특분		액션 / 스턴트	

㉒ 보조출연 Call Time		스태프			
집합장소	Call	㉓감독	1	현장편집	1
놀이공원식당	14:00	㉔프로듀서	1	특수표과팀	0
놀이공원 안	10:00	㉕촬영감독	1	특수분장팀	0
놀이공원 매표소	7:00	조명감독	1	조명크레인	0
		미술감독	1	발전차	1
		녹음기사	1	식당차	1
		연출팀	5	분장차	1
		제작팀	4	촬영버스	1
		촬영팀	6	조명탑차	1
		조명팀	5	스틸/메이킹	2
		미술팀	4	C.G	0
		동시녹음팀	2	GRIP	0
		분장팀	2	무술팀	0
		의상팀	2	지미짚	0
		소품팀	2	스테디캠	0
		배우/매니저		기타	
Total	14	Total		51	

영화 촬영 스케줄표 용어 정리

① **촬영 회차** – 촬영을 나간 횟수

② **7회차** – 7번째 촬영

③ **일일 촬영계획표** – 오늘 촬영스케줄

④ **집합시간** – 촬영지 집합시간

⑤ **촬영 개시** – 촬영 시작

⑥ **강수확률** – 야외 촬영을 염두에 두고 확인

⑦ **S#** – 씬 넘버

⑧ **C#** – 한 씬마다 찍는 컷 수

⑨ **D** – 'Day' 낮 씬

⑩ **N** – 'Night' 밤 씬

⑪ **L** – 'Location' 야외촬영(실내 공간 또는 세트 촬영이 아닌 경우)

⑫ **O** – 'Open Set' 오픈세트(빌린 실내 공간)

⑬ **S** – 'Set' 세트 촬영(촬영을 위해 제작된 장소)

⑭ **설정공간** – 씬의 배경이 되는 장소

⑮ **촬영장소** – 촬영이 이루어지는 장소

⑯ **내용** – 촬영 씬의 내용 요약

⑰ **CAST** – 씬의 등장인물

⑱ **조 · 단역** – 주연 배우 외 등장인물

⑲ **TIME TABLE** – 일일 촬영 시간표

⑳ **CHECK LIST** – 스태프들이 참고할 특이사항

㉑ **배우 Call Time** – 배우가 지켜야 할 촬영지 도착시간

㉒ **보조출연 Call Time** – 보조 출연자가 지켜야 할 촬영지 도착시간

㉓ **감독** – 촬영과 관련 총괄 책임자

㉔ **프로듀서** – 기획 및 제작을 총괄. 배급, 투자, 섭외, 고용 등…

㉕ **촬영감독** – 본인의 촬영 기술력으로 연출 의도에 맞게 카메라를 다루는 사람

현장에서는 어떤 목소리가 들릴까

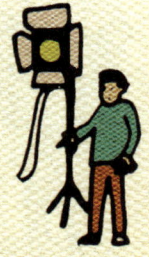

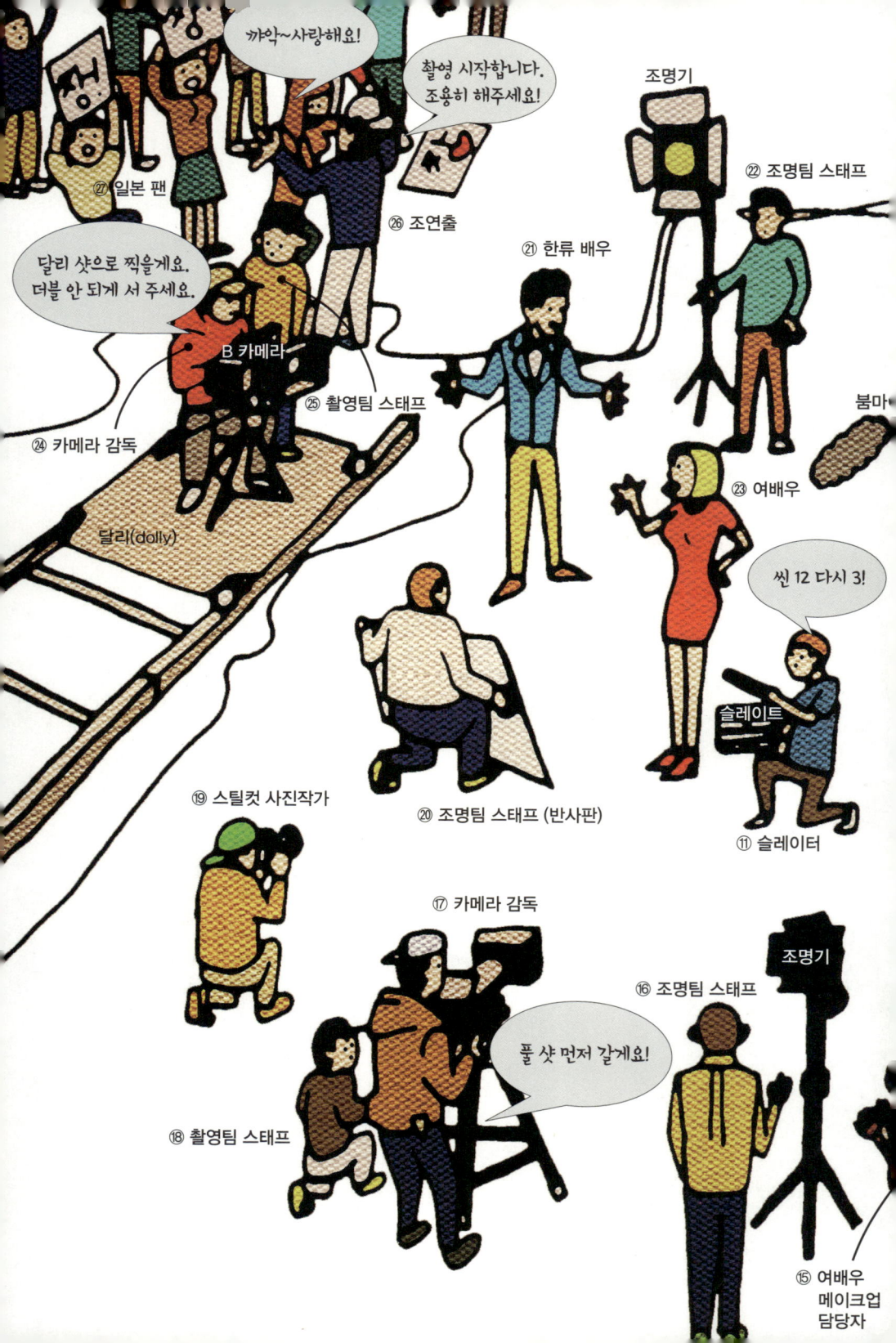

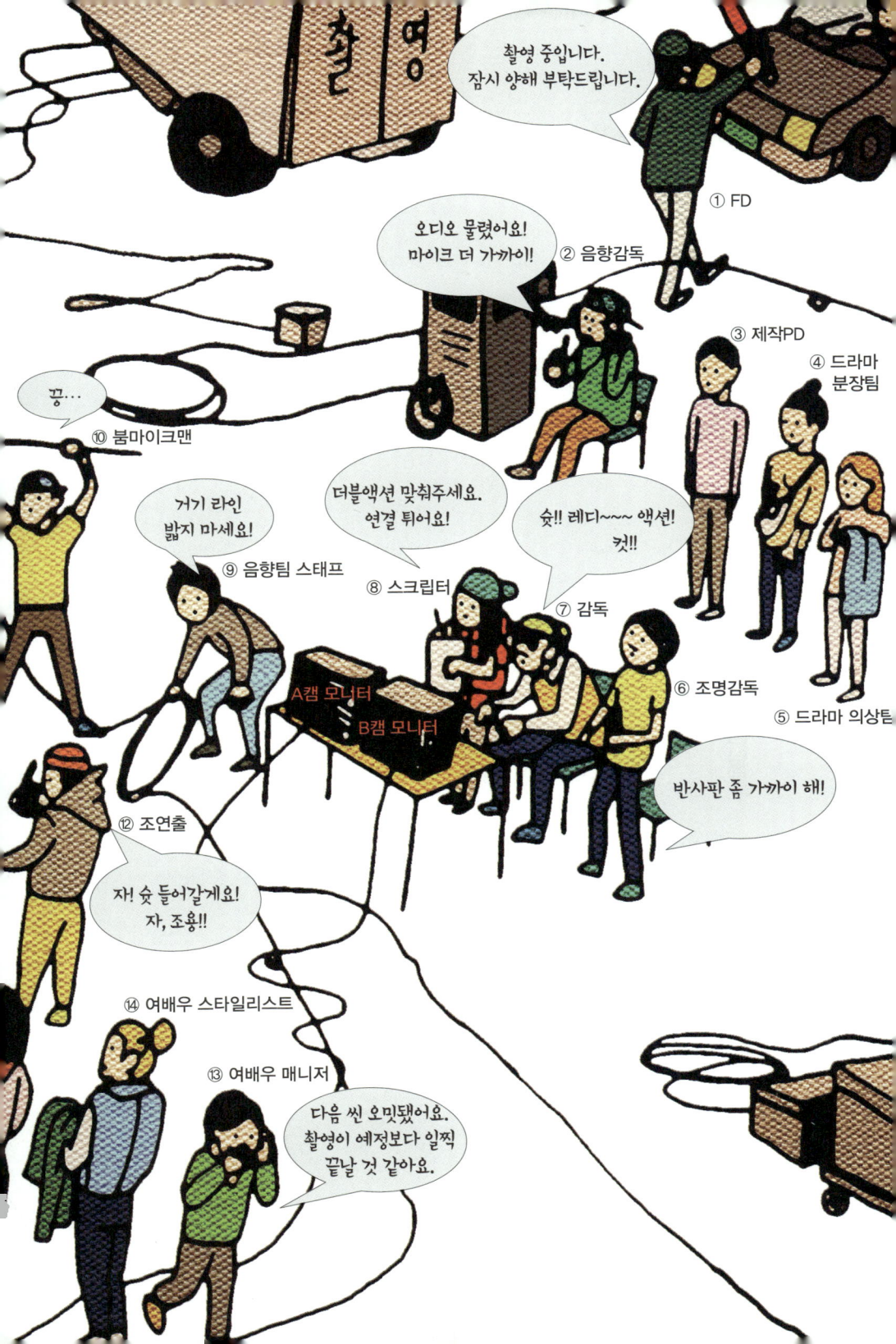

촬영 현장 해설

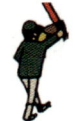

1. FD : "촬영 중입니다. 잠시 양해 부탁드립니다."
야외 촬영시 차량을 통제하는 일은 불가피하다.
– 연출팀. 촬영 현장의 원활한 진행을 담당하는 스태프.

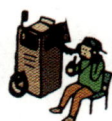

2. 음향감독 : "오디오 물렸어요!"
상대 배우가 대사를 마친 후 이어서 대사하는 타이밍이 너무 빨랐을 때 듣게 되는 말이다. 대사가 여유가 없이 바로 맞물리면 편집할 때 애를 먹게 된다. 여유를 갖고 연기하는 것도 중요하다.

"마이크 더 가까이!"
10번 붐 마이크를 들고 있는 스태프에게 하는 말이다. 배우의 대사를 선명하게 녹음하기 위해서다. 마이크를 배우에게 가까이 대라고 지시하는 내용이다.
– 배우들의 대사를 현장에서 녹음하고 체크하는 일을 한다. 본인의 대사가 (특히 목소리가) 잘 전달되는지 알고 싶다면 음향감독님에게 자문을 구하면 된다.

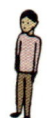

3. 제작PD :
– 제작사를 대표해 드라마 현장을 감독한다. 특히 재무적인 부분을 담당한다. 현장에 필요한 진행 비용을 집행하는 것도 제작PD의 역할이다.

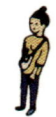

4. 드라마 분장팀 :
– 드라마 출연배우의 분장을 모두 담당한다. 항상 모니터로 배우의 얼굴을 관찰하고 있다. 촬영 중간 중간마다 메이크업을 수정해 주기 위해서다.

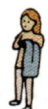

5. 드라마 의상팀 :
– 드라마 출연배우의 의상을 모두 담당한다. 시대적 배경이나 계절적 배경을 고려하고, 배우들끼리 겹치는 의상이 있는지 등등을 체크한다. 드라마 전체적으로 의상의 스타일과 톤이 균형감 있도록 조율하는 역할을 맡는다.

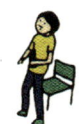

6. 조명감독 : "반사판 좀 가까이 해!"

배우의 얼굴이 선명하게 나올 수 있도록 조명팀 스태프에게 지시하는 말이다.

– 조명기의 밝기를 어떻게 조절하는 가에 따라 배우의 얼굴이 달라질 수 있다.
배우들이여, 화면에 멋지게 나오고 싶다면 조명감독님에게 잘 보여야 한다. ^^

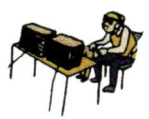

7. 감독님 : "슛!!" "레디~~~ 액션!"

배우와 스태프에게 촬영이 시작했음을 알리는 지시.

"컷!"

모든 연기와 촬영을 중지시키는 지시.

– 배우는 항상 리허설(촬영할 동선을 맞춰봄)을 통해 감독님과 촬영할 장면을 준
비한다. 연기에 어려운 점이 있다면 주저하지 말고 감독님과 상의하도록 하자.

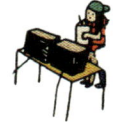

8. 스크립터 : "더블액션 맞춰주세요."

배우는 전신 장면(풀샷)을 찍은 다음 상체 장면(바스트 샷)을 찍을 때 동일한 동
작을 되풀이해야 한다. 더블액션이란, 배우의 동작이 장면마다 일치하지 않을 때
지적 받는 말이다(시청자들이 보통 '옥의 티'라고 하는 걸 방지하기 위한 것이다).

"연결 튀어요!"

배우가 방금 전의 상황을 기억하지 못하고 다른 모션을 취했을 때 발생한다. 배
우가 장면을 연결되지 않게 연기할 때 듣게 되는 말이다(연기뿐 아니라 헤어스타
일이나 의상 및 소품도 어긋나서는 안 된다).

– 촬영장에서 촬영이 진행되는 동안 모든 상황을 기록한다. 특히 배우들의 연기
(동선 및 행동 및 의상 등등)를 기록하는 일을 한다. 방금 했던 연기 동선이 기억
나지 않으면 당황하지 말고 스크립터에게 자문을 구하자.

9. 음향팀 스태프 : "거기 라인 밟지 마세요!"

– 촬영장에서는 라인(장비와 연결된 전선)에 걸려 넘어지지 않도록 조심해야 한
다. 부상 위험도 있거니와 장비가 망가져 촬영에 지장을 줄 수 있다.

10. 붐마이크맨 : "끙…"

– 배우의 대사를 녹음하기 위해 힘쓰는 사람이다. 늘 배우 가장 가까운 곳에 자

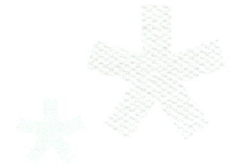

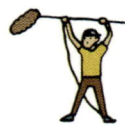

리를 잡는다. 촬영은 보통 동시 녹음으로 이루어지기 때문에 배우에게 최대한 밀착하여 마이크를 대야 한다. 카메라에 찍히지 않도록 주의해야 하는 세밀하고도 힘든 작업이다.

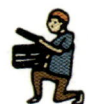

11. 슬레이터 : "씬 12 다시 3!"
12씬을 세 번째 찍는다는 의미다.

– 주로 영화 현장에서 볼 수 있다. 슬레이터는 촬영 시작시 카메라 앞에서 슬레이트를 치고 빠지는 사람이다. 슬레이트란, 보통 씬 넘버, 컷 넘버, 테이크 넘버, 날짜, 프로듀서 이름, 감독 이름, 촬영감독의 이름이 쓰여 있는 판이다. 편집할 때 씬 순서를 혼돈하지 않기 위해서 꼭 필요한 장치다.

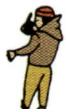

12. 조연출 : "자! 슛 들어갈게요!" "자, 조용!!"
무전기로 감독님의 지시를 받아 촬영 시작을 알리는 말이다.

– 감독님에게 지시를 받으며 촬영현장을 매끄럽게 진행하는 사람이다. 촬영이 진행되는 동안 의문점이 생길 때는 주저 없이 조연출과 상의한다.

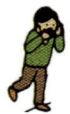

13. 매니저 : "다음 씬 오밋됐어요. 촬영이 예정보다 일찍 끝날 것 같아요."
가끔 드라마 대본의 분량 조절을 위해 꼭 없어도 되는 장면을 삭제하기도 한다. 또는 장소나 날씨의 제약으로 원래 있던 장면을 오밋(삭제)하고 다른 씬으로 대체하는 경우도 있다.

– 배우에겐 가족처럼 친밀한 존재다. 배우의 연기활동에 관하여 전반적인 사항을 관리하고 책임지는 사람이다.

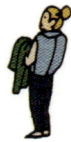

14. 여배우 담당 스타일리스트 :
– 매니지먼트에서 고용한 여배우 전담 스타일리스트다. 여배우의 연기 활동에 필요한 모든 의상을 준비한다. 여배우에게 어울리는 의상과 색감을 누구보다 잘 알고 있어야 한다. 여배우를 아름답고 빛나게 해주는 역할을 맡는다(보통 드라마 의상팀과 콘셉트 회의를 거친 후 의상을 준비한다).

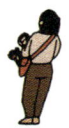

15. 여배우 담당 메이크업 :

– 매니지먼트에서 고용한 여배우 담당 메이크업 아티스트다. 여배우의 모든 일정에서 메이크업을 담당한다. 촬영 현장뿐 아니라 크고 작은 행사에서도 분위기에 맞게 메이크업을 한다. 배우의 아름다운 얼굴을 위해 섬세한 작업을 요한다.

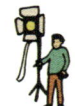

16. 조명팀 스태프 :

– 조명감독의 지시에 따라 조명기를 다루며 빛을 조절한다.

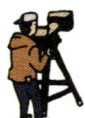

17. 카메라 감독(촬영감독) : "풀 샷 먼저 갈게요"

배우의 전신을 포함한 장면을 먼저 찍겠다는 말.

"뒤집어서 찍을게요"

지금 촬영한 배우 말고 상대 배우를 찍기 위해 카메라 위치를 반대로 옮겨서 촬영하겠다는 의미다.

– 배우의 연기를 카메라에 담는 사람이다. 어떤 각도에서 배우의 얼굴과 표정이 살아나는지 잘 파악하고 있다. 배우가 촬영 감독님에게 조언을 들어야 하는 결정적 이유가 여기에 있다.

18. 촬영팀 스태프 :

– 촬영 감독을 보좌한다.

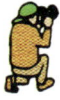

19. 스틸 컷 사진작가 :

– 촬영현장의 스틸 사진을 촬영하는 사진작가이다. 드라마 현장의 생생한 모습을 담아 드라마 홍보 컷으로 사용한다. 배우뿐 아니라 스태프들의 모습을 담기도 한다.

20. 조명팀 스태프 :

– 반사판을 담당하는 조명팀 스태프다. 배우의 얼굴이 더욱 환하고 선명하게 보이도록 비춰주는 역할을 한다. 여배우가 가장 사랑하는 스태프다. ^^

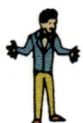

21. 한류 배우 :
– 중국을 비롯해 일본, 동남아시아 등지에서 인기를 얻은 한국 배우를 말한다.
한국 드라마를 널리 알리는 데 중요한 역할을 한다.

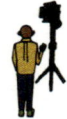

22. 조명팀 스태프 :
– 조명감독의 지시에 따라 조명기를 다루며 빛을 조절한다.

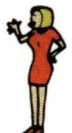

23. 여배우 :
드라마 현장에 가장 화려한 모습으로 자리한 꽃이다. 모든 이의 이목은 여배우를
향해 있다. 여배우로서 느껴지는 자의식을 무시해야 한다. 수많은 시선에 부담
갖지 말고 연기에만 몰입하는 모습을 보이는 것이 중요하다. 여배우의 프로다운
모습은 이때 진가를 발휘한다.

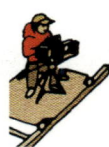

24. 카메라감독 (촬영감독): "달리 샷으로 찍을게요."
레일 위에서 촬영을 한다는 의미이다. 카메라의 움직임에 박진감을 주기 위해 사용
하는 기법이다.

"더블 안 되게 서주세요"
21번 한류배우가 23번 여배우를 가렸을 때 요구하는 말이다. 동선이 겹치면 위치
를 수정해야 하므로 이렇게 말한다.
– 요즘 야외 촬영장에서는 두 대의 카메라로 촬영을 한다. 배우가 연기에 몰입할
때 서로 다른 각도에서 카메라 두 대가 동시에 돌아간다. 촬영시간이 단축됨은
물론, 배우의 섬세한 표정까지 시청자에게 생생하게 전달할 수 있다.

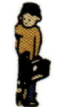

25. 촬영팀 스태프 :
– 촬영감독을 보좌한다.

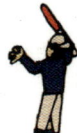

26. 조연출 : "촬영 시작합니다. 조용히 해주세요!"
촬영장은 동시녹음이므로 배우의 대사가 마이크에 잘 녹음되도록 주위 소음을
차단해야 한다.
– 매끄러운 촬영 진행을 위해서는 조연출의 역할이 절대적으로 중요하다. 현장

에서 발생할 수 있는 돌발 상황에 빠르게 대처하는 순발력과 판단력이 필요하다. 촬영에 방해되는 요소들을 철저히 통제해야 하는 어려운 임무를 맡고 있다.

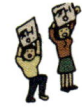

27. 일본 팬들 : "꺄악~사랑해요!"

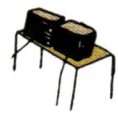

A 캠 모니터 : A 카메라로 촬영되는 모습이 보인다.
B 캠 모니터 : B 카메라로 촬영되는 모습이 보인다.
두 개의 모니터를 통해 배우들의 연기를 확인한다.

Part 3

Essays

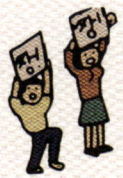
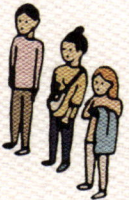
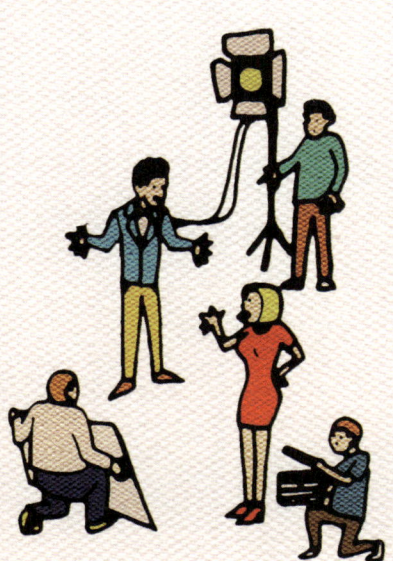

연기 코치의 역할

*

"선생님한테 배우면 정말 연기를 잘할 수 있나요?"

이런 질문에 난 단 한 번도 시원하게 대답을 해본 적이 없다. 연기는 가르쳐줄 수 있는 게 아니다. 배울 수 있는 것도 아니다.『성문영어』나 『수학의 정석』처럼 두꺼운 책 한 권에 연기의 문법과 공식을 억지로 넣을 수는 없다. 정형화된 문법과 공식이 없기 때문이다.

그럼 나는 무엇을 하는 사람일까? 나는 배우가 자신에게 맞는 연기 문법을 만들어 나가도록 도와주는 사람이다.

연기 코치를 시작한 지 얼마 되지 않던 때, '선생님'이라는 호칭을 들으면 어색하고 얼굴이 괜히 발개지곤 하던 그 시절, 배우를 만날 때마다 나는 공포 아닌 공포에 떨어야 했다. '내가 가르쳐줄 수 있는 게 있을까?', '무슨 이야기를 해줘야 도움이 될까?'

연기엔 정답이 없다. 그런데 연기를 배우고 싶어 하는 배우들은 열이면 열 명쾌한 답을 원한다. 그런 그들의 기대를 저버리게 될까 봐 걱정이 앞섰다. 생각 끝에 내가 찾은 해결책은 '내가 가르쳐줄 것이 있는 배우만 수업하자!'는 것이었다. 처음 만났을 때 배우와 같이 연기를 해보는 거다. 다만 그 배우를 섣불리 판단하지 않도록 다양한 대본을 준비한다. 슬픈 연기, 코믹한 연기, 화내는 연기 등. 처음 보는 배우와 연기하며 함께 호흡하다 보면 마음껏 상대를 관찰할 수 있다. 눈을 보며 울기도 하고 웃거나 화를 내기도 한다. 그들의 성격, 말투, 습관, 사랑, 상처… 나아가 가족관계까지 고스란히 느껴진다. 내 앞에 있는 배우가 생생하게 와 닿는다. 바로 이때 '이 배우에게 내가 도움을 줄 수 있겠다'는 확신이 들면, 그 배우와의 인연은 시작된다.

인기 배우인 Z를 처음 만났을 때 그녀는 딜레마에 빠져 있었다. 자신은 대본을 충분히 이해하고 표현했다고 생각하는데, 상대 배우가 그 감정을 받아들이지 못해 번번이 촬영 흐름이 깨진다는 것이었다.

간혹 자기 자신이 이해한 대로 연기를 하지만 그 표현방식이 다른 사람들에게 공감을 얻지 못하는 배우들이 있다. 이 문제를 지적해주면 배우들은 매우 혼란스러워한다. 자신은 어디까지나 대본에 따라 진지하게 연기에 임했는데 무엇이 잘못되었다는 건지 모르는 것이다.

우리는 그녀의 고민을 함께 생각해보았다. 대본을 이해하지 못한 걸까?(분석) 이해를 했는데 표현을 못한 것일까?(표현) 정확하게 이해하고 표현도 잘했는데 공감을 얻지 못한 것일까?(전달) 감정을 표현하는 스타일이 상대 배우와 잘 맞는지도 고려해야 한다. 대본을 잘 이해했더라도 표현이 잘못되면 오해의 소지가 있다.

많은 배우들이 연기의 테크닉에 대한 고민보다는 감정 수위를 조절하는 것에 어려움을 느낀다. 밝은 캐릭터라면 얼마나 쾌활해야 할지, 슬픈 상황에서는 눈물을 얼마나 흘려야 할지 등을 고민하는 것이다.

Z에 대한 나의 진단은 표현의 문제였다. 느낌대로 연기를 펼쳐야 하는 배우에게 표현의 문제는 치명적일 수 있다. 정확한 진단이라 해도 그만큼 받아들이기 쉽지 않다. 그러나 내가 배우의 어려움에 대해 함께 고민해주고 믿음을 주면, 부족한 부분을 지적하고 설득하기는 생각보다 어렵지 않다. 다만 서로 간에 신뢰를 쌓는 것이 오래 걸릴 뿐이다.

배우의 신뢰를 얻기 위해서는 이야기를 들어주는 것이 가장 중요하다. 배우가 어려움을 호소할 때 너 한 사람만의 문제가 아니라고 위로하고 공감해주며, 무엇을 힘들어하는지 가만히 들어주는 시간이 필요하다. 사람들은 고민이 있으면 가까운 친구나 가족에게 털어놓지만, 배우들은 고민을 터놓고 이야기할 대상이 마땅치 않다. 소속사 식구들도 어렵다. 자신을 믿고 일하는 사람들에게 어려움과 고충을 털어놓는다는 건 부담스러운 일이다. 특히 대중의 사랑을 기반으로 살아가야 하는 배우들에게 있어서 연기력에 관한 고민은 자신의 실력과 직결되기 때문에 쉽게 말을 꺼낼 수 없다. 촬영장에서의 사소한 실수담, 눈물이 안 나오는 문제 등을 어디 가서 이야기하겠는가? 나는 이러한 부분에서 배우들의 이야기를 들어주고 그들이 스스로를 객관화하도록 도움을 줄 수 있다.

배우에게 믿음을 주는 나의 무기는 바로 '솔직함'이다. 편견 없이 바라보고 모든 감각을 열어 관찰하며 거리낌 없이 의견을 전달하고자 노력한다. 그동안 만난 수많은 배우들에게 한 번도 내 느낌을 속인 적이 없다.

진지한 연기력은 영화 관계자들로부터 주목받고 있으나 대중적인 인기도는 좀 아쉬운 남자 배우 L이 나를 찾아온 적이 있다. 이런저런 이야기를 나누다가 나는 "그렇게 연기하니까 여자들이 싫어하는 거예요"라고 충고해주었다. 내 말을 듣고 황당함을 감추지 못하던 L의 얼굴이 지금도 눈앞에 선하다. 아무리 솔직한 걸 우선시하는 나조차도 첫 수업부터 그렇게까지 '돌직구'를 날리지는 않는다. 하지만 내겐 문제가 분명히 보였고 우리에게는 시간이 많지 않았다.

상황이 진지해서 진지한 것과 캐릭터를 우울하게 설정하는 것은 전혀 다른 문제다. 진지한 캐릭터라고 해서 처음부터 끝까지 진지해져버리면 우울하고 가라앉은 캐릭터가 된다. 똑같이 악역을 하더라도 연기력을 인정받고 호감을 사는 배우가 있는가 하면, 배우 자체가 미움을 받고 안티 팬이 생기는 경우도 있다. 또 중요한 것은 '멋진 캐릭터'에 대해 남녀의 생각이 다를 수 있다는 점이다. 비열하고 냉정한 역할이 남자 배우 입장에서는 멋있어 보일 수 있어도, 여자가 보기에는 어둡고 무서운 인상을 줄 수 있다. 또 남자 배우들은 여자들이 열광하는 순애보적인 캐릭터에 대해 불만을 털어놓는 경우가 많다. "바보 같지 않아요? 무슨 남자가 이래요?" 하면서 자기 역할에 확신을 갖지 못할 때, 여성 시청자들의 입장을 대변해주는 것도 내가 해줄 수 있는 선물이다.

앞서 나의 인정사정없는 평가에 잠시 당황하던 L은 이내 "여자 관객

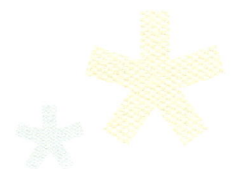

들의 입장에서는 그렇게 생각할 수도 있겠군요." 하며 겸허하게 받아들였고, 지금은 꾸준한 자기 분석과 연기 변신을 통해 그야말로 인기 상종가를 달리는 스타 배우로 거듭났다.

얼굴을 마주하는 짧은 순간의 화기애애함을 위해 달콤한 말을 주워섬긴다면 결과가 좋을 리 없다. 내가 아니어도 스타들은 달콤한 칭찬과 인기로 살아가고 있지 않은가? 난 매 순간 용기를 내어 솔직한 언사를 서슴지 않는다.

지금도 나는 처음 만나는 배우와 함께 연기를 해본다. 고운 모래는 빠져나가고 체에 걸러진 못난 돌들을 같이 확인한다. 그리고 그 못난 돌들을 곱게 갈아보는 거다. 방법은 물론 함께 찾아간다. 나는 열심히 상대 배역을 연기해주는 연습 상대이자, 배우들이 힘들어 울 때 티슈 통을 앞에 놓아주는 인생 선배다. 확신 없이 흔들리는 배우에게 '네가 생각한 게 맞다'고 한 표 던져주는 유권자이며, 동시에 자아도취에 빠진 배우들을 꼬집어주는 얄미운 선생이다. 힘들게 답을 찾아가는 시간만큼 배우들은 반짝반짝 빛이 난다. 그게 바로 세상의 이치가 아닐까? 힘든 진통 끝에 미소가 더 깊어지는 것 말이다.

국립극단 첫 공연

＊

　　1997년 12월, 내 인생 첫 직장을 만났다. 대학 지도교수님의 추천으로 국립극단 연수단원이 된 것이다. 계원예고 연극영화과 학생일 때부터 내게 국립극단은 남다른 로망이었다. 선생님께서 국립극단 공연을 처음 보여주시던 날, 웅장한 무대에 눈이 번쩍 뜨였고 이내 깊이 있는 연기에 매료당했다. 그때부터 국립극단은 내게 강렬한 태양 같은 위상으로 자리 잡았다. 그런 극단에서 연기를 할 수 있다는 사실만으로도 구름 위를 걷는 것 같았다.

　　얼마 후, 극단에서 선생님들과 첫 리딩하는 날이 다가왔다. 극단 선배님들의 연기를 곁에서 볼 수 있다는 생각에 마냥 설레고 떨렸다. 전날 밤에는 자는 둥 마는 둥 세 시간쯤 눈을 붙인 게 전부였다. 긴장한 탓에 그나마 아침 7시에 눈을 뜬 게 다행이었다. 9시까지 국립극단에 도착하려면 7시 10분에는 현관을 나서야 했다. 10분 안에 옷을 입고 세면과 양치를 하고 현관문을 박차고 나갔다. 집에서 5분 거리에 있는 버스정류장에서 버스를 탔고, 15분 후 지하철역에서 내렸고, 40분 동안 지하철을 타고 갔다. 내 아침밥이 늘 있는 곳, 강남역에서 잠시 내려 늘 그랬듯 김밥 한 줄을 샀다. 국립극단까지 김밥과 나를 실어줄 버스에 다시 올랐고, 맨 뒷자리에 앉았다. 문화시민의 덕목은 배려이기에 김밥 냄새가 새나갈 구멍만큼 창문을 연 후 김밥을 허기진 배에 투하시켰다. 김밥이 내 손을 모두 떠났을 즈음, 드디어 목적지에 도착했다. 여기서 10분을 더 걸어가면 극단 연습실에 도착하게 된다. 몇 분 일찍 도착하는 날은 자판기 커피를 마시며 차분하게 하루를 구상할 수 있다.

이날도 다행히 모든 게 평소처럼 순탄하게 흘렀다. 유일하게 다른 점이 있다면 사춘기 소녀 때의 자의식 과잉 상태였다고 할까? 이미 머릿속은 극단 선배님들과의 리딩 현장에 가 있었다. 내 실력을 제대로 보여드릴 수 있겠지? 연기 천재가 왔다고 너무 좋아하시면 어쩌나? 연기도 잘하는데 얼굴도 예쁘다고 너무 좋아하시는 거 아냐? 그럼 동기들 얼굴은 미안해서 어떻게 봐? 그렇다고 너무 겸손 떠는 표정은 재수 없을 거야! '감사합니다' 하고 그냥 조신하게 있어야겠다. 이런 풋풋한 생각에 정신없이 빠져 있는데 사흘 전 받았던 내 첫 대본이 어디 있는지 기억나지 않았다. 허둥지둥 대본을 찾았다. 싱겁게도 대본은 가방 안에 있었다. 대본을 잠시 바라보다가 대본을 처음 받아 들었을 때를 생각하며 한참 몰래 웃었다.

대본을 처음 받자마자 누가 봐주길 바라는 것처럼 이름 석 자를 크게 적었다. 첫 장을 펼쳤는데 심장이 먼저 요동쳤다. 여주인공 나이가 열여덟 살이라는 게 아닌가. 풋풋한 18세! 가슴이 두근거리고 손이 부들부들 떨렸지만 애써 가라앉히고 대본으로 상기된 얼굴을 가렸다. 저절로 찢어지는 입을 진정시키지 못했기 때문이다. 당시 난 극단에서 가장 나이 어린 막내였다.

'극단 들어오자마자 이래도 되나? 내가 연기 좀 한다는 걸 벌써 아셨단 말이야? 설마 나를 염두에 두고 작품을 고르신 건가?' 쿵쾅거리는 심장소리와 함께 머릿속을 메아리치던 내면의 목소리를 생각하면 지금도 쥐구멍에 숨고 싶어진다.

무대에서만 보았던 선배님들이 한 분 두 분 연습실로 들어오시는데 후광이 비쳐 눈부셨다. 선배님들이 모두 도착하자 연출자 선생님은 무작위로 선배님들께 리딩을 주문하기 시작했다. 대단히 치열했다. 이 자리에서 배역이 정해지는 게 국립극단의 생리였던 것이다. 한 선배님이 읽은 역할만 벌써 여럿이었다. 그렇게 몇 시간이 흐르는 동안 나는 입한번 벙긋할 기회조차 얻지 못했다.

이런 방식의 리딩으로 며칠을 보낸 후 캐스팅을 마쳤다. 입도 벙긋 못한 채 구경꾼 역으로 만족해야 했다. 그 며칠 사이 내가 목소리를 낼수 있었던 건 출근할 때의 "안녕하십니까!"와 퇴근할 때 "안녕히 가십시오!"가 전부였다. 하늘 높이 날던 내 자의식은 땅으로 곤두박질쳤다. 비록 기대하지 않았던 구경꾼 역이었지만, 나는 최선을 다하겠다고 결심했다. 그런데 대사가 없었다. 유일한 위안은 여러 장면에 등장한다는 사실이었다. 그것으로도 최선을 다할 이유가 충분했다. 더욱이 단역은 대사를 애드리브로 하면 된다고 했다. 그건 내가 대사를 많이 만들면 그만큼 많은 대사를 할 수 있다는 의미였다. 정말 대사를 많이도 만들었다. 단, 구경꾼들의 수다이기에 관객에게 정확하게 의미를 전달하지 않으면서도 시끌시끌한 효과를 내는 게 내 역할이었다.

무사히 극단 첫 작품을 마쳤다. 그런 식으로 1년을 보냈다. 그렇게 시간을 보내면서 어느덧 저절로 깨닫게 됐다. 선배님들이 계시는 한 주인공 연기는 꿈꿀 수 없다는 것을 말이다. 극단에서의 선후배 서열은 매우 엄격하기 때문이다. 또한 연극에는 분장이라는 기술이 있기에 실제 나이와 배역의 나이가 상관이 없었다. 연극영화과를 전공하고도 그토록 순진할 수 있었던 내 모습을 생각하면 쓴웃음이 나온다. 그것은 시작에 불과했다. 나는 아주 배울 것이 많은 병아리 연기자였다.

누군가는 나를 보고 있다

*

　국립극단 연수단원 2년차로 접어들면서 나는 전략을 대폭 수정했다. 대사가 있는 배역이 나에게까지 돌아오지 않을 것임을 직관적으로 느꼈던 것이다. 대사 연습은 잠시 미뤄두고 신체훈련에 집중하기로 했다. 무대 위에서 몸을 써야 하는 연기가 있다면 가장 먼저 나를 떠올릴 수 있도록 독하게 신체훈련을 하기로 다짐했다. 우선 목표는 한국무용이었다.

　국립극단에서 젊은 단원들은 의무적으로 한국무용을 해야 했다. 학교에서는 실력이 좀 뒤떨어지는 사람도 차근차근 챙겨주지만 사회에서는 달랐다. 단 한 명만 소화하면 곧장 다음 진도로 넘어갔다. 게다가 실력에 따라 위치가 정해졌다. 맨 앞줄이 가장 잘했고, 맨 뒷줄이 가장 못했다. 처음에 난 맨 뒷줄이었다. 맨 앞줄 단원들이 소화하면 다음 진도로 넘어가는 게 어찌나 약이 오르던지…. 이를 악물고 오기로 연습했다. 순서를 기억하기 위해 팔에 그림을 그렸다. 문신을 새긴 듯 얼룩덜룩해진 팔에 익숙해지면서 나는 점점 앞줄로 이동했다. 그리고 결국에는 맨 앞줄에 설 수 있었다.

그러나 기쁨은 오래가지 않았다. 맨 앞줄이기에 그만큼 잘해야 한다는 압박감에 여전히 마음 고생이 심했다. 아직까지 팔에는 나만 아는 암호와 그림이 잔뜩 그려져 있었다. 하지만 자리가 사람을 만든다는 말처럼, 잘해야 한다는 부담감에 몸부림치는 사이 나는 하루하루 실력이 늘어갔다. 팔의 얼룩은 점점 희미해졌고, 어느 순간부터는 보는 대로 기억하게 되었다. 그렇게 나는 젊은 단원들 사이에서 몸을 잘 쓰는 아이로 자리매김할 수 있었다.

얼마 후, 오태석 선생님 극본·연출인 연극 「운상각」 연습이 잡혔다. 연극 연습을 하면 자기가 맡은 배역의 분량과 상관없이 처음부터 끝까지 모든 자리를 지키는 게 당연한 예의다. 그러니 서당 개 3년이면 풍월을 읊듯, 다른 배우들의 대사도 자연스럽게 외우게 된다. 대사 연습은 잠시 미루기로 했는데 몸만 훈련하니 입이 많이 심심했다. 그래서 다른 선배님이 대사를 하면 립싱크로 따라 하는 습관을 들였다. 연습은 순조로웠고 첫날 공연도 성공적으로 마쳤다.

공연 시작 이틀째가 되었다. 연극을 올리기 전에 수도 없는 연습을 하기 때문에 관례상 리허설은 첫날 공연만 한다. 그러니 이튿날부터는 본 공연 시간에 맞춰 나가면 됐다. 적당한 시간에 맞춰 극장에 도착했는데, 분장실 입구에서 마주친 한 선배가 정색을 하며 나를 불렀다.

"안지은, 왜 이제 와?"

놀라서 얼른 90도 인사를 하고는 잽싸게 시계를 봤다. 다행히 지각은 아니었다.

"단장님이 찾으셔. 얼른 가봐!"

분장실에서 단장님 사무실까지는 1분 거리였다. 1분 동안 내가 저지른 잘못들을 하나하나 떠올려봤다. 딱히 생각나는 잘못이 없는데도 뭔가 죄를 지은 듯 불안했다. 조심스럽게 사무실 문을 열고 고개를 내밀었다.

"안녕하세요? 찾으셨습니까, 단장님?"

사무실 안에 계신 단장님은 무슨 일인지 나보다 더 초조한 표정이었다. 나를 보자마자 단장님은 기다렸다는 듯 반색하셨다.

"어, 지은아! 너 ○○○ 연기 다 외웠지? 오늘 공연할 수 있지?"

단장님의 다소 경직된 표정 탓에 사태가 심각함을 직감했다.

"네…. 다 외우긴 했는데….”

"어, 그럼 빨리 가서 마이크 체크하고 무대 동선 한번 맞춰 봐. 시간 없으니까. 빨리!"

급박한 단장님의 목소리를 뒤로한 채 얼떨떨한 마음으로 무대에 뛰어갔다. 이미 안무 선생님과 같이 연기할 선배님들이 무대 위에 있었다.

주요 배역을 맡은 ○○○ 선배님이 공연 첫날 퇴장하던 중 발이 미끄러졌다는 거였다. 조금 쉬면 괜찮아질 줄 알았는데 다음 날 상처가 급격히 악화되어 제대로 걸을 수조차 없다고 했다. 급히 찾은 병원에서는 당장 수술을 해야 한다는 진단을 받았는데, 그때가 공연 시작을 불과 세 시간 남겨둔 시점이었다. 뜻밖의 통보를 받은 공연 팀은 비상사태가 됐다. 이게 내가 급히 공연에 투입된 배경이었다.

그동안 나는 ○○○ 선배님의 연기를 매일 보고 또 봤다. 립싱크를 했던 평소 습관 덕에 대사도 완벽히 다 외웠다. 언제 어디서 등장하고 퇴장하는지도 익혔다. 그래도 온몸에 힘이 들어갔고 머리카락이 쭈뼛 서는 것처럼 긴장됐다. 내가 무대에서 대본에 있는 대사 연기를 하게 될 줄은 상상도 못했기 때문이다. 그것도 평소 존경하던 오태석 선생님 작품에서 말이다.

정신없이 리허설을 마치고 공연에 올랐다. 분장실에서 마이크를 달고 분장을 시작할 땐 세상에서 가장 복잡한 마음이었다. 우선 선배님의 부상에 마음이 아팠고, 큰 무대에서 대사 연기를 한다는 게 설렜고, 대사들을 실수 없이 순서에 맞게 떠올려야 했기에 잘해낼 수 있을까 두려웠다.

다행히 실수 없이 공연을 마쳤다. 처음 시작할 때부터 끝날 때까지 다음 대사가 틀리지 않도록 웅얼웅얼 되뇌었던 기억밖에 없다. 그날 나에게 연기를 잘하고 못하고는 중요하지 않았다. 그저 공연에 피해를 주지 말자는 게 목표였다. 급박한 상황에서 선배님의 역할을 큰 무리 없이 소화했다는 이유로 많은 분들이 칭찬을 해주셨다. 겸연쩍고 감사할 뿐이었다. 그렇게 남은 공연 기간 동안 그 선배를 대신하여 연기했고, 나에겐 너무나 값진 경험이 되었다.

그런데 그 후로도 오랫동안 나를 궁금하게 한 것은 내가 그 선배의 배역을 외우고 있다는 사실을 단장님께서 어떻게 알고 계셨을까 하는 것이었다. 다른 선배의 대사와 동선을 외웠다고 자랑한 일도 없고 누구에게 말한 적도 없었다. 행여나 선배의 역할을 호시탐탐 노리는 배은망덕한 후배로 보일까 싶어 숨겼는데 말이다. 그런데 단장님 이하 몇몇 선배님들은 이미 알고 있었다. 신기했다.

하지만 지금은 나도 안다. 내 앞에서 연기를 하는 배우가 대본을 몇 번 정도 읽어봤는지, 얼마나 이 역할을 진심으로 연기하는지, 아니면 하기 싫은데 억지로 하는지, 또는 연습을 안 했는데 한 척하는지 훤히 보인다. 떨어지는 연기력을 감출 수 없듯이 잘하는 것도 감출 수 없다. 누군가는 다 보고 있다.

그때 그 공연 이후로 나는 남이 보든 안 보든 나 자신을 위해 더욱 열심히 하게 됐다. 하늘 땅 동서남북 어디에서든 내가 열심히 한다면 누군가는 보고 알아봐준다는 것을 직접 경험했기 때문이다.

세상이 나를 배신할지라도

2000년 겨울, 내 첫 직장이자 20대 초반을 보냈던 고향과도 같은 극단을 그만뒀다. 부모님보다 더 얼굴을 많이 봤던 극단 선배님들, 집보다 더 오랜 시간 머물렀던 연습실…. 내겐 너무나도 익숙했던 곳이기에 기분이 묘했다. 좀 과장하자면 집에서 쫓겨난 느낌이랄까? 그런 정든 극단을 그만두고 난 뒤 2001년은 새로운 연기를 시작하려고 무던히도 애쓰던 한 해였다.

극단을 그만둔 이유는 간단했다. 그 당시 무대 위에도 소위 스타 시스템 바람이 거세게 불었다. 연극과 뮤지컬에 많은 자본이 투자되던 시기였다. 물론 무대의 주인공은 전문 연극배우와 뮤지컬 배우들이다. 하지만 스타(인기 배우나 가수들)가 무대에 서는 경우가 점차 눈에 띄게 많아졌다. 대중들에게 인기 있는 배우들이 무대에 서면 관객몰이는 문제 없었다. 내가 봐도 남는 장사였다. 이런 흐름을 보면서 생각했다.

'나도 대중들이 알아주는 배우가 되어 멋지게 무대로 컴백하리라.'

연기라는 걸 배우고 처음 연기를 했던 무대 위에서의 기억은 내 머릿속에 여전히 아름다운 꿈처럼 남아 있다. 머릿속에 떠오르는 장면뿐 아니라 그 순간의 설렘도 고스란히 기억하고 있다. 반드시 무대로 돌아와야지, 굳게 결심하고 새로운 도전을 시작했다.

　나름 계획도 잘 세웠다. '그동안 공연 연습 하느라 친구도 못 만났으니 친구들도 좀 만나야지.' '그동안 읽고 싶었던 책, 보고 싶었던 영화도 실컷 봐야지…'.

　그런데 너무 정신없이 앞만 보고 달려왔던 탓일까? 3년간의 극단 생활을 마치고 모처럼 내 시간이 생겼는데도 당장 부담 없이 "야, 나와! 놀자!" 할 만한 친구 하나 떠오르지 않았다. 그동안 술 한잔을 하더라도 언제나 연습이 끝나고 난 뒤 극단 선배님들과 함께했다. 주말과 특별한 공휴일이면 공연이 있어 더욱 바빴다. 친구들과의 모임이 있어도 연습스케줄과 겹쳐 빠져나오기가 만만치 않았다. 여행은 지방 공연으로 대신해야 했다. 그렇게 3년 동안 꼬박 극단 스케줄에 이끌려 앞만 보고 달려왔다.

　이제는 무엇보다 부족한 것을 채우기 위해, 좀 더 높이 날기 위해 나만의 훈련에 많은 시간을 쓰고 싶었다.

　'좀 쉬면서 생각도 정리해야지… 해야지…'.

　한 달 정도는 꽤 계획대로 진행됐다. 모든 게 순조로웠다. 하지만 얼마 지나지 않아 친구들도 다 만났고, 책도 영화도 실컷 봤고, 충분히 쉬었다. 피로는 백수 된 지 일주일 만에 이미 다 풀렸다. 이젠 피곤할 일이 있어야 말이지….

방송 연기자로 데뷔하기 위해 가장 먼저 한 일은 프로필 사진을 찍는 것이었다. "안지은이라는 배우가 있습니다" 하고 알리려면 이름 석 자보다는 얼굴이 필요했다. 잘 나온 사진으로 프로필을 만들어 광고 에이전시와 영화사에 돌렸다. 그러고는 기다린다. 배우는 선택 받는 직업이기에 오디션 제안이 올 때까지 기다리고 또 기다린다. 슬슬 좀이 쑤시기 시작했다. 그러는 사이 어느덧 봄이 오기 시작했다. 화창하게 움트는 날씨와는 반대로 난 점점 무게 중심이 아래로 아래로 가라앉았다.

드라마나 영화 오디션은 날마다 있는 게 아니다. 특별한 일이 없으면 밖에 나갈 일이 없었다. 나갈 일이 없으니 씻지도 않는다. 당연히 화장도 안 한다. 스케줄이 없으니 일찍 일어날 이유도 없다. 오히려 아침 일찍 눈이 떠지면 짜증부터 난다. 하루가 너무 기니까. 그렇다고 늦잠을 자면 밤에 잠이 안 온다. 그러면 혼자 이런저런 생각을 하다 동틀 무렵이 되어서야 잠이 든다. 아침이 되면 창문으로 쏟아지는 햇살을 피해 이불 속으로 숨는다. 마치 피난처라도 되는 양. 잠을 자고 또 잔다. 말 그대로 악순환의 연속이다.

밖에서 엄마가 문을 두드린다.

"지은아, 밥 안 먹어?", "엄마 지금 시장 갈 건데 운전 좀 해줄래?", "같이 목욕탕 안 갈래?", "은행 심부름 좀 해줄래?", "엄마 나가니까 빨래 다 돌아가면 좀 널어놔!"

참으로 다양한 제안들이 쏟아진다. 난 늘 이불 속에서 한마디로 상황을 정리한다.

"피곤해. 나 좀 내버려둬!"

"뭐라고? 네가 요즘 뭐한다고 피곤해?!"

그 순간 난 개구리가 된다. 엄마는 연못에 앉은 개구리에게 무심코 돌멩이를 던진 셈이다. 그 돌멩이가 무거운 바윗덩이로 변해 내 온몸을 누른다. 아니, 내 자존심을 짓누른다. 울컥한다. 뭔가 치밀어 오른다. '나보고 어쩌라고! 내가 뭘 어떻게 해야 하는데? 할 일이 있어야 뭘 하지!' 마음속에서 억울한 비명을 한껏 질러본다. 하지만 누가 듣겠는가? 내 가슴 안에는 나도 어쩌지 못하는 불덩이가 타오른다.

그렇게 무기력한 하루를 보내던 어느 날, 영혼 없는 눈을 TV 화면에 고정한 채 마냥 리모컨을 괴롭히고 있었다. 순간 공연 예고편이 눈에 띄었다. 내가 몸담았던 극단에서 내건 공연이다. 서울에서 공연을 마치고 이번에는 해외에도 나간단다. 그만두기 전까지 나도 한창 참여했던 바로 그 공연이다.

기분이 묘했다. 내가 여기 이렇게 아무것도 안 하고 집에 있는데 공연은 계속된다. 당연한 일이다. 내 역할은 누군가가 또 대신할 테니까. 하지만 나에겐 조금도 당연하지 않다. '왜 내가 없는데 세상은 아무렇지 않게 돌아가지? 그럼 그동안 난 뭘 한 거야? 난 뭐였어?'

눈이 오나 비가 오나 하루도 연습을 빠지지 않았다. 감기몸살로 머리가 깨질 것 같아도, 실연당한 다음 날도 연습하러 갔다. 왜냐고? 내가 없으면 안 될 것 같았으니까. 내가 빠지면 큰일 나는 줄 알았으니까. 그런데 그런 내가 지금 이렇게 집구석에 누워서 숨만 쉬고 있는데도 세상은 나 하나쯤 없어도 상관없다는 듯 잘 돌아가고 있었다. 배신감이 들었다. 이건 분명 배신감이었다. '세상의 중심은 나'라는 생각까지는 안 했지만 아무리 그래도 내가 없어도 아무렇지도 않은 이 세상이 야속하기만 했다. 나는 보란 듯이 세상에 배신당했다. 나는 갈 곳도 없고 할 일도 없었다. 그저 무기력하게 숨만 쉬는 쓸모없는 인간일 뿐이었다.

여전히 침대에서 빈둥거리던 어느 날, 갑자기 오기가 발동했다. 하이킥을 하며 벌떡 몸을 일으켰다. '쳇! 갈 데? 만들면 되지! 할 일? 찾으면 되지.' 일단 생존해야겠기에 내게 끼니 때마다 일용할 양식을 주시는 엄마에게 우선 접근하기로 했다. 땅바닥에 떨어진 신용을 끌어올리는 게 내 첫 번째 목표였다. 그래서 결심한 그날부터 약수터에 가서 물 떠 오는 걸 내 하루 일과의 시작으로 정했다. '애개~ 약수터에서 물 떠오는 게 뭐 그리 대단하다고' 하며 누군가는 비웃을 수도 있겠지만 내게는 모든 시작의 조건을 충족시켜주는 대단한 임무였다.

첫째, 눈뜨면 갈 데가 필요했다. 아침에 눈을 떴을 때 갈 곳이 없다는 것이 얼마나 사람을 무기력하게 하는지 지난 몇 달 동안 뼈저리게 느꼈다. 비가 와도 눈이 와도 이른 아침이면 강시처럼 부스스 일어나 산으로 향했다.

둘째, 할 일이 필요했다. 산에 그냥 가는 건 이상하다. "위험한 등반을 목숨 걸고 하는 이유는 뭡니까?"라는 질문에 "거기 산이 있으니까요"라고 대답한 유명 산악인도 있다지만 난 산악인이 아니다. 어떻게든 자그마한 할 일이라도 찾아야 한다. 무기력한 나의 인생을 생동감으로 채워줄 그 무언가가 말이다. 명분이 필요했다. 가족을 위해 약수를 떠오는 것을 내 명분으로 삼았다. 그래, 이거다. 이 이유라면 하나도 안 이상하다.

그리고 배우라면 말이야, 건강한 육체와 정신이 있어야지. 산에 가서 "야호" 한번 크게 외치고 흐트러진 마음도 다잡아보자! 하고 기합을 넣었다.

아침에 일어나 등산을 하고 가족이 마실 약수도 떠오니 꽤 쓸모 있는 인간이 되어가는 것 같다. "야, 안지은!"이라고 날선 목소리로 부르던 엄마도 이젠 "지은아~" 하고 어떨 땐 "딸~" 하고 친근하게 부르셨다. 내가 좋아하는 달걀 반숙 프라이도 종종 해주신다. 산을 갔다 오면 땀이 나서 씻게 된다. 씻으면 누워서 봤던 책도 앉아서 보게 된다. 그리고 씻은 게 아까워서라도 밖에 슬쩍 나가보기도 한다. 서점에도 기웃거린다. 나온 김에 친구도 만난다. 나보다 먼저 방송 쪽 일을 시작한 친구들에겐 방송 쪽 일을 잘 아는 친구나 선후배가 있다. 건너 건너로 얼굴을 익히고 친해지니 각 분야의 오디션 정보가 들려온다. 제작 단계의 영화, 오디션을 시작한 영화, 영화 줄거리부터 감독님의 성향까지. 비슷한 관심사를 공유하는 친구들끼리 서로 읽어야 할 책, 드라마, 영화, 공연도 추천한다. 공통된 화제가 대화의 주를 이룬다.

점차 바빠지기 시작한다. 그동안 내가 놓친 게 너무 많았다. 땅속 깊이 가라앉았던 내 몸과 마음을 조금씩 일으킬 힘이 생겼다. 난 점차 약속도 많아지고 할 일도 많아졌다.

그동안 연극만 알았던 나에게는 해야 할 공부, 알아야 할 정보가 엄청나게 많았다. 감독과 배우별로 영화를 분류해서 보기 시작했다. 이때쯤 인터넷을 이용한 드라마 다시보기 시스템이 생겼다. 그동안 못 봤던 유명 드라마를 다 섭렵했다. 인터넷 카페를 뒤져 대본도 구해서 읽고 또 읽었다. 카메라 연기를 어떻게 하는지 몰라 친구나 선배들이 촬영하는 촬영장에도 부지런히 쫓아다녔다. 새로운 것을 보고 느끼고 배우기엔 하루 스물네 시간도 모자랐다.

아침에 눈을 떠도 갈 데가 없다는 것, 누구 하나 날 찾아주지 않는다는 것, 하루 종일 할 일이 없다는 것. 이런 무기력한 삶을 누구나 한 번쯤은 느껴봤으리라. 특히나 배우를 꿈꾸는 사람들이라면 더욱 그렇다. 연기 코치를 하면서 만난 배우 지망생들 열 명 중 다섯 명은 그랬다. 그런 경험이 있는 친구들을 만나면 난 점쟁이처럼 그들의 마음을 읽어냈다. 왜냐하면 나 역시 그랬으니까. 그 무력한 시절의 아픔을 건드리면 하나같이 뜨겁고 짜디짠 눈물을 쏟아낸다.

갈 곳과 할 일은 내가 만들어야 한다. 스스로 목적지를 찾아가야 하고 스스로 일을 만들어야 한다. 그런데도 여전히 뭔가를 하라고 조언해주면 하나같이 똑같은 대답이 돌아온다.

"뭘 좀 하려고 해도 돈이 있어야 하죠."

내 다리로 걸어서 서점에 가고, 내 눈으로 책을 읽는데도 돈이 드나? 뭘 하고 싶기는 한 건가? 뭔가를 진정 하고 싶으면 아르바이트라도 해서 돈을 벌면 된다. 아르바이트도 엄연히 할 일이니 말이다. 다만 내 꿈을 위해 잠시 해야 할 일이라고 생각하면 된다. 가만히 앉아서 누군가가 나를 찾길 바란다면 그것이야말로 시간 낭비다. 집 안에 가만히 앉아 있는데 누가 알고 부르겠는가?

자신의 존재를 끊임없이 드러내야 한다. 그리고 끊임없이 활동해야 한다. 누군가가 어떤 계기로 당신을 주목할지 알 수 없다. 그리고 나를 도와주는 사람은 의외의 순간, 의외의 장소에서 찾아온다는 것을 잊지 말아야 한다. 나의 가치는 내가 스스로 높이는 것이다. 내가 있어야 할 곳을 찾고. 내가 해야 할 일을 만들고 누군가가 나를 애타게 찾게 만드는 순간, 세상은 다시 내 중심으로 돌아간다. 내가 상상하고 뜻하는 대로 이루어진다는 뜻이다.

세상이 나를 배신할지라도 움츠리지 말고 당당히 맞서 싸워 이겨야 한다. 하이킥을 날리며 침대에서 당장 일어나야 한다. 다시 세상을 내 중심으로 돌려야 한다. 내가 사는 세상에서 중심은 누가 뭐래도 '나'여야 한다.

🎞 그해 오디션의 추억

　월드컵 열풍이 뜨거웠던 2002년이었다. 하지만 내겐 월드컵은 뒷전이고 오디션을 보느라 머리가 뜨거웠던 해였다. 특히 기억에 남는 영화 오디션이 하나 있다. 유명한 남자 배우가 캐스팅됐다는 사실과 감독님의 이름 정도만 알고 무작정 오디션 장소를 찾아갔다.

　당시 이미 유명한 영화사에서는 톱 배우들이 소속된 매니지먼트사와 한 건물을 사용하고 있었다. 건물 입구에 도착하니 검은색 밴 몇 대가 주차되어 있다. 당장이라도 유명 스타가 문을 열고 나올 것 같아 주차된 밴을 목을 빼고 바라본다. 촌스럽게 가슴이 떨린다. 문득 정신을 차리고 시계를 확인하며 걸음을 재촉한다. 아직 시간은 넉넉히 남았지만 오디션의 긴장감으로 더 지체할 수가 없었다.

　몇 층 건물인지는 알 수는 없지만 어릴 적 63빌딩을 처음 봤을 때 압도되었던 것처럼 건물이 하늘 끝까지 솟아 있는 느낌이다. 아직 오디션장 근처도 안 갔는데 호흡이 가빠진다. 크게 한숨 한번 내쉬고 건물로 들어선다. 엘리베이터를 누르고 올라가는 숫자를 초조하게 바라본다.

엘리베이터가 층층이 올라갈수록 내 어깨도 덩달아 올라가는 기분이다.

늘 그렇듯 오디션장에 들어가기 전 화장실부터 들른다. 긴장감으로 인한 생리적 현상을 해소하기 위해서이기도 하지만 오디션을 보기 전 마지막으로 옷매무새도 가다듬고 얼굴에 콤팩트도 한 번 더 찍어보는 시간이다. 긴장감을 떨쳐버리고 자신감을 얻어야 하는 타이밍인데, 막상 거울을 보니 자신감이 없어진다. 연극을 할 때는 내 얼굴에 그다지 불만을 가져본 적이 없었는데 오디션장에 들어가기 직전 거울을 들여다볼 때면 '내가 이렇게 못생겼었나?' 싶다. 카메라에 내 얼굴이 적나라하게 찍힌다는 사실에 부담이 컸던 시기였다. 애써 내 얼굴을 외면해버리고 오디션장으로 향한다.

현실은 늘 상상보다 초라하다. 어젯밤 잠들기 전 상상한 그림은 으리으리하게 넓은 장소에서 빼어난 미모의 배우들이 차례를 기다리며 연습을 하고, 스태프들이 바쁘게 움직이며 오디션을 진행하는 풍경이었다. 하지만 내가 도착한 오디션장은 적막하다. 아무도 없다. 사무실 호수를 확인하고 노크를 하니 젊은 남자 하나가 나를 반긴다. 이름을 확인하고 안으로 들어오라며 안내를 해준다.

들어가니 공간은 꽤 컸다. 적당히 나를 앉히고는 간단한 안부 인사 몇 마디 건네더니 대본 한 장을 내민다. 시간을 좀 줄 테니 읽어보라고 하고는 잠시 시선을 피해준다. 대본을 분석하고 연습할 시간을 주는 거다.

나는 차분히 앉아 대본에 집중한다. 조감독으로 기억되는 그는 내가 대본을 읽고 연습할 동안 나의 프로필을 검토한다. 이름, 나이, 키, 학력, 경력, 특기 등으로 나 안지은을 한 페이지로 요약해놓은 아직은 부끄러운 종이다. 프로필과 내 얼굴을 번갈아 보는 시선이 느껴진다.

대본은 그리 길지 않았다. 특별히 격한 감정이 있는 것도 아니었다. 남녀 등장인물이 서로 뭘 물어보고 대답하는 간단한, 그래서 더 표현하기 어려운 그런 대본이었다. 그 당시엔 특별한 감정이 없는 자연스러운 상황의 대사가 내겐 너무 어려웠다. 뭔가 폭발적인 연기력을 보여줘야 한다는 지극히 신인다운 생각 때문이었을 것이다.

잠시 후, "자, 시작해볼까요?"라는 결정적인 한마디. 조감독님이 상대배역을 해준다. 부끄럽지만 처음 보는 조감독님과 눈을 마주치며 열심히 연기했다. 마지막 내 대사로 그 씬이 끝났다. 그런데 조감독님이 대사를 하나 더 한다. 난 '뒷장에도 대사가 있나?' 싶어 얼른 뒤집어보았지만 백지였다. 빠르게 머리를 굴려본다. 그러고는 나도 얼른 대사를 하나 더 한다. 길어야 3초 안에 일어난 찰나의 순간이다. 그렇게 우리는 몇 줄의 대사를 즉석에서 만들어 연기했다. 순발력을 보는 것이리라. 얼떨결에 묻는 말에 딸꾹질하듯 대답을 하고 나니, 센스 있다고 조감독님이 웃으면서 칭찬해주신다. 느낌이 좋았다. 좋은 일이 생길 것 같다. '자, 그럼 이제 칭찬도 들었겠다, 드디어 영화에 캐스팅되는 건가?' 흥분으로 몸이 떨려온다. 그때였다.

"혹시 노출 가능하세요?"

순식간에 내 마음속 기대를 무너뜨리는 질문이었다. 나는 실망감을 감추지 못하고 물었다.

"꼭 노출이 필요한 장면인가요?"

하나마나 한 질문이었다. 필요하니까 배우에게 동의를 구하는 거겠지.

이 영화에는 주요한 여자 배역이 둘 있다고 했다. 그중에서 노출이 필요한 캐릭터가 내 이미지에 맞을 것 같다고 했다. 나는 노출이 없는 다른 배역이 궁금했다.

"또 다른 여자 배역은 뭔데요?"

그건 여자 경찰 역할이라고 한다. 그 다음 말이 이어지기도 전에 난 급한 마음에 예의와 격식을 내던지고 외쳤다.

"저 경찰 역할 잘할 수 있어요. 저 태권도 단증도 있어요. 아빠가 저 경찰대학에 보내려고도 하셨다니까요! 그리고…."

진심이었고 난 자신 있었다. 경찰 역할이라면 누구보다 내가 적격이었다. 그러나 조감독님은 단칼에 내 말을 잘랐다.

"안지은 씨는 그 역할에 안 어울리세요."

"왜요?"

"그 역할은 예쁘거나 튀면 안 돼요. 아주 평범해야 해요. 일반인처럼…."

"아니에요, 저 안 예뻐요. 화장 지우면 장난 아니에요!"라고 아무리 매달려봤지만 조감독님은 완강했다. 내겐 납득이 가지 않는 이유였다. 오디션에서 떨어뜨리기가 아무리 미안하다고 해도, 예뻐서 안 된다는 게 대체 말이 되는 핑계인가 싶었다.

"알겠습니다. 수고하세요."

단념하고 인사하며 오디션장을 나왔지만 난 단단히 삐쳤다. '흥! 내

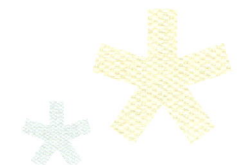

가 마음에 안 들면 안 든다고 말을 하면 될 일이지. 예쁘면 안 된다는 건 또 무슨 소리야? 일반인처럼 평범해야 한다니. 영화에 출연하는 배우 중에 그렇게 평범한 사람이 어디 있어?'

결과는 기다리나마나다. 결국 그 오디션은 또 한 번의 좌절감을 안겨주었고 나는 다시 일상으로 돌아갔다.

이듬해 2003년, 영화 「살인의 추억」이 개봉했다. 그때 오디션을 보면서 조감독님과 실랑이를 벌였던 바로 그 작품이었다.

영화를 보면서 오디션 때 조감독님이 내게 했던 말들을 비로소 이해할 수 있었다. 여경 역할은 존재감 없이 있다가 영화 중반부에 이르러 사건을 풀 수 있는 엄청난 단서를 제공하는 인물이다. 만약 외모가 튀는 배우가 이 역할을 맡았다면 관객들은 대번에 여경의 존재를 의식했을 것이고, 영화는 반전의 효과를 거두지 못하고 밋밋하게 전개됐을 게 뻔하다. 뒤늦게 무릎을 치며 '그런 의미였구나!' 했다. 여경 역할을 잘할 수 있다고 무턱대고 떼를 썼던 것이 창피했다. '영화에 출연하는 배우는 당연히 영화배우다워야지'라고 생각한 1차원적인 내 발상도 창피했다. 영화 분위기에 맞지 않게 잔뜩 치장하고 오디션에 갔던 내 모습이 생각나 의자에 몸을 깊숙이 파묻었다. 이런저런 생각을 하면서 장면을 많이 놓친 탓에 그 후 「살인의 추억」은 다시 한 번 봐야 했다.

이제는 안다. 영화배우라고 해서 꼭 예쁘고 잘생긴 역할만 있는 게 아니라는 것을. 관객의 수준이 높아진 지금, 화려한 외모는 오히려 연기력을 가리는 기이한 현상들도 나타나기 시작했다. 이제 더는 눈앞의 화려함으로 관객을 속일 수 없다. 영화는 현실을 반영해야 하고, 진정성 있는 연기에 외모는 중요하지 않다.

오디션을 보러 다니던 지난날을 떠올려보면 그야말로 실수투성이다. 지금의 경험과 지식을 가지고 다시 그 시절로 돌아간다면 정말 잘할 수 있을 것 같은데….

연기 코치를 하면서 많은 신인배우들을 만난다. 시대가 바뀌었지만 연기 오디션을 보러 가는 신인의 마음은 예전의 나와 크게 다르지 않다. 연기보다는 무슨 옷을 입고 어떤 헤어스타일을 하고 갈 것인지를 더 고민하고, 자연스러운 연기보다는 폭발력 있는 감정을 쏟아내고픈 욕심 말이다. 나의 실수투성이 오디션 경험들은 신인배우들의 마음을 읽어내는 데 좋은 밑거름이 되었다.

오디션을 앞두고 있다면 작품에 대해 더 많이 공부하고 가는 게 진짜 경쟁력이다. 겉모습보단 머리와 가슴을 채워야 한다. 무엇보다 자기 자신을 연구해야 한다. 나의 오디션 시절처럼 무조건 예쁘게 꾸미고 가야 한다거나, 뭔가 한방 보여줘야 한다는 부담감에서 벗어나야 한다. 오디션 봤던 작품들을 관람하면서 후회와 부끄러움으로 의자 깊숙이 가라앉고 싶지 않다면 말이다.

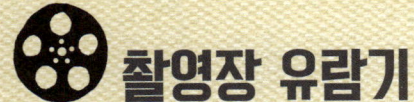

촬영장 유람기

　국립극단 생활을 정리한 뒤 영화 오디션을 셀 수 없이 보았다. 난 나름 자신이 있었다. 예고 시절부터 대학 시절까지 연극 공연을 하면 주연 자리를 놓치지 않았던 것에 대한 자신감, 3년 동안 국립극단에서 많이 보고 배웠다는 자부심에 허황된 상상만 늘었다. 칸 영화제에서 수상 소감을 하고 있는 내 모습을 상상해보지만, 현실에서는 거실 소파에 드러누워 오디션 결과를 기다리는 날만 늘어갔다.

　오늘도 연락이 없다. 아직 오디션 일정이 안 끝났나? 영화가 뒤로 미뤄졌나? 그렇게 기약 없이 오디션 결과를 기다리다 보면 곧 알게 된다. 연락이 없다는 건 오디션에서 떨어졌다는 뜻이라는 걸. 떨어졌다는 결과보다 끝을 알 수 없는 기다림에 점점 화가 나기 시작한다. "아니! 떨어뜨렸으면 떨어졌다고 연락을 좀 해주지. 그럼 이렇게 피를 말리면서 기다리지는 않을 거 아냐!" 분을 못 이기고 하이킥을 차며 속절없이 소리도 쳐봤지만 그런다고 달라지는 건 없다.

이렇게 처음엔 화가 났고 그 다음엔 무기력해졌다. 그러다 슬슬 가슴속 저 깊이 의문이 터져나오기 시작했다. '대체 왜? 내 연기에서 정확히 어디가 문제란 말인가? '무대 연기와 카메라 연기에 얼마나 큰 차이가 있는 걸까?' 궁금했다. 오기도 났다. 카메라 앞에서는 얼마나 대단한 연기가 필요한 건지 내 눈으로 직접 확인하고 싶었다.

눈에 불을 켜고 촬영 현장에 갈 건수만 찾아 헤맸다. 이리저리 머리를 굴리다 마침 극단에서 같이 연기했던 여자 선배가 영화에 캐스팅됐다는 사실이 떠올랐다. 그래! 이때다 싶어 가방도 들어주고 운전도 해주겠다며 지방 촬영에 데려가달라고 생떼를 썼다. 여주인공의 언니 역을 맡은 그 선배도 영화를 시작한 지 얼마 되지 않은 터라 촬영 씬은 그리 많지 않았다. 매니저도 버젓이 있는데 내가 뭘 도와주겠다며 따라나선 건지 지금 생각해도 뻔뻔하기 그지없다. 하지만 그땐 아무래도 좋았다. 내 두 눈으로 촬영장을 구경할 수만 있다면 머리카락이라도 잘라 팔 기세였다. 촬영장이 너무 궁금했다. 아니, 어떻게 연기해야 나도 어엿한 배우가 되어 촬영장에 갈 수 있을지 답을 알아내야 했다. 그렇게 나는 용인으로 2박 3일 촬영에 따라갔다.

드디어 영화 촬영 현장, 수많은 스태프들 사이를 눈치껏 비집고 들어가 자리를 잡았다. '그래, 어디 한번 보자!' 눈에 힘을 잔뜩 주고 기다렸다. 그런데 촬영이 좀처럼 시작되지 않는다. 둘러보니 배우들은 현장에 나오지도 않았다. 영문도 모른 채 배우가 나타나길 한참 기다렸다. 난 한번 더 깨달았다. '오디션 결과도 그렇게 무작정 기다리게 하더니 영화 촬영 시작도 기다려야 하는구나. 영화는 참 기다림의 연속이구나.' 시간이 얼마나 지났을까? 배우들과 감독님 그리고 (그때는 뭐하는 사람들인지 몰랐던) 많은 사람들이 한데 모여 동선을 맞추더니 일사분란하게 움직였다.

"레디! 카메라 롤~액션!"

이윽고 배우들의 연기가 시작됐다. 내가 출연하는 것도 아닌데 감독님의 "액션!" 소리에 나도 모르게 몸에 힘이 들어간다. 배우들의 표정 하나 놓칠세라 난 숨도 쉬지 않았다.

"소곤소곤… 쏙닥쏙닥… 중얼중얼…."

"컷, 오케이!"

'엥? 이건 뭐지? 뭐야, 끝난 거야? 나한텐 대사가 한마디도 들리지 않았는데….' 참 이상했다. '이 좁은 공간에서도 이렇게 대사 전달이 안 되는데 오케이라니?' 난 감독님을 한번 쳐다본다. '대사 전달이 너무 안 됐는데요?'라는 눈빛으로. 내가 뭐라고.

감독님은 작은 TV를 열심히 들여다본다. 그 작은 TV를 모니터라고 부른다는 걸 나중에야 알았다. 감독님이 착용한 헤드폰을 발견하고는 '아니, 감독님이 촬영 중에 음악을 들으시는 건가?' 하고 고개를 갸우뚱거리기도 했다.

그 후 촬영장을 계속 관찰하면서 슬슬 감이 오기 시작했다. 새로 알게 된 것들을 현장 누구든 붙잡고 확인하고 싶었지만 그랬다간 "넌 그걸 이제야 알았니?" 하고 무시당할까 봐 시치미를 뗀 채 잠자코 관찰했다. 내 모든 감각은 극도로 예민해져 있었다. 처음 본 광경들과 생소한 대화들을 이해하느라 눈과 귀는 물론이고 머리도 복잡해졌다.

　카메라 연기에서의 발성은 그 촬영장에 있는 모든 스태프에게 들려주는 것이 목적이 아니었던 거다. 배우들의 리얼하고 섬세한 목소리는 배우들 머리 위에 있던 털북숭이 마이크를 통해 녹음되어 헤드폰을 통해 감독님에게 전달된다. 혼자 이 모든 걸 관찰하던 나는 '우와!' 하고 눈이 커졌다가 뒤늦게 하나를 깨닫고 '이제 알겠다' 하며 고개를 끄덕이기를 반복했다.

　'잠깐만! 그럼 난 그동안 오디션에 가서 뭘 한 거지? 내 앞에 감독님 한 분을 두고 마치 100여 명의 관객을 두고 연기하는 것처럼 폭발력 있는 발성을 자랑했으니 감독님의 심장이 덜컥 내려앉았겠구나.'

　그동안의 오디션 현장들이 머릿속에 하이라이트 영상으로 편집되어 지나가고 있었다. 정말 정말 창피하다. 마치 조용한 도서관에서 이어폰으로 음악을 들으면서 친구가 말 시킨다고 "뭐라고?" 하며 큰 소리로 되묻는 그런 개념 없는 사람이었던 거다.

　촬영 현장엔 정말 많은 사람들이 있었다. 더 놀라운 건 그 많은 사람들이 각자의 역할이 있었다는 거다. 나만 빼고 거기 있는 모든 사람이 이 영화 한 편에 참여하고 있었다. 보조 출연자들, 스태프들 다 합쳐 정말 100명은 족히 되지 않을까 싶었다. 숫자를 한번 세어볼까도 싶었지만 스태프들의 바쁜 움직임에 금방 그만두었다. 우두커니 서 있는 사람은 단 한 명도 없었다. 움직임이 없는 사람은 단 한 명, 바로 나였다.

다들 앉아 있을 때 혼자 서 있는 사람도 튀지만, 모두 움직일 때 혼자 가만히 서 있는 것 또한 굉장히 튀어 보인다는 것을 그날 알았다.

저마다 바쁜 움직임 속에 혼자 가만히 서 있던 나는 슬슬 사람들과 눈이 마주치기 시작했다. 눈이 마주치는 순간 인사를 해야 하나, 딴짓을 해야 하나 머릿속이 바빠졌다. 그렇다고 시선을 피하기도 비굴하고 조금씩 주변의 시선이 불편해질 즈음, 누군가 내게 다가왔다. 모르는 척 나는 시선을 다른 곳에 고정하고 있었다. 그 사람은 분명 내 옆에 와서 자리를 잡았는데도 곧장 말을 시키지는 않았다. 좀 더 시간이 흐르고 몇 번 눈이 더 마주치고 나서야 드디어 질문이 날아왔다.

"어떤 배우 때문에 오셨어요?"

다행이다. 내가 대답할 수 있는 질문이었다.

"저는 주인공 언니 역할 맡은 배우를 따라왔어요."

"아, 코디세요?"

"아니요."

"메이크업…?"

"아니요."

아니요. 아니요…. 한동안 내 직업 맞추기 질문과 답이 오가다가 답답했던지 단도직입적으로 묻는다.

"그럼 누구세요?"

난 이제 내 정체를 밝히기로 결심한다.

"전 연극배우였는데 촬영 현장이 궁금해서 선배 따라왔어요."

"아~ 연극이요? 연극 많이 해봤으면 연기 잘하시겠어요!"

연기를 잘하냐고? '오디션에 번번이 실패하고 자신감이 땅에 떨어져서 그거 주우러 왔는 걸요'라고 차마 얘기하지 못하고 난 소심하게 대답한다.

"네? 그냥 기본기만 있죠. 영화 연기에 대해서는 아무것도 몰라요."

그분은 갑자기 반색하며 내게 되묻는다.

"어? 기본기요?"

그는 그 영화에 출연하는 남자 신인배우의 매니저였다. 그 매니저는 내 수많은 대답 중에 '기본기'라는 단어에 꽂힌 모양이었다. 그 후로도 내 옆에서 자리를 뜨지 않고 연극배우로서의 기본기에 대해 이것저것 물었다. 나 역시 간만에 아는 게 나와 흥분했다. 아침에 눈을 떠서 다시 눈을 감고 잠이 들기 전까지 연기 생각만 했다고 말했다. 아침마다 신문 읽기 연습을 하고, 하루도 빠짐없이 신체훈련을 한다고도 했다. 그리고 역할을 맡으면 공연이 시작될 때까지 100번도 넘게 대본을 읽어서 자다가도 대사를 할 수 있게 한다고 말했다. 매니저는 감탄하며 고개를 끄덕이더니 자신의 배우에게 눈길을 던졌다. 아주 잠시였지만 그 눈빛을 읽을 수 있었다. '넌 이제 죽었어!' 딱 이 표정이었다. 그 신인배우는 아마도 이제부터 힘든 훈련을 시작해야 할 모양이었다.

"우리 배우가 오디션을 보러 갈 때마다 똑같은 지적을 받아요. 기본기가 없다고요. 극단에서 하셨던 대로 연습 좀 도와주시면 안 될까요? 저 친구가 뭔가 간절함이 있어야 하는데 연습을 너무 게을리해서요."

신인배우의 훈련을 나에게 부탁하다니, 어리둥절했다.

"대신 제가 지은 씨 프로필 돌려 드릴게요."

나쁘지 않은 제안이었다. 어차피 나도 연기를 하려면 계속 오디션을 봐야 하는데 오디션 기회를 준다는 제안에 혹하지 않을 수 없었다. 하지만 그 자리에서 선뜻 승낙할 수는 없었다. 나는 배우이지 누구를 가르쳐본 적은 없었기 때문이다. 하지만 그분이 원하는 건 배우로서의 기본기였다. 그리고 되든 안 되든 자기가 맡은 신인배우가 '그냥 열심히'가 아니라 구체적인 방법으로 연기연습을 하길 원했던 것 같다. 그건 가르친다기보다는 내 경험을 나누는 것이 아닌가? 내가 연습했던 것처럼 발음과 발성 연습을 도와달라는 거니 못할 것도 없지 싶었다.

"죽느냐 사느냐 그것이 문제로다"를 고민하는 햄릿보다 한층 더 복잡한 생각으로 촬영장 한가운데 우뚝 선 채 한참을 고민했다. 촬영장의 생소한 풍경, 접해보지 못했던 카메라 연기에 대한 신선한 충격, 그리고 연기 코치로서의 제안. 나는 카메라 연기에 대한 궁금증을 해소하러 왔다가 더 많은 고민을 안고 촬영장을 떠났다.

내 인생의 터닝포인트 1분

*

결국 촬영장에서 만난 신인배우 매니저의 제안을 받아들였다. 내가 충분히 할 수 있는 일이었고 난 연기 오디션이 필요했다. 강남에 한 스튜디오에서 그 신인배우를 만났다. 아는 선배 덕에 사진 촬영이 없는 나머지 시간에는 비어 있는 스튜디오 공간을 마음껏 쓸 수 있었다. 일주일에 이틀에서 사흘간 신인배우와 함께 연기 수업을 시작했다. 처음엔 혼자였지만 다른 신인여배우 두 명이 더 늘어 세 명의 배우와 연기연습을 했다.

수업이 계속될수록 여러 모로 이 제안을 수락하길 잘했단 생각이 들었다. 일단 학생들을 가르치기 위해 나도 연기연습을 게을리하지 않게 됐다는 점, 구하기 힘든 드라마나 영화 오디션 대본을 받아볼 수 있다는 점, 그리고 나도 연기 오디션의 기회를 확보할 수 있다는 점은 충분한 보상이었다. 하루 또 하루 열심히 수업을 준비하고 연습하면 그만큼 결과도 나오기 시작했다. 아주 작은 역할이지만 드라마에 출연하는 신인배우들을 보면서 내 일만큼 기뻤다. 가르치는 선생이라는 생각보다는 될 때까지 같이 연습하는 동료나 선배의 마음으로 함께했다. 그래서 좋은 결과가 있었던 것 같다. 시간이 지날수록 연기를 배우겠다는 신인배우들도 한 명 두 명 늘어가고 있었다.

나는 점점 바빠지기 시작했다. 전체가 다 모여서 기본기를 연습하는 시간보다 개개인의 연기활동을 위해 각자 가져오는 대본 연습을 해야 하는 시간이 늘어갔다. 분명 좋은 일이었다. 하지만 연기 수업이 늘어날수록 나에겐 배우로 지내는 시간이 줄어든다는 것을 의미했다.

어느 날이었다. 나와 함께 연기 공부를 하고 있는 신인여배우가 스튜디오에 들어서자마자 대본을 하나 내밀었다.

"선생님, 이거 제가 내일 오디션 보는 대본이에요. 오늘은 이거 연습해요. 옷은 뭐 입고 갈까요?"

"그래, 어디 보자. 대사는 외워왔지?"

연기를 시작한 지 얼마 안 된 신인배우이기 때문에 오디션에 대비하려면 대본 연습을 철저히 해야 한다. 그래야 자신감 있게 대사를 소화할 수 있다. 나도 덩달아 급한 마음에 대본을 받아 들고 넘겨보았다. 그리고 다음 순간 나는 얼음이 됐다. 숨이 멎을 것 같았다. 내 손에 든 이 대본을 이미 본 적이 있었다. 내가 다음 날 보러 가기로 되어 있는 오디션 대본과 같은 대본이었다. 알 수 없는 기분에 사로잡혔다. 분명한 건 그 신인배우에게 "나도 내일 이 오디션 보러 가!"라고 자신 있게 말할 수 없었다는 거다.

"잠깐만…, 화장실 좀 다녀올게. 대본 외우고 있어."

"네, 선생님!"

난 도망치듯 그 자리를 빠져나왔다. 그리고 화장실에 숨었다. 맞다. 난 도망쳤다. 왜 그토록 창피하고 숨고만 싶었는지는 지금 생각해도 모르겠다. 그 배우에게 미안하다는 생각마저 들었다. '오늘 이 시간이 없었으면 내일 오디션장에 가서 제자를 만났겠구나' 생각하니 상상만 해도 피가 거꾸로 솟는 것 같았다. 이유는 모르겠지만 내가 참 초라하게 느껴졌다.

거울에 비친 내 얼굴을 보았다. 영화 같은 데서 선택의 순간에 주인 공이 거울을 보는 장면이 종종 나오는데 그게 말도 안 되는 설정은 아니구나, 순간 생각했다. 어쩌면 그런 영화를 많이 봐서 결정의 순간 나도 모르게 거울을 보게 되는 건지도 모른다. 놀란 가슴을 진정시키고 거울에 비친 내 얼굴을 지긋이 바라보며 고민하고 또 고민했다. 지금 이 순간, 저 배우에게 돌아가 선생님으로서 수업을 해야 할지, 내 경쟁 상대로 대해야 할지에 대해. 초롱초롱한 눈빛으로 연습을 도와달라며 나를 찾아온 신인배우에게 도저히 후자는 아니었다.

그 오디션 대본만 그럭저럭 넘어가자고 생각했어도 될 텐데 난 그때 왜 내 인생 자체를 놓고 고민했는지 지금도 의아하다. 하지만 그땐 진지했다. 이런 일이 또 없으리라는 법도 없고 내가 이번 오디션만 한 번 포기한다고 해서 해결될 일도 아니었다. 그렇다고 나 역시 오디션을 보고 연기자로 데뷔하고 싶은데 '지금 잠깐만 연기 선생님을 하지, 뭐' 하며 나 자신을 속이고 싶지도 않았다.

당장 선생님이냐, 배우냐를 결정해야 했다. 더 미룰 수 없는 결심의 순간이었다.

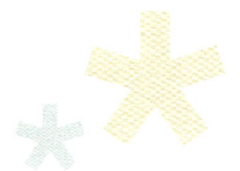

'그래! 배우를 포기할 수는 없어. 하지만 잠시 배우의 꿈을 미루자. 난 연기가 하고 싶지만 지금 내게 주어진 역할은 연기 코치니까. 지금까지 맡은 배우들만 잘 연습시키고 적당한 때가 오면 가르치는 걸 그만두고 나도 연기자의 꿈을 이루자.'

그러면서 또 생각했다. '절대 선생님과 배우를 같이 할 수는 없겠구나.' 내가 연기하기 위해 대본을 보는 것과 나 아닌 다른 배우가 연기를 잘할 수 있도록 조언하기 위해 대본을 보는 시각은 완전히 다르다는 것을 수업하면서 숱하게 느껴왔던 것이다.

거울 앞에서 난 긴 고민을 끝냈다. 길게만 느껴졌던 선택의 순간은 말 그대로 순간이었다. 고작 1분이 지나 있었다. 하지만 내 인생을 뒤바꾼 1분이었다.

다음 날 나 대신 오디션을 본 신인배우는 그 영화에 캐스팅되지 않았다. 그렇다고 '내가 포기하지 않았다면 그 배역을 따냈을 텐데' 하는 미련도 없었다. 그날 이후 그 1분간의 결정을 후회해본 적은 없다. 또다시 그런 고민을 해야 하는 상황을 맞닥뜨린 적도 없다. 그 후로 난 한 번도 배우였던 적이 없으니까.

나의 바람처럼 처음에 같이 연기연습을 했던 신인배우들이 조금씩 자리를 잡아갈 때면 또 새로운 신인이 찾아오고, 그 신인이 잘될 때까지만 하자고 마음먹으면 이어서 또 다른 신인배우가 오고…. 이런 시간이 반복되면서 어느새 10년이라는 시간이 훌쩍 지났다.

사람들이 내게 가장 많이 하는 질문이 있다.

"왜 연기 코치가 되셨어요? 본인이 직접 연기를 안 하시고?"

이런 질문을 받을 때마다 나는 그 치열했던 1분을 떠올린다. 거울 속의 나를 바라보며 고민했던 그때, 1분이 아니라 10분을 생각했다면 어땠을까? 연습실에 앉아 있는 신인배우를 생각하지 않고 나 자신만 생각했더라면 결과는 어떻게 달라졌을까?

그러나 배우였던 시간보다 연기 코치로 지낸 시간이 더 길어지면서 이제는 연기를 하고 싶다는 생각이 없어졌다. 이젠 대본을 봐도 나 아닌 다른 배우를 상상하면서 읽게 된다. 내게 다시 선택의 순간이 온다 해도 나는 똑같은 결정을 할 것이다. '하고 싶은 것'과 '잘할 수 있는 것'이 나는 달랐기 때문이다. 그 1분간의 치열한 고민이 있었기에 나는 후회 없는 삶을 찾을 수 있었다.

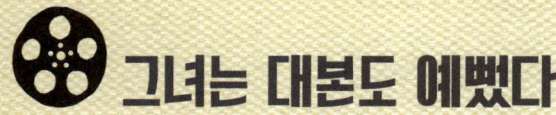

그녀는 대본도 예뻤다

2004년 겨울, 유명 아이돌 출신의 여가수를 소개 받아 레슨을 시작했다. 그녀는 피부가 하얗고 수수한 외모를 가졌다. 그녀의 싱거운 듯 수수한 얼굴은 오히려 배우로서 다양한 이미지 시도가 가능하다는 점에서 큰 장점이었지만, 당시는 지금과 달리 가수 출신이 연기를 하는 것에 색안경을 끼고 바라보던 시절이었다. 그 편견을 뒤집기 위해 우린 각오를 남달리 해야 했다. 그래서였을까. 그녀는 유별났다. 그녀의 집념은 대본에도 고스란히 나타났다. 그녀의 대본은 늘 습기에 찬 종이가 말랐을 때 뻣뻣해지는 질감이었다. 당시 반신욕이 유행이었는데 그녀는 반신욕을 하러 욕실에 들어갈 때도 대본을 손에서 놓지 않았기 때문에 그랬던 것이다.

게다가 그녀의 대본을 보면 여백이 글과 그림으로 늘 빽빽했다. 처음엔 생각 없이 한 낙서인 줄 알고 도끼눈으로 대본을 노려봤지만 그냥 낙서라고 하기엔 뭔가 달랐다. 리딩하며 받은 느낌과 생각을 그림으로 그려놓았던 것이다. 인물의 옷차림과 표정, 씬의 상황을 개성 있는 그림으로 표현했다. 비주얼 면에서 그녀의 대본을 능가하는 대본은 이후로도 본 적이 없다.

　어느 날, 낙서 가득한 빳빳한 대본을 들고 나타난 그녀는 잔뜩 감기에 걸려 있었다. 감기 든 코맹맹이 목소리로 연기가 잘 나올 리 없었다. "연습 진짜 많이 했는데…" 하며 아쉬워하는 그녀에게 난 선생님답게 엄한 목소리로 한마디한다. "배우에겐 연기연습만큼 건강관리도 중요해."

　그녀는 억울했는지 겸연쩍은 표정으로 어제 있었던 일을 얘기하기 시작했다. 소리 지르며 싸우는 연기를 유독 어려워했던 그녀인지라 집에 가서도 연습을 계속했단다. 20대 여자가 혼자 사는 집이니 집 크기는 뻔했다. 옆집을 의식하지 않을 수 없었다. 실제로 시끄러움을 참을 수 없었는지 옆집에서 초인종을 누른 탓에 그녀는 이불을 뒤집어쓰고 연습을 해야만 했다고 한다. 거기까진 좋았다. 성에 차지 않았는지 그녀는 주차장에 세워둔 자동차 안으로 장소를 옮겼다. 좀 더 실전처럼 소리를 질러보고 싶었나 보다. 엄동설한이라 히터를 켰다가 껐다를 반복하다 감기에 걸리고 만 것이다. 그런 얘기를 듣는 순간 냉정하게 던진 나의 충고가 얼마나 섭섭했을까 싶어 마음이 무거워졌다.

　그렇게 연기에 대한 그녀의 열정은 매번 나를 놀라게 했다. 우리는 올림픽에 출전하는 선수처럼 치열하게 연습했다.

　나와 수업을 시작한 지 100일이 지났을 무렵, 드디어 첫 번째 오디션

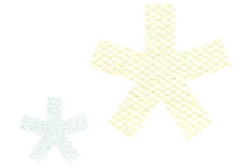

이 잡혔다. 그동안 누구보다도 열심히 준비해온 그녀를 가까이에서 지켜본 나였기에 내심 기대가 컸다. 그녀도 실전에서 자신의 실력을 검증받을 생각을 하니 설렘과 두려움에 기대가 컸을 것이다. 그녀에겐 가수가 아닌 배우로서 온전히 혼자 힘으로 치러내야 하는 오디션이었다. 궁금한 마음에 전화를 해볼까도 생각했지만 직접 얼굴을 보며 얘기를 들어야 오디션 현장 분위기를 생생하게 전해 들을 수 있을 것 같아 그만두었다.

다음 날, 잔뜩 기대에 부풀어 연습실로 향했다. 힘차게 문을 열었다. 당시 연습실은 지하에 있었기에 전등을 켜야만 했다. 불은 이미 반쯤 켜졌고 그녀의 신발이 놓여 있었다. 그녀가 벌써 와 있었던 것이다. 그녀는 벽에 머리를 기대고 있었다. 문득 울고 있었나 하는 걱정스러운 마음에 걸음을 빨리해 그녀에게로 다가갔다.

"어두운데 불도 다 안 켜고 거기서 뭐해?"

힘없이 몸을 일으키며 "오셨어요?" 한다. 화장기 없는 그녀의 얼굴에 다소 힘이 풀린 눈, 축 처진 어깨…. 난 직감한다. '오디션 결과가 좋지 않았구나….' 그래도 짐짓 기운차게 물었다. 이미 다 아는 사이에 모른 척하고 넘어가는 게 더 이상할 테니까.

"오디션은 잘 봤어? 어땠어?"

그녀는 '풋' 힘없이 웃더니 "물 좀 떠올게요" 하며 일어나 정수기로 간다. 초여름이라 짧은 치마를 입은 그녀의 가늘고 긴 다리가 드러나 보였다. 그런데 허벅지 뒤쪽으로 빨갛게 부풀어 오른 상처가 여러 줄 나 있었다. 깜짝 놀라서 물었다.

"너 다리가 왜 그래? 어디서 긁혔니?"

흠칫하며 뒤돌아보는 순간, 그녀의 눈에 눈물이 차오른다.

"저 연기 오디션이 이런 건 줄 몰랐어요." 하며 말을 잇지 못한다.

가수는 음반을 녹음하고 무대에 서기까지 전 과정을 매니저가 주관한다. 음반 매니저가 음반을 들고 홍보하고 직접 감독님들을 만나 방송스케줄을 잡는다. 하지만 배우는 상황이 다르다. 배우와 감독의 미팅 자리가 마련되기까지는 매니저의 역할이지만 캐스팅에서 촬영에 이르기까지의 모든 과정은 배우가 스스로 어떻게 하느냐에 달려 있다. 그러다 보면 미팅 자리에서 자신의 장점과 단점은 물론이고, 연기에 대한 혹독한 평가도 듣게 마련이다. 물론 감독님의 성향에 따라 다르겠지만 연기를 못해서 혼이 날 수도 있고 외모를 지적당할 수도 있다. 이래저래 자존심 상하는 일들이 한두 가지가 아니다. 이런 미팅 자리가 그녀에게 많이 힘들었던 모양이다. 아니, 처음이라 미처 예측하지 못한 상황에 몹시 불편하고 놀랐을 것이다.

떨리는 손을 감추기 위해 허벅지 밑에 손을 넣고 앉았는데, 워낙 긴장한 나머지 자기도 모르게 손톱으로 다리에 상처를 낸 것이다. 얼마나 그 자리가 견디기 힘들었으면 그랬을까? 스타킹을 신다가 손톱으로 내 손등을 긁어도 신경이 곤두설 만큼 아픈데 그 정도의 상처를 낼 정도라면 마음의 상처가 더 컸으리라는 건 불 보듯 뻔한 일이었다.

내가 할 수 있는 일은 그저 그녀의 얘기를 들어주는 것뿐이었다. 달리 해줄 게 없었다. 한참 답답한 속마음을 다 털어놓은 후 그녀는 쓸쓸

한 표정으로 한마디 더 했다.

"근데 진짜 황당한 건요···."

미팅이 끝난 뒤 감독님께 인사를 드리고 나가는 길이었다. 감독님은 그녀 뒤에서 곧장 유명 여배우와 이름을 격의 없이 부르며 통화를 하더란다. 그 통화 내용을 듣고 있으려니 왠지 더 기가 죽는 기분이었다고 했다. 빨리 그 공간을 벗어나고 싶은데 공교롭게도 오디션을 본 사무실은 신발을 벗고 들어가는 곳이었다. 그리고 그녀는 하필 발목까지 끈을 복잡하게 묶어야 하는 신발을 신고 가는 바람에 양쪽 신발 끈을 묶느라 그 불편한 공간에 더 오래 머물러야 했다는 것이다.

우린 마지막에 마주보고 웃고 말았다. 그 신발 끈 때문에 어제는 울었지만 오늘은 웃을 수 있었다. 아픔을 털어내자고 '으쌰, 으쌰!' 하며 그날의 수업을 마무리했지만 집으로 돌아갈 때 다시 한번 내 시야에 들어온 그녀의 뒷모습은 내 마음을 꿈틀거리게 했다. 그게 어떤 감정인지 그 당시엔 정확히 몰랐지만 아마도 그녀에 대한 내 애정이었던 것 같다.

다행히도 그날 이후 그녀는 주눅이 들지 않았다. 우린 그 오디션을 호된 신고식쯤으로 생각하기로 했다. 줄줄이 잡혀 있는 앞으로의 오디션에 성실하게 임하기로 했다. 그녀가 당당할 수 있었던 건 '노력'이라는 단어를 신뢰했기 때문이다. 성실하게 준비를 한다면 언젠가는 무조건 될 것이라는 믿음을 그녀는 갖고 있었다.

그녀가 겪었던 수모와 견뎌낸 노력들을 하늘이 알아준 것일까? 행운은 금방 찾아왔다. 허벅지의 상처가 다 아물기도 전에, 훗날 그녀를 멋

진 스타로 만들어줄 드라마 한 편을 운명처럼 만난 것이다. 특이하게
도 그 드라마의 감독님은 외국 유학을 다녀온 까닭에 그녀가 가수 출
신이라는 것도 전혀 몰라봤다. 편견 없이 오디션을 본 감독님은 그녀의
진가를 단번에 알아보고 캐스팅했다. 그녀가 배우로 인정받기 위해 얼
마나 노력했는지 잘 알고 있었기에 나는 진심으로 축하해줄 수 있었고
내 일처럼 기뻤다.

다신 이런 기회가 없을 것이라 믿고 우리는 최선을 다해 연습했다.
그녀의 '최선'은 내가 상상한 그 이상이었다. 그녀가 맡은 역할은 병을
가지고 있는 인물이어서 다이어트를 살벌하게 했는데 몸이 상할까 봐
걱정이 될 정도였다. 하지만 그런 모습마저도 참 사랑스러웠다.

그 한 편의 드라마를 통해 그녀는 좋은 배우로 거듭났다. 사랑을 하
는 여자는 얼마나 아름다운지를 사람들에게 분명하게 각인시켜주었
다. 그 드라마 이후 그녀는 인생이 달라졌다. 또한 그녀를 괴롭혔던 가
수 출신 배우라는 색안경도 단번에 없애버렸다. 그 이후 줄줄이 주인공
역할을 맡은 것을 보면 말이다. 그녀의 다리에 난 상처가 아무는 사이
마음의 상처도 말끔하게 치유됐을 것이다. 그녀의 집념은 몸과 마음의
상처를 멋진 성장으로 바꾸어놓았다.

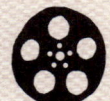 그리운 친구에 대한 짧은 이야기

중요한 손님과 얘기 중이던 어느 날, 간만에 보는 반가운 이름이 내 휴대전화 화면에 떴다. 실례를 무릅쓰고 잠시 자리를 피해 전화를 받았다.

"이게 누구야? 바쁘신 한류스타께서 몸소 전화를 다 주시고."

수화기 너머로 용하의 경쾌한 목소리가 들려왔다.

"내가 너보다 바쁠라고? 우리 얼굴 한번 보자. 시간 좀 만들어."

며칠 후 두 번째 전화가 왔다. 만나자는 말만 또 되풀이한다. 그리고 며칠 후 또 전화를 걸어와서는 언제 시간이 되는지 물었다.

"무슨 일 있어? 그냥 보면 되지. 왜 이렇게 뜸을 들여? 혹시 나 좋아하나?"

내 말에 용하는 어이가 없다는 듯 거침없는 육두문자를 맛깔나게 뱉어냈다. 나는 한바탕 웃고 나서 다시 물었다.

"그럼 용건이 뭔데? 고백하는 거 아니면 빨리 말해. 나도 바쁘다고!"

"나 드라마 들어가. 그래서… 나 너한테 배우려고."

"뭐?!"

이건 고백을 듣는 것보다 더 쇼킹했다. 용하는 너무나 친한 친구였기에 수업을 한다는 건 상상도 할 수 없었다.

대학 동기인 용하와 나는 학교를 참 열심히 다녔다. 수업시간에는 수업을 듣느라, 수업이 끝나면 공연 연습을 하느라 우리는 마음 맞는 친구들과 늘 어울려 다녔다. 당시 용하의 차는 우리의 발이었다. 친구들에게 무언가 해주는 것을 좋아하던 용하는 우리를 위해 기꺼이 운전을 도맡았고, 주중 연극 연습을 할 때도 차를 몰고 나가 야식을 사다 날랐다. 주말이면 승차 인원을 초과하면서까지 우리를 재미있는 곳에 많이 데려갔다.

내가 용하와 유독 친해질 수 있었던 이유는 용하의 짓궂은 면 때문이었다. 용하는 양반처럼 느리고 조곤조곤한 성격을 가졌음에도 의외로 행동은 개구쟁이였다. 용하는 매일 만나면서도 점잖게 인사한 적이 한 번도 없었다. 자판기에 동전을 넣고 커피를 기다리고 있으면 불쑥 손이 튀어나와 커피를 들고 도망가고, 뒤에서 내 뒷무릎을 눌러 넘어뜨리고, 느닷없이 다가와 뒤통수를 치고는 달아나고, 정면에서 만날 때는 헤드록을 걸고, 눈이 마주치면 속을 긁는 말로 이죽대는 게 용하가 반가움을 표현하는 방식이고 인사하는 법이었다. 생각해보면 용하는 내 이름을 부른 적이 별로 없었다. 여자에게 상처가 될 만한 별명을 붙이고는 제멋대로 불렀다. '어깨'라고 말이다. 실제로 어깨가 넓었던 나는 용하 덕에 대학 시절 내내 이름 대신 '어깨'로 불렸다. 그런 장난기 넘치는 모습은 대학을 졸업하고 나이를 먹었는데도 여전했다. 그 정도로 우리는 격의 없는 친구였다.

결국 용하가 내 사무실로 찾아오기로 했다. 위치를 상세히 설명해 주기는 했지만 처음 오는 것이어서 걱정이 됐다. 사무실이 골목골목을 지나 복잡한 곳에 있기 때문에 나는 시간 맞춰 마중을 나갔다. 올 때가 됐는데도 용하의 차는 보이지 않았다. 다른 골목으로 잘못 들었나 싶어 기웃거리는데 바로 내 앞에 있던 노란색 마티즈가 느닷없이 '빵!' 하고 경적을 울렸다. 예상치 못한 경적소리에 화들짝 놀랐다. '왜 갑자기 빵빵거리는 거야? 시끄럽게' 운전석 쪽을 한번 부라리고는 다시 용하를 기다리는데 또 마티즈가 '빵!' 한다. '아니, 이 아저씨가!' 몸을 돌려 대놓고 운전석을 째려봤다. 창문이 내려가는가 싶더니 운전석에 용하가 앉아 있었다.

"뭐야, 너였어? 이 차 뭐야? 차 바꿨어?"

"아니, 스틱 운전이 하고 싶어서 250만 원에 중고로 하나 샀어. 경차라 주차료도 싸고 편해."

"호오, 그래? 운전 좋아하는 건 여전하네. 저기 카페에 가서 커피 좀 사가지고 사무실로 들어가자."

카페에서 용하를 알아보는 많은 여성 팬들의 뜨거운 시선 속에 커피를 사가지고 사무실로 돌아왔다. 용하는 가방에서 대본 다섯 부를 꺼내 책상 위에 가지런히 올려놓았다.

"네 거야. 내가 챙겨왔어."

용하가 맡는다는 드라마 작품이었다. 6년 만에 한국에서 하는 드라마 촬영이라 떨린다고 했다. 한동안 일본에서 활동했던 용하는 한국에서의 복귀작에 기대와 부담감이 컸다. 내가 망설이며 대본을 집어 들자 용하는 기세 좋게 제안했다.

"나 수업 좀 해주라. 못하는 부분이 있으면 좀 가르쳐주고."

"뭐? 무슨 말도 안 되는 소리야! 내가 너한테 가르치긴 뭘 가르쳐줘? 그리고 유능한 의사도 자기 가족은 수술 못하는 거랬어. 만날 때마다 욕하고 장난치는 사이에 어떻게 연기 수업이 되겠어? 너한테 별로 도움이 안 될 거야."

내가 손사래를 치자 용하는 웃음기를 거둔 진지한 얼굴로 말했다.

"지은아, 배우로 있는 시간이 길어질수록 아무도 나한테 이래라 저래라 하지 않더라. 특히 '틀렸다. 잘못됐다. 그렇게 하면 안 된다'라는 말은 더욱 안 하고…. 나는 내가 잘하고 있는 건지 못하고 있는 건지도 모르고 그냥 하는 거야. 결과가 나온 뒤에야 몇 마디씩 얘기는 해주더라. 그렇지만 그때는 너무 늦잖아. 친한 친구니까 안 될 거라고? 난 네가 친구라서 일부러 온 거야. 내 눈치 안 보고, 내 비위 안 맞추고 솔직하게 얘기해줄 수 있는 친구잖아."

용하의 솔직한 이야기를 들으니 거절할 수가 없었다. 아니, 도와주고 싶었다. 용하는 인정받는 배우였지만 때론 자신이 제대로 가고 있는지 몰라 답답함을 느끼고 있었다. 하기는 용하 정도 되는 배우에게 주변에 있는 누가 직언을 할 수 있었겠는가.

"좋아, 연습 상대가 되어줄게. 대본 읽고 열심히 준비해볼게."

용하가 돌아간 후 대본을 읽었다. 용하가 맡은 배역의 캐릭터와 상대 여배우의 캐릭터를 이해하기 위해서였다. 대본은 읽으면 읽을수록 흥미진진했다. 대본 자체가 재미있기도 했지만, 용하가 연기할 배역도 매력적이었다. 용하는 그동안 바르고 부드럽고 유순한 청년 역할을 주로 해왔는데, 이번 드라마에서의 배역은 한마디로 상남자 캐릭터였다. 용하에겐 좋은 변신이자 도전이 될 수 있을 것 같았다.

바로 이튿날부터 용하와 함께 리딩을 시작했다. 부드럽고 매끄럽게 잘 읽어내는 용하를 보고 감탄했다. 아역배우부터 시작해 연기 경력이 오래되었으니 어쩌면 당연한 일인데 새삼 낯설었다.

용하가 맡은 캐릭터는 방송국 PD였다. 경상도 남자처럼 겉으론 무뚝뚝하고 냉정해 보이지만 속으론 정이 많은 모습을 연기해야 했다. 그런데 표현하는 방식에 있어서 우린 이견이 많았다. 어떤 직언도 좋다던 용하는 정작 내 의견에 발끈하기 일쑤였다. 대학 시절 함께 연극 연습을 했던 그때처럼 입씨름이 이어졌다. 친한 친구에게 하는 지적이라 그런지 거칠 것이 없었다. 하지만 그래서 놀이처럼 즐거웠던 것 같다. 인신공격도 서슴지 않고 상처 되는 말도 많이 했지만 서로가 진짜 하고 싶은 말이 무엇인지 알 수 있었다. 서로를 설득하기 위해 각자 생각하는 방식대로 시범을 보이다 보면 중간 지점에서 만날 수 있었다.

용하는 나와 연습을 하면 소속사 사무실에 가서 꼭 복습을 했다. 그리고 캐릭터에 맞게 다이어트를 한다며 에스프레소만 마시며 연습했다. 배가 고프다며 고민 고민하더니 기껏 편의점에 가서 달랑 간식용 소시지 한 개를 사가지고 왔다. 나는 카메라 앞에 설 일이 없으니 수고한다는 차원에서 달콤한 간식이라도 좀 사다주면 좋으련만, 친구니까 배고픔도 함께해야 한다며 내 몫의 간식도 달랑 소시지 한 개였다. 용하와 연습하는 내내 난 늘 배고픔과 싸워야 했다. 연극 연습을 하면서 느꼈던 대학 시절의 풋풋함을 다 큰 성인이 되어 다시 경험할 수 있었다.

용하의 드라마는 크게 성공했다. 용하의 캐릭터도 매력적으로 잘 그려졌다. 용하 특유의 집념과 성실함이 일군 결과라고 생각한다. 친구의 입장에서 해준 쓴소리가 제법 짜증스러웠을 법도 한데 용하는 늘 한결같았다. 때로는 인상을 구기고 발끈하면서도 결국에는 솔직한 얘기를 들을 수 있어서 좋다고 했다. 이후에도 작품을 하면서 용하는 나의 의견을 많이 물어왔다. 톱스타가 되어서도 대학 때 모습 그대로를 간직하고 있던 진솔한 내 친구 박용하. 지금은 볼 수 없는 용하가 참 그립다.

미쳐야 미친다

꿈같은 늦잠을 자는 날. 머리를 안 감아도 되는 날. 더 좋은 건 그 어떤 말도 안 해도 되는 날. 일요일은 내게 일주일 중 가장 달콤한 하루다.

느지막이 아침을 먹고 세상에서 가장 편한 자세로 드라마 재방송을 본다. '아~ 행복한 일요일 점심이여!' 달콤한 휴식에 취해 있을 때쯤, 휴대전화 벨소리가 울린다. 누구지? 일요일엔 내 전화기도 쉬는 날인데. 소파 위에 아무렇게나 던져두었던 전화기를 집어 들었다. '어? S가 웬일이지?'

S는 얼마 전 드라마에서 코믹 발랄한 캐릭터로 사랑받은 여배우다. 드라마가 끝난 지 아직 2주 정도밖에 지나지 않았다. 한창 재충전의 시간을 가지며 여유로운 한때를 보내고 있어야 할 그녀가 일요일에 웬일로 전화를 다 했을까?

"그동안 안녕하셨어요? 뭐하세요, 선생님?"

애교 섞인 목소리를 듣는 순간 불길한 예감이 엄습한다.

"일요일이잖아. 집에서 쉬고 있지."

"선생님, 우리 만나요."

"왜? 무슨 일 있어?"

"아뇨. 그냥 선생님이 보고 싶어서요."

'보고 싶다고? 갑자기 내가 보고 싶은 이유가 뭐지? 무슨 말을 하고 싶어서? 한 번도 이런 적 없었는데…' 의아하다. 궁금해서라도 만날까 싶지만 썩 내키지 않는다. 모처럼 나만의 달콤한 휴식을 보내던 중이었는데…. 내가 좋아하는 과자봉지를 방금 막 뜯기도 했고…. 대답이 없자 그녀가 선심 쓰듯 말한다.

"제가 선생님 집 근처로 갈게요. 10분이면 도착할 거예요."

"10분…?"

아, 10분 뒤에 내 평화가 깨진다는 말인가? 마음이 다급해진다.

"있잖아, 우리 꼭 지금 봐야 될까? 나 씻지도 않았는데…."

"괜찮아요. 저도 모자 눌러쓰고 나왔어요."

그녀의 목소리 톤이 평소와 같이 쾌활한 걸 보면 걱정할 일은 아닌 듯했다. 나는 일요일의 휴식을 잠시 단념해야 했다. 10분 거리에 있다는데 그녀를 오지 못하게 할 어떠한 명분도 없었으니 말이다. 난 한창 재미를 더해가는 드라마 화면과 먹다 만 과자봉지를 아쉬운 마음으로 바라보다가 '에잇!' 하며 일어나 옷을 챙겨 입었다. 나도 그녀처럼 모자 하나 푹 눌러쓰고 집 앞에 있는 카페로 향했다.

잠시 후 세수도 안 한 얼굴로 나는 S와 마주 앉았다. 주변 사람들이 힐끔힐끔 그녀를 쳐다보지만 그녀는 개의치 않는다.

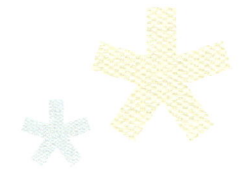

"무슨 일인데 소중한 공휴일에 나를 불러낸 거야?"

그녀는 치약광고 모델처럼 가지런한 이를 드러내며 씩 웃어 보인다. 그러고는 가방에서 종이뭉치 하나를 꺼내놓았다.

"대본이에요. 이거 드릴려고 왔어요."

뜻밖이다. 배우가 4개월 정도 드라마를 찍고 나면 다음 드라마를 시작하기 전에 그만큼의 휴식 시간을 갖는 게 보통인데, S는 벌써부터 대본을 들고 왔다. 의아해하는 나를 앞에 두고 그녀는 보험에라도 가입시킬 기세로 대본을 펼쳐 보이며 열변을 토한다. S는 평소에도 자신이 재미있게 본 만화책, 영화, 대본 등에 대해 이야기하는 것을 좋아했다. 종이 한 장 펴놓고 인물의 관계도를 그리고 동그라미도 치면서 내용을 설명하는 것이 그녀의 취미생활이라고 해도 될 정도다.

"그래, 그래, 알겠어. 집에 가서 읽어볼게."

"여기서 읽으시면 안 돼요?"

"아니 왜?" 난 눈이 동그래져서 묻는다.

"저는 재미있게 읽었거든요. 선생님은 어떠신지 궁금해서요. 그리고 저 오늘 별로 할 일도 없어요. 커피 뭐 드실래요? 제가 가서 사올게요!"

뭐라고 대답하기도 전에 그녀는 지갑을 들고 벌써 자리에서 일어나고 있다. 내가 한발 늦었다. 내가 즐겨 마시던 커피를 알아맞히며 "그거 사오면 되죠?" 한다. 뭐라고 입을 떼기도 전에 그녀는 벌써 주문하러 성큼성큼 계산대로 가버렸다.

일요일 오후, 난 그렇게 꼼짝없이 S에게 붙잡혔다. 다행히 단막극이라 대본의 두께가 그리 두껍지는 않다. 그녀는 커피를 들고 돌아와 내 앞에 앉아서 치약광고를 연상케 하는 시원스런 미소를 한방 더 날린다. 난 감시자 앞에서 고개 한 번 못 들고 엄청난 속도로 대본을 읽어 내려갔다. 읽으면서도 기대에 차서 나를 바라보는 그녀의 눈길이 느껴졌다. 대본 읽는 내 표정을 유심히 살피는 듯했다. 대본을 눈으로 보는 건지, 코로 보는 건지…. S는 언제나 그렇게 호기심이 가득하다. 결국 그녀가 보는 앞에서 대본을 다 읽었다. 얼마 전 끝낸 드라마에서 그녀는 독특한 캐릭터로 대중들에게 사랑받았기 때문에 그다음 작품에서도 행운이 함께하길 나 또한 기대했다.

"좋은데…?"

마지막 장을 덮고 그녀에게 대답한다. 그녀는 고개를 갸웃거리며 내 쪽으로 더 바짝 다가앉았다.

"좋다고요? 뭐가요?"

'재미있어'라는 답이 아니고 '좋다'라고 막연하게 한 말이 그녀를 혼란스럽게 했나 보다. 무슨 의미인지 모르겠다는 표정으로 그녀는 나를 빤히 바라보았다.

"내 생각은 이래. 넌 이제 막 코믹 발랄 푼수 캐릭터 연기를 끝냈잖아. 아직도 대중들은 너의 그런 이미지를 기억하고 있을 게 분명해. 네가 연기 변신을 하겠다고 갑자기 슬픈 멜로를 하면 대중들은 '쟤 왜 저래, 갑자기?' 하고 어색해할 거야. 그렇다고 또 코믹 발랄을 하자니 방금 끝낸 캐릭터와 겹칠 수밖에 없고. 기존의 이미지를 한번 중화시키는 작업이 필요해. 예를 들어 공포물을 한다든지 아니면 네가 가져온 이 대본의 캐릭터처럼 보이시한 연기를 한다든지. 이 캐릭터는 보이시할 뿐 아니라 독특하네. 아픔이 있지만 드러내지 않는 게…. 저번에 끝낸 드라마에서 연기한 캐릭터랑 반대여서 특히 더 좋은 것 같아."

내 말을 잠자코 듣고 있던 그녀가 내겐 너무나 익숙한 질문을 던진다. 대부분의 배우들이 새 대본을 읽고 나면 꺼내는 단골 멘트다.

"선생님, 제가 잘할 수 있을까요?"

내게도 무척 어려운 질문이다. 아니, 내가 답해줄 수 없는 질문이다.

"네가 모르면 누가 알아? 할 수 있다고 믿고 시작하면 해내는 거고. 할 자신이 없다면 시작도 말아야지."

그녀는 골똘히 생각에 잠긴 눈치다.

"자, 그럼 이제 나 집에 가도 돼지?"

"네…. 가세요."

"넌 어디 가게?"

"저는 드라마 준비해야죠. 복싱 시작하려고요. 여주인공 캐릭터가 복서잖아요."

짧고 명료한 한마디를 던진 후 그녀는 제2의 인생을 시작했다. 두 편짜리 단막극의 캐릭터를 위해 시작한 운동이 그녀의 일상에서 큰 부분을 차지하기 시작했고, 많은 것이 달라졌다. 불규칙한 생활로 인해 어려움을 겪었던 불면증에서도 자유로워졌다. 눈이 오나 비가 오나 춥거나 덥거나 촬영이 있거나 없거나 그녀는 새벽 6시면 달린다고 했다. 드라마 방영이 불발됐는데도 그녀는 멈추지 않았다. 너무 애쓰는 그녀를 보며(이때까진 그녀의 복싱 열정을 대수롭지 않게 여겼던 것 같다) 내가 물었다.

"왜 그렇게까지 열심히 해?"

그녀는 뜻밖의 대답을 했다.

"운동을 하니 다른 사람들을 안 괴롭히잖아요. 나 자신도 안 괴롭히고요."

"그렇게 운동을 심하게 하는데… 그게 널 괴롭히는 거 아니니?"

"연기 안 할 때는 아무것도 안 하고 있는 게 불안했거든요. 근데 요즘은 눈뜨면 바로 운동하러 나가니까 불안할 틈이 없어요. 그래서 몸은 힘든데 마음은 편해요."

그녀의 얘기를 듣고 보니 정말 그녀가 달라 보였다. 배우들이 대게 그렇듯 예민한 신경을 가지고 있던 그녀의 미간은 어느새 주름 없이 환해 보였다. 늘 초콜릿과 커피를 들고 오던 그녀는 이제는 몸에 좋은 과일을 들고 왔다. 몸에 좋다며 내게도 과일을 권한다. 무엇보다 달라진 건 대한민국의 여배우로서 느꼈던 불확실한 미래에 대한 불안도 없어졌다는 것이다. 그녀는 정신적으로 평온해 보였다.

그로부터 적어도 6개월 동안 그녀를 보지 못했다. 연락이 점차 뜸해지더니 영화 촬영을 마지막으로 안부 전화조차 주고받지 않았다. 그러다 어느 주말, 오랜만에 그녀의 활기찬 전화를 받았다.

"선생님, 저 우승했어요!"

"뭔 우승? 복싱…? 너 대회 나갔어?"

"네!"

한껏 들뜬 목소리에 장단을 맞춰줘야 하는데 너무 뜻밖이라 얼떨

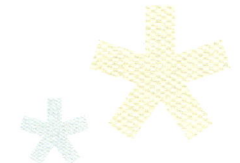

했다.

"어, 그래…? 축하해. 이제 끝난 거야, 그럼?"

이제 복싱 대회에서 우승도 했겠다, 이젠 다시 여배우의 삶으로 돌아오는 건가 하는 기대감으로 물었다.

"아아아뇨! 더 열심히 해서 전국체전도 나가고 더 열심히 해서 국가대표에도 도전하고… 그리고 올림픽에도 나갈 거예요. 만약 제가 금메달을 따면 저는 어떻게 되는 거죠? 하하하."

"어떻게 되긴 뭐가 어떻게 돼. 올림픽 금메달 따면 군 면제되겠네."

난 그녀의 다부진 꿈에 썰렁한 농담 한마디 던지고는 전화를 끊었다.

슬슬 불안해지기 시작했다. 경기에 나가보고 싶다고 하더니 정말 대회에 나갔고 우승 트로피까지 거머쥐었는데도 그녀는 멈출 것 같지 않았다. 문득 궁금해졌다. '정말 얼마나 잘하기에?' 한 번도 그녀의 복싱 경기 장면을 본 적이 없었다. 일이 다 끝난 밤 혼자 그녀의 경기 장면을 찾아 봤다. 오래도록 가까이에서 보아온 S인데도, 경기하는 그녀의 모습은 너무나 낯설었다. 겁먹은 눈빛, 펀치에 맞아 부어오른 얼굴, 다소 남자 같은 격한 몸놀림… 여배우로서 이런 모습이 과연 대중들에게 어떻게 보일까 걱정됐다. 드라마나 영화 관계자들에겐 또 어떤 모습으로 보일까? 여배우인데 남자 선수 같은 그녀의 모습이 안 좋은 이미지로 다가가진 않을까? 걱정도 되면서 화도 났다.

결국 나는 그녀에게 전화를 걸어 이별(?) 통보를 했다.

"네가 다시 배우로 돌아오면 연락 주라. 그 전까진 내가 너한테 해줄

게 없다."

당시 내 심정은 진심이었다. 앞으로 연기자로서 해야 할 일들이 너무나 많은데 두 가지를 다 욕심내는 그녀가 위태로워 보였다. 그러다 두 가지를 다 놓치게 될까 봐. 연기자로 인정받기 위해 그녀가 얼마나 노력해왔는지 알기에 더욱 그랬다.

하지만 내가 우려한 것과 달리 대중들은 그녀에게 마음을 열었다. 열심히 도전하고 몸을 아끼지 않는 그녀의 용기와 열정에 박수를 보내주었다. 여배우답지 않은 털털함이 대중들에게 한발 더 다가간 듯했다.

이별 선언 후 얼마 지나지 않아 그녀의 매니저에게서 연락이 왔다. 그녀가 출연한 영화 시사회에 초대한다는 전화였다. 그녀가 운동과 병행하면서 열심히 연기했던 작품이었다. 얼마나 고생했는지 말하지 않아도 알 수 있었다. 난 망설임 없이 시사회에 갔고, 우리는 결국은 작품을 매개로 다시 만나게 됐다.

나는 이제 그녀 안에 있는 두 가지 자아를 다 인정한다. S는 다른 사람보다 두 배 덜 자고, 두 배 덜 먹고, 두 배 더 노력해서 이루고 싶은 것들을 지켜냈다. 두 가지를 얻기 위해 그만큼의 희생을 치렀고, 난 그 모습을 곁에서 지켜봤다. 그녀는 분명 두 가지 다 가질 자격이 있었다.

'미치다'라는 말은 '공간적 거리나 수준이 일정한 선에 닿아 있다'라는 의미도 가지고 있다. 도달하려는 목표에 이미 닿아 있다는 거다. 남들보다 빨리 목표를 이루고 싶다면 미쳐야 한다. 몰입해야 한다. 자신에 대해 한 치의 의심도 있어서는 안 된다. '미쳐야 비로소 미칠 수 있다'는 것을 S는 온몸으로 보여준다.

지난 몇 년간 내가 본 그녀의 의상은 늘 트레이닝복이었다. 큼직한 운동 가방을 어깨에 둘러메고 그녀는 당차게 걷는다. 함께 식당에 가면 사람들은 조심스럽게 다가와 사인을 요청하는 대신 "파이팅!"을 외쳐 준다. 서비스도 남다르다. 예쁘고 맛있는 애피타이저나 디저트가 아닌 푸짐한 음식을 1인분 더 서비스로 준다. 그녀를 보는 사람들의 첫인사 는 말도 눈인사도 아닌 행동이다. 두 주먹을 가슴 앞으로 올리고 잽을 두 번 빠르게 날린다. 그런 사람들의 장난스러운 인사에 그녀는 그저 웃는다. 그 웃음엔 예민한 여배우의 모습도, 강인한 복서의 모습도 없 다. 그저 인간적인 수줍은 미소만이 가득할 뿐이다. 짠하고 아름다운 미소다.

그녀가 피우는 열정의 불꽃은 언제까지나 꺼지지 않으리라고 나는 믿는다. 그녀는 숨을 쉬는 한 무언가에 또 미쳐 있을 테니까.

영역은 달라도 언어는 같다

    2012년 여름, 유명한 발레리나와 마주 앉았다. 다른 어떤 미팅보다도 긴장감이 감돌았다. 일면식도 없는 그녀가 얼마 전 전화를 걸어와 자기를 소개하고는 자세한 얘기는 만나서 하자고 했다. 그리고 약속대로 만나는 날까지 불과 며칠의 시간이었지만 그녀가 나를 만나자고 한 이유가 너무나 궁금했다. 그녀의 의도를 전혀 짐작할 수 없었다.

    그녀는 아주 유명하고 실력 있는 수석 발레리나다. 그녀를 처음 본 건 극단에서 연극을 하던 시절이었다. 연극 공연 말고도 무용 공연에도 관심이 많았던 10년 전 열혈배우 시절, 그녀의 공연을 처음 보고 머릿속에 떠오른 건 '깃털'이었다. 하얗게 빛나는 백조의 깃털. 공중에 아무리 높이 떴다가 착지를 해도 그녀의 토슈즈는 소리를 내는 법이 없었다. 깃털이 살포시 내려앉듯 부드러웠다. 인간의 몸이 어떻게 저럴 수 있을까? 보면서도 마치 꿈을 꾸는 듯했다.

    그런 그녀를 직접 만나다니 정말 영광이었다. 하지만 궁금증을 해결하기 위해 질문을 던지지 않을 수 없었다.

"아니, 무슨 일로 저를 이렇게…"

그녀는 간단명료하게 대답했다.

"무대에선 온몸으로 감정을 표현해요. 그런데 배우들은 어떻게 눈빛 하나로도 감정을 표현하죠? 나도 그걸 하고 싶어요!"

순간 멍했다. 얄밉기까지 했다. 완벽해지려는 인간을 향한 질투였다.

"욕심이라고 생각하지 않으세요? 오히려 배우들은 대사 한마디 안 하고 온몸으로 감정을 표현하는 무용수들을 동경하는 걸요."

실제로 그렇다. 한마디 말로 뱉어버리면 그만인 것을, 대사 한마디 없이 감정을 표현하라는 디렉션을 보는 순간 배우의 고뇌는 시작된다. 자신이 갖지 않은 것에 대한 인간의 욕망과 동경이 끝이 없나 보다. 빛나는 재능을 갖고도 또 다른 누군가의 재능을 탐내니 말이다. 하지만 참 기분 좋은 욕심이다. 그녀는 내 표정을 살피더니 말을 이었다.

"그래서 제가 준비해온 게 있어요!"

그녀가 가방에서 꺼내 펼친 것은 한 아름 되는 DVD였다. 그동안 본인이 공연했던 동영상들이었다. 나는 잠시 멈칫했다. 나도 뭔가 준비했어야 했다. 그녀의 기사를 좀 더 찾아볼 걸 그랬다. 그녀의 간단한 프로필만 확인한 내 성의가 갑자기 초라하게 느껴졌다. 그녀는 정말 프로였다. 난 동영상을 검토해본 후 다시 연락하겠다고 했다. 그러자 그녀가 환한 미소를 지으며 답했다.

"다음 주에 제가 하는 공연 보러 오세요. 공연 티켓 준비해드릴게요. 무슨 요일이 편하세요?"

나는 무심코 바보 같은 말을 내뱉는다.

"아이고, 괜찮아요. 뭐 저한테까지 신경 쓰세요."

나의 깍듯한 답례에 그녀는 순간 살짝 얼굴이 굳었다 펴지더니 이렇게 말했다.

"제가 공연하는 걸 직접 와서 봐주시면 저를 더 잘 가르쳐주실 것 같아서요."

그녀의 말이 맞다. 그녀의 연기를 보는 건 나의 당연한 의무였는데 그만 실수를 하고 말았던 것이다. 지나치게 긴장해서 거기까지 생각이 미치지 않았던 것 같다.

그 후 한동안 하루에 한 편씩 그녀의 발레 공연 동영상을 봤다. 작품의 이미지가 섞이지 않도록 하기 위해서였다. 영상을 보니 그녀의 발레 연기는 더욱 완벽했다. 카메라로 가까이 잡은 그녀의 보디라인은 말 그대로 예술이었고, 흔들림 없는 몸짓은 넘볼 수 없는 그녀의 실력을 대변해주는 듯했다. '저런 연기를 하기까지 얼마나 오랜 시간 땀을 쏟았을까?'

공연장에 직접 보러 가기도 했다. 그렇게 집중하고 발레 공연을 본 건 내 평생 처음이었다. '자, 정신 차리고 몸동작보다는 표정을 보자. 부탁받은 대로 눈빛 하나 놓치지 않아야 한다.' 무대 위에서의 연기는 확실히 카메라 연기보다 과장되어 있었다. 강한 조명과 멀리 있는 관객들을 배려하기 위함이었다. 하지만 그녀가 이런 사실을 모를 리 없다. 그녀가 원하는 건 어쩔 수 없이 과장된 연기를 하더라도 찰나에 찍힌 사진과 동영상에서도 멋진 표정을 남기고 싶은 것이리라.

사실 나로선 막막했다. 어떻게 하면 그녀의 아름다운 몸짓을 받쳐줄 깊이 있는 표정을 만들어낼 수 있을까? 다른 배우들의 수업을 준비할 때보다 더 오랜 시간이 걸렸다. 대본도 새로 만들어야 했다. 우선은 서로 상의하며 수업을 진행하는 것이 좋을 것 같았다.

막막하고 어려웠지만 그녀와 빨리 연기를 해보고 싶어졌다. 새로운 도전을 하는 것 같아 마음 한편으론 설레기도 했다. 그녀를 위한 대본을 준비했다. 될 수 있는 한 대사를 줄이고 그 부분을 디테일한 지문으로 바꾸었다. 물론 발레리나가 무대에서 대사를 할 일은 절대 없겠지만 대사는 감정의 결과물이다. 보이지 않는 감정을 우린 대사를 통해 음성으로 확인하는 거다. 그러니 대사를 들으면 그녀가 의도한 대로 감정을 잘 표출하고 있는지 확인할 수 있다. 그녀의 대본 분석력은 나를 놀라게 했다. 틀림없이 처음 보는 대본일 텐데, 그녀는 숨겨진 감정의 의도를 날카롭게 포착해냈다. 감정 몰입도 훌륭했다. 발레를 하며 고전 작품 속 주인공들의 감정을 연기해온 그녀였기에 현실적인 대본은 오히려 그녀에게 쉬워 보이기까지 했다.

문제는 표현 방식이었다. 그녀는 몸동작을 통해 감정을 표현해왔다. 움직임을 빼앗긴 그녀는 어색해서 어쩔 줄 몰랐다. 너무 어색해서 그냥 하던 대로 움직여버리곤 했다. 머리가 흔들리기도 하고 턱이 들리기도 했다. 그런 자신이 겸연쩍은지 대사를 하다가 웃기도 하고 얼굴이 빨개지기도 했다. 나는 다른 여배우들과 수업할 때 그랬던 것처럼 그녀 자신의 모습을 객관화시켜줄 의무가 있었다. 그녀의 실수를 내가 재현해서 보여주는 것이다.

"어머, 제가 그랬어요?"

충격 어린 표정으로 나를 바라본다. 곧이어 몸의 감각을 기억해내고는 자신의 잘못을 인정한다. 자신의 실수를 인지하는 순간이 바로 단점이 수정되는 지점이다.

얼마 지나지 않아 한 단계 수업의 강도를 높였다. 배우들도 두려워하는 동영상 촬영이다. 하나의 씬을 외워서 표정의 변화를 영상으로 찍고 모니터했다. 그녀에게는 두 번째 충격이었다. 믿을 수 없다는 듯 눈을 가리더니 "으악~!" 하며 비명을 지른다. 점점 시간이 지나면서 그녀는 영상 속 자신의 모습을 외면하지 않고 바라볼 수 있게 되었다. 피할 생각이었다면 이 자리에 있지도 않았을 것이다. 그녀는 줄곧 진지한 표정으로 모니터했다.

코끝으로 보던 그녀의 시선도 자연스럽게 정면을 응시하기 시작했다. 그녀의 눈빛이 깊어졌다. 감정과 감정 사이에 점프했던 표정 연기도 점차 촘촘해진다. 광고에서 보는 슬로모션 연기처럼 감정표현의 호흡이 길어진다.

그런 연습을 반복하는 사이 그녀는 무용보다 드라마와 영화 속 주인공에 대해 관심을 갖기 시작했다. 공연과 연습 스케줄로 바쁜 와중에도 개봉영화를 다 챙겨봤다. 연극 공연을 보고 와서 자신이 관찰한 배우들의 연기에 대해 이것저것 물어보기도 했다. 그녀의 감각은 다른 사람들의 감정표현에 열려 있었다. 그녀는 그동안 보이지 않았던 사람들의 표정을 발견하면서 새로운 눈이 열렸다고 했다.

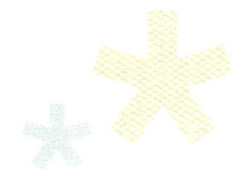

발레리나인 그녀는 나만 보면 연기 얘기에 열을 올렸고, 연기 코치인 나는 그녀를 만나면 발레를 화제 삼아 이것저것 묻고 얘기 나누느라 흥분했다. 그녀와 나의 결론은 일치했다. 모든 예술은 하나로 통할 수 있다는 사실. 표현 방법만 다를 뿐 원리는 똑같다는 것을 우린 서로 다른 분야에서 깨닫게 되었다. 우리는 각각 다른 세계의 사람이지만, 예술이라는 언어로 소통하고 있었다.

나는 더욱 발레를 사랑하게 됐고, 그녀는 드라마와 영화를 사랑하게 됐다. 지금도 나는 그녀의 공연을 즐겨 보고 그녀는 나와 작업한 배우들의 드라마, 영화를 챙겨 본다. 서로 당근과 채찍을 교환하며 여전히 유쾌한 관계를 이어가는 중이다.

나는 얼마나 절실한가

_ 황정음

지금껏 연기자 생활을 하면서 힘들 때마다 내가 가장 의지해온 건 긍정적인 내 성격이었다. 물론 주위의 감독님, 작가님 등 나를 아껴주시는 많은 분들에게 도움을 받고 힘도 얻었지만 결국 나 스스로 극복해야 한다는 냉혹한 현실을 알게 된 후부터는 더욱 그랬다. 다들 꺼렸던 캐릭터가 내게 왔을 때, 두렵기보다는 도전해보고 싶은 마음이 컸다. 어디서 그런 용기가 났는지는 나도 잘 모르겠다. 이리저리 재봐야 아까운 시간만 흐르고 나이만 먹을 뿐 고민은 해결되지 않는다는 것을 어느 순간 깨닫게 된 것 같다. 무엇보다 일단 저지르고 보는 나의 불같은 (?) 성격이 가장 크게 작용하지 않았을까 생각한다.

일단 내가 선택한 작품에 대해서는 무조건 '무한긍정'했다. 한 치의 의심이라도 줄이려고 노력했다. 내가 선택한 작품이기에 책임을 지고 싶었다. 나는 내 일을 사랑한다. 그리고 감사한다. 조금 거창하게 들릴 수 있겠지만 연기할 때 비로소 '살아 있다'라는 강렬한 느낌을 받는다. '존재의 이유'라는 말도 감히 쓰고 싶다. 그만큼 난 연기할 때 너무나 행복하다.

누군가 내게 눈물 연기를 하는 비법을 물은 적이 있었다. 있는 그대로를 말하자면 특별한 비법이 없는 것이 비법이다. 그냥 그 상황이 '바로 지금 내게 닥친 상황'이라고 곧이곧대로 믿는 게 중요하다. 눈물을 흘리기 위해 과거에 슬펐던 일을 떠올릴 시간에 지금 이 순간을 온전히 느끼는 것이 중요하다. 오히려 울어야만 한다는 생각에서 빠져나와야 한다. 그리고 불쌍한 처지에 놓여 있는 나, 슬픈 일을 겪고 있는 나를 마주하면, 비로소 내가 나를 보며 눈물을 흘릴 수 있다.

난 연기자로 데뷔하면서부터 "난 지금 절실해요"라는 말을 입버릇처럼 달고 살았다. 그리고 실제로 내가 누구보다도 절실하다고 믿었다. 하지만 늘 놀랍게도 현장에서 만나는 다른 배우들이 나보다 더 절실하게 느껴졌다. 그때마다 난 더 단단해졌다. 내가 잘하기 위해서는 그 배우들보다 몇 배 더 절실해야 했기 때문이다. 이런 나의 절실함은 내 연기를 좋은 눈으로 바라봐주는 대중들의 칭찬으로 돌아왔다. 그리고 그 칭찬은 연기를 열심히 하게 만드는 힘이 되고 보람이 되었다.

난 아직 많이 부족하다. 하지만 겁나지 않는다. 내게는 '무한긍정 에너지'와 더 큰 절실함으로 다가설 수 있는 연기에 대한 열정이 있기 때문이다. 절실함이야말로 연기에 대한 내 애정의 척도가 아닐까?

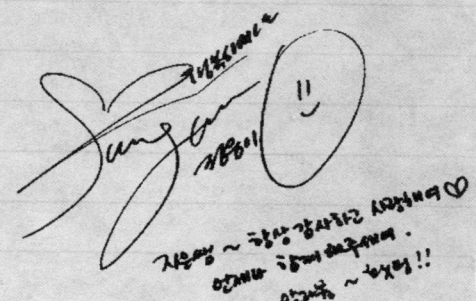

배우와 함께 만난 캐릭터들

(영화, 드라마 각 부문별로 작품명 기준 ㄱㄴㄷ 순으로 배열)

영화

「간기남」 기풍 | 「결혼전야」 이라 | 「고양이 장례식」 재희 | 「구세주 2」 이은지 | 「그날의 분위기」 김재현 | 「그랑프리」 이인재 | 「꾼」 춘자 | 「나의 절친 악당들」 나미 | 「남자사용설명서」 김미라·최보나 | 「내 아내의 모든 것」 최피디 | 「내가 살인범이다」 정수연 | 「노브레싱」 대찬 | 「더 웹툰: 예고살인」 강지윤 | 「덕수리 5형제」 박순경 | 「돌연변이」 구 | 「두 개의 연애」 윤주 | 「마이 리틀 히어로」 정일 | 「바람과 함께 사라지다」 백수련 | 「바르게 살자」 전다혜 | 「뱀파이어와의 인터뷰」 경진 | 「변호인」 박진우 | 「뷰티 인사이드」 우진 | 「상의원」 왕·왕비 | 「순정만화」 권하경 | 「슬로우 비디오」 수미 | 「슬픔보다 더 슬픈 이야기」 캣걸·크림 | 「시라노 연애조작단」 민영 | 「시바, 인생을 던져」 한나 | 「신의 한 수」 배꼽·선수 | 「써니」 어린 수지 | 「아빠를 빌려드립니다」 미연 | 「여교사」 혜영 | 「여름, 속삭임」 영조 | 「영화는 영화다」 공명 | 「오감도」 세은 | 「오뉴월」 인애 | 「오빠 생각」 상렬 | 「원더풀 라디오」 차대근 | 「위험한 상견례」 다홍 | 「은교」 카센터 정비기사 | 「은밀한 유혹」 성열 | 「제보자」 심민호 | 「좋은 친구들」 민수 | 「침묵」 희정 | 「커플즈」 나리 | 「패션왕」 혜진 | 「평양성」 문디 | 「하이힐」 주연 | 「해어화」 윤우 | 「형」 이수현 | 「홀리데이」 이주환 | 「홍길동의 후예」 송연화 | 「화차」 이현숙 | 「5백만불의 사나이」 미리 | 「7번방의 선물」 큰 예승 | 「B형 남자친구」 보영 | 「Mr. 아이돌」 미오

드라마

「가면」 최미연·창수 | 「가문의 영광」 정현규 | 「가을 소나기」 박연서 | 「감자별」 매파 | 「개과천선」 유정선 | 「걱정하지마」 조은새 | 「결혼의 꼼수」 유선희 | 「결혼의 여신」 송지혜 | 「결혼해주세요」 윤서영 | 「고호의 별이 빛나는 밤에」 오정민 | 「골든크로스」 서이레 | 「공항 가는 길」 김혜원 | 「광개토태왕」 설지 | 「괜찮아 사랑이야」 수광 | 「구가의 서」 박태서 | 「구르미 그린 달빛」 명은공주 | 「구암 허준」 인빈 김씨·허겸 | 「군주─가면의 주인」 화군 | 「굿바이 미스터 블랙」 윤마리·차지수 | 「굿 와이프」 김단 | 「귀부인」 이미나 | 「귓속말」 영주 | 「그 겨울 바람이 분다」 문희주·진소라 | 「그대를 사랑합니다」 정민채 | 「그래,

그런거야」 이지선 · 이나영 · 유리 | 「그래도 푸르른 날에」 장은아 | 「금나와라 뚝딱」 정몽규 | 「기분 좋은 날」 이소이 | 「기억」 봉선화 | 「기적 같은 기적」 한명주 | 「기황후」 탑자해 | 「김과장」 윤하경 · 홍가은 | 「김치 치즈 스마일」 엄현진 | 「끝없는 사랑」 서인애 · 천혜진 · 서인철 | 「나도 꽃」 김달 | 「나만의 당신」 고은별 | 「난폭한 로맨스」 유은재 | 「남자가 사랑할 때」 로이 장 · 백성주 | 「낭만닥터 김사부」 강동주 | 「내 딸 서영이」 강우재 · 이서영 · 정선우 | 「내 이름은 김삼순」 유희진 | 「내 인생의 황금기」 유태영 | 「내손을 잡아」 오신희 | 「내일이 오면」 서유진 | 「너의 목소리가 들려」 장혜성 | 「넌 내게 반했어」 이규원 | 「녹색마차」 서정란 | 「닥터스」 유혜정 | 「닥터 진」 계향 | 「달래 된, 장국」 어린 장국 | 「달의 연인-보보경심 려」 3황자 왕요 · 13황자 백아 | 「당신의 누아르」 이현 | 「당신이 잠든 사이」 오신영 | 「대풍수」 수련개 | 「돈의 화신」 복재인 | 「돌아온 황금복」 인우 | 「동네의 영웅」 최찬규 | 「동이」 영달 | 「두근두근 체인지」 슬기 · 신비 | 「드림」 제시카 | 「딱 너 같은 딸」 마희성 | 「딴따라」 여민주 | 「떴다 패밀리」 정준아 | 「라스트」 윤정민 | 「러브인메모리 2」 수정 | 「로맨스 타운」 정다겸 | 「로맨스가 필요해 3」 오세령 · 이우영 | 「루비반지」 노지혁 | 「리멤버-아들의 전쟁」 남여경 | 「마녀보감」 중전 심씨 | 「마음-아치아라의 비밀」 김혜진 | 「마음의 소리」 조석 | 「망설이지마」 장수현 | 「맨도롱 또똣」 백건우 | 「맨투맨」 미은 | 「못난이 송편」 오아영 · 김주희 | 「무신」 김 미 | 「무정도시」 윤수민 | 「미남이시네요」 고미남 · 동준 | 「미녀의 탄생」 교채연 | 「미녀의 탄생」 교채연 | 「미생」 장그래 | 「미쓰 아줌마」 왕새미 | 「미우나 고우나」 황지영 · 주경 | 「밀회」 박다미 | 「발칙하게 고고」 태평 · 재영 | 「밤을 걷는 선비」 귀 · 수향 | 「백년의 신부」 두림 · 이경 | 「보석비빔밥」 궁산호 · 선미 | 「복희 누나」 송은주 | 「부자의 탄생」 부태희 · 이신미 | 「분홍 립스틱」 박정희 | 「불의 여신 정이」 임해 | 「블러드」 수은 | 「비밀」 강유정 | 「빛나라 은수」 오은수 · 윤수호 | 「빅맨」 소혜라 | 「빠스켓볼」 민치호 | 「뿌리깊은 나무」 소헌황후 | 「사랑만 할래」 최유리 | 「사랑비」 이미호 | 「사랑은 노래를 타고」 공정자 · 여인숙 | 「산부인과 여의사」 김영미 | 「상속자들」 김원 · 차은상 | 「상어」 어린 조해우 · 유선영 | 「세 번 결혼하는 여자」 다미 | 「세상 어디에도 없는 착한 남자」 박재길 | 「소원을 말해봐」 소원 | 「쇼핑왕 루이」 백마리 | 「수상한 삼형제」 이태백 | 「스틸사진」 어린 은수 | 「시크릿 러브」 준문 | 「시티헌터」 고기준 | 「식샤를 합시다」 804호 윤진이 | 「신의 선물-14일」 수현 · 제니 | 「신의 퀴즈」 강경희 | 「신의」 노국공주 | 「아름다운 그대에게」 홍보희 | 「아름다운 나의 신부」 차윤미 | 「아이리스 2」 이수진 | 「아테나: 전쟁의 여신」 조수영 | 「아프리카에서 살아남는 법」 윤나라 | 「아홉수 소년」 마세영 · 박재범 | 「안녕! 프란체스카」 소피아 · 엘리자베스 | 「안투라지」 차준 · 서지안 | 「애정만만세」 강재미 | 「야왕」 석수정 | 「어느 멋진 날」 최선경 | 「여인의 향기」 임세경 | 「여자를 울려」 현서 | 「역도 요정 김복주」 정준형 · 송시호 | 「역전의 여왕」 백여진 | 「연애 말고 결혼」 세아 · 현희 | 「연인이여」 홍장미 | 「열혈장사꾼」 재희 | 「오늘부터 사랑해」 윤승혜 · 강도진 | 「오만과 편견」 구동치 · 유광미 | 「오 마이 비너스」 오수진 · 장이진 | 「온에어」 이경민 | 「완벽

한 아내」 재복 · 정나미 | 「왕가네 식구들」 왕수박 | 「왕은 사랑한다」 린 | 「왕의 얼굴」 송월 | 「용팔이」 이채영 | 「우리가 사랑할 수 있을까?」 안경주 | 「우리 집에 사는 남자」 권덕봉 | 「우와한 녀」 조아라 | 「운명처럼 널 사랑해」 남세라 | 「운빨 로맨스」 최건욱 | 「웃어요 엄마」 백장미 | 「원스 어폰 어 타임 인 생초리」 박복순 · 유은주 | 「원티드」 이영관 | 「월계수 양복점 신사들」 이동숙 · 민효주 | 「위기일발 풍년빌라」 윤서린 | 「은희」 김은희 | 「응급남녀」 오창민 | 「응답하라 1994」 칠봉이 | 「이웃집 꽃미남」 고독미 | 「이혼변호사는 연애중」 조수아 | 「인생은 아름다워」 양초롱 | 「일년에 열두남자」 시후 | 「일리있는 사랑」 김일리 | 「자체발광 그녀」 강민 | 「장난스런 KISS」 윤혜라 | 「장미 빛 연인들」 백장미 | 「적도의 남자」 어린 수미 · 어린 장일 · 어린 지원 | 「전설의 마녀」 손풍금 | 「조강지처 클럽」 방해자 | 「조선총잡이」 정수인 · 최혜원 | 「조선추리활극 정약용」 설란 | 「지붕뚫고 하이킥」 광수 | 「지성이면 감천」 최세영 | 「진주귀걸이」 한서정 | 「질투의 화신」 홍혜원 | 「쩐의 전쟁」 김은지 | 「참 좋은 시절」 한재경 | 「천상여자」 장태미 | 「천추태후」 김밀화 | 「청담동 스캔들」 주나 | 「청담동 앨리스」 유 실장 | 「청춘예찬」 양상미 | 「총각네 야채가게」 남유봉 · 윤호재 | 「총리와 나」 혜주 | 「최고다 이순신」 신이정 | 「추노」 작은 주모 | 「추적자」 서지원 | 「추한 사랑」 송연이 | 「출생의 비밀」 박수창 · 정이현 | 「치즈인더트랩」 권은택 | 「칠전팔기 구해라」 구해라 · 스칼렛 | 「카인과 아벨」 서연 | 「칼과 꽃」 낭가 | 「칼잡이 이발사」 미자 | 「캐리어를 끄는 여자」 오안나 | 「타짜」 평유라 | 「터널」 박광호 | 「트리플」 이하루 | 「파랑새의 집」 강영주 · 김지완 | 「퍽」 준만 · 팔봉 | 「펀치」 최연진 | 「페이지 터너」 서진목 | 「포세이돈」 이수윤 | 「피고인」 서은혜 | 「피노키오」 최인하 · 어린 인하 · 어린 재명 · 성인 재명 | 「피리부는 사나이」 윤보람 | 「학교」 송하경 | 「해를 품은 달」 어린 허염 | 「해운대의 연인들」 윤세나 | 「호텔킹」 채경 | 「홍콩 익스프레스」 조봉순 | 「화랑」 삼맥종 · 막문 · 여울 · 단세 · 수연 | 「황진이」 금홍 | 「히트」 간호사 | 「힘쎈 여자 도봉순」 민혁 | 「20's 스무살」 혜림 · 가영 · 현수 · 태우 · 기광 | 「49일」 박서우 · 신지현 | 「TV소설 삼생이」 박동우

'시절인연',
오직 그 때만 만날 수 있는 소중한 인연이다.
나와 배우 그리고 캐릭터,
우리는 모두 그 시절의 인연 안에서
함께 숨 쉬고 울고 웃었다.

굿캐스팅

초판 1쇄 발행 2014년 04월 03일
초판 10쇄 발행 2025년 12월 10일

지은이 안지은 **그린이** 양의진
펴낸이 김남중
책임편집 이수희
마케팅 이재원

펴낸곳 한권의책
출판등록 2011년 11월 2일 제406-251002011000317호
주소 경기도 파주시 노을빛로 109-26 202호
전화 (031)945-0762
팩스 (031)946-0762

값 18,000원   ISBN 979-11-85237-05-3 13680

이 도서의 국립중앙도서관 출판시도서목록(CIP)은 서지정보유통지원시스템 홈페이지(http://seoji.nl.go.kr)와
국가자료공동목록시스템(http://www.nl.go.kr/kolisnet)에서 이용하실 수 있습니다
(CIP제어번호: CIP2014007645)